보육실습의 이해

김연옥 · 이은임 · 이성희 · 정혜선 지음

도서출판 파란마음

머리말

우리나라 자녀양육은 전통적인 가족구조에서 산업사회와 도시화로 많은 변화를 가져왔으며 특히 가족구조가 대가족에서 부부 중심의 핵가족으로 변화되면서 여성의 사회참여활동은 증가되고 현대사회는 자녀양육을 전적으로 부모에게 의존할 수밖에 없다. 이러한 현실 속에서 부모들이 사회 · 경제적 활동을 원활하게 할 수 없는 상황이 되어지게 되므로 영유아들이 질 높은 보육서비스를 제공받을 수 있는 영유아교육기관의 필요성이 그 어느 때보다도 강조되고 있다. 여기에 맞추어 가정에서 교육하던 아이들을 맞이할 전문성 있는 보육교사들이 충분히 충족되어야 하는데도 불구하고 현실은 부족한 실정이다. 이런 상황 속에서 교육기관에서 아동학에 관한 이론수업을 마치고, 보육실습을 수강하게 되는데, 그 예비보육교사들을 위한 보육실습 강의를 하면서 실습생들이 가장 어려운 부분이 현장에서 하루일과를 계획하고 실행하는 데 있어 영역별 계획을 세우고 실행하는 부분들을 가장 어려워했다. 특히 보육 현장실습을 나가 실습을 하는데 있어 누리과정과 표준보육과정에 의한 영역별 교수법이 절실히 필요함을 요구하여 이에 실습을 하게 될 예비보육교사들을 위한 『보육실습의 이해』라는 한 권의 책에 누리과정과 표준보육과정에 의한 영역별 실제까지 담게 되었다.

본 서는 총 제7장으로 구성되어 있다.

제1장은 보육실습에 필요한 기초로서 보육실습에 대한 개념, 목적, 의의, 필요성 및 실습의 법적 기준과 관리 이수 시기 및 기간과 같은 실습관리에 의한 법적 기준과 관리를 소개하였고, 제2장에서는 보육실습의 전 과정 계획으로 양성기관의 실습 준비사항과 보육실습생이 준비해야 할 서류들과 실습기관 사전방문 및 사전교육에 대한 내용과 보육실습을 위한 학생의 준비사항들을 기록하였고, 보육실습생의 역할과 자세에서 실습생의 역할 및 근무태도, 근무 시간, 그리고 복장 및 언어 사용 그리고 윤리규정에 대해 수록하였으며, 지도교사의 자세와 역할의 이해에서는 무엇보다 필요한 지도교사의 실습생에 대한 정서적인 지원과 전문적인 지원, 그리고 지도교사가 지켜야 할 윤리규정들을 수록하였다. 또 원장의 역할로서의 준비와 계획으로 준비를 하였으며, 제3장에서는 보육실습 현장에서 영유아들의 교육활동을 돕기 위한 보육실습 실시과정, 보육실습일지 작성방법과 보육활동 참여실습에 대해서와 흥미 영역별 내용별 보육활동지도, 교재교구 작성에 대해 수록하였고, 제4장은 보육실습 현장에서의 교사와 유아 간 상호

작용 관찰과 영유아 관찰과 관찰법의 분류, 관찰 후 활동, 관찰의 방법과 기록에 대한 관찰의 유형에 대해 수록하였다. 제5장은 보육실습을 하면서 평가에 대한 여러 가지 평가방법에 대해 즉 평가의 목적과 목표, 평가방법, 실습기관장의 평가와 지도교사의 평가, 실습생의 자기 평가, 실습이 끝나고 나서 그동안 실습한 것에 대한 나름대로의 평가회를 가지며 차후 보육교사로서의 지식과 기술, 태도, 전문성 향상을 갖게 될 수 있도록 준비하고 있으며, 또 양성교육기관에서의 평가 내용과 방법에 대해 제6장은 누리과정 및 표준보육과정 교수법을 통해 영역 및 범주, 내용, 세부 내용에 대한 실제 등을 수록하여 실습을 하는 데 실습생들에게 도움을 줄 수 있도록 하였고, 제7장으로 보육실습을 마치고 자격을 받기 위한 도움을 주기 위해 보육실습 사후관리를 위한 내용들을 수록하였다. 마지막으로 부록에서 실습생으로서 실제 사용할 수 있는 일지를 수록하였다. 또 각종 서식을 수록하여 예비보육교사들이 영유아교육기관에서 실습하는 데 도움이 될 수 있도록 준비하였다. 저자들은 『보육실습의 이해』를 실습생에게 유용하게 활용되어, 꼭 필요로 하는 좋은 책이 되길 바라는 마음으로 노력을 아끼지 않았다. 하지만 남아 있을 부족한 부분에 대해서는 독자 여러분의 애정 어린 조언과 비판을 기대한다. 이는 독자 여러분의 관심과 애정에서 나오는 것임을 알기에 소중히 여길 것이며 지면을 빌려 감사의 마음을 전한다. 그리고 좋은 책이 나올 수 있도록 격려하고 지원해 주신 도서출판 파란마음 황호철 사장님과 편집과정에서 수고해 주신 편집부 직원들께 마음 깊이 진심 어린 깊은 감사를 드린다.

저자 일동

차 례

Chapter 5 보육실습 평가 113

Chapter 6 누리과정 및 표준보육과정을 위한 교수학습 실제 123

Chapter 7 보육실습 사후관리 263

Chapter 01

보육실습의 기초

01 보육실습의 개념

1) 보육실습의 목적

보육실습은 예비보육교사의 역할을 직접 경험해 보는 과정으로 향후 어린이집 교사 자격증을 받고 교사가 되고자하는 준비과정에서 보육교사가 갖추어야 할 지식, 기술, 태도 등을 형성·발달시켜 나가는 것이다. 또한 보육실습은 '보육교사자격증' 취득을 위한 필수과정일 뿐만 아니라 현장에서 실제 적용해 보는 핵심적 과정이기도 하다.

한국보육진흥원(2017)에서 제시한 보육실습의 목표를 구체적으로 정리하면 다음과 같다.

① 보육의 철학과 목적 및 목표에 대한 생각을 발전시킨다.

② 실제 경험을 토대로 영유아에 대한 심화된 이해를 한다.

③ 연령과 발달 수준에 적합한 구체적인 보육 내용, 놀이 중심의 상호작용, 영유아의 흥미를 고려한 효과적인 교수법 등을 관찰하고 직접 수행해 본다.

④ 실습기관 실내·외의 환경 구성 및 자료의 적절한 활용을 경험한다.

⑤ 보육교사의 전문적 역할과 책임, 태도를 직접 경험한다.

⑥ 보육실습생 스스로 보육교사로서의 자질을 파악하고, 전문성을 향상시키기 위한 노력을 하며, 향후 진로를 탐색한다.

⑦ 보육실습기관과 가정, 지역사회와의 연계를 경험하고, 어린이집 내 조직 문화 등을 이해한다.

2) 보육실습의 의의

보육실습생은 학생의 신분을 유지하면서도 보육실습기관의 낯선 공간에서 교사라는 새로운 역할을 담당해야 한다. 영유아와 부모는 실습생을 교사로 대하지만, 보육교사와 원장은 예비교사의 역할을 배우고 있는 학생으로서 대하게 된다. 실습생은 이 두 역할을 잘 수행해야 한다는 심적 부담뿐 아니라, 출 · 퇴근이 정해진 규칙적인 생활, 새롭게 만난 보육교사 및 부모와의 인간관계 형성, 다양한 업무 수행, 영유아와의 상호작용 및 활동 진행 등도 새롭게 경험하게 된다. 보육실습생이 느끼는 이러한 심리적, 신체적 어려움은 낯선 경험을 할 때 누구나 느낄 수 있다. 현장에서 보육실습을 성공적으로 마친다면, 실습생은 지식, 기술, 태도 측면에서 모두 성장해 있는 자신을 발견할 수 있고, 자신의 노력에 대한 만족감을 얻게 될 것이다. 한국보육진흥원(2017)에서 제시한 보육실습생이 경험하게 될 보육실습의 의의를 정리해 보면 다음과 같다.

첫째, 이론 중심으로 배웠던 지식을 보육현장에 실제 적용해 보면서 실천적 지식을 습득하고, 영유아에 대한 이해를 향상시키는 기회를 갖는다.

둘째, 보육계획 수립, 하루일과의 운영, 놀이지도, 활동 운영과 자료 활용, 상호작용 방법 등을 관찰하고 어린이집 교사의 전문적인 역할을 배울 수 있는 기회를 갖는다.

셋째, 실습생이 직접 보육활동을 계획하고 실시해봄으로써 바람직한 일과운영을 익히고 효과적인 교수학습방법을 이해하는 기회를 갖는다.

넷째, 어린이집 교사의 역할에 대해 현실적으로 이해하고 보육교사로서 자신의 능력과 자질을 평가해 보는 기회를 갖는다.

다섯째, 어린이집 원장, 보육교사 및 부모 등의 다양한 관점과 요구 등을 관찰하고, 지역사회에서 어린이집의 역할과 기능에 대해 생각해 보는 기회를 갖는다.

여섯째, 영유아에게 영향을 미치는 좀 더 넓은 관점인 사회 현상, 보육정책, 부모교육 등과 영유아에 대한 심도 있는 연구 결과들에 관심을 가질 수 있다.

일곱째, 어린이집에서 6주간의 보육실습을 성공적으로 끝냈다는 자신감은 향후 새롭게 시도할 다양한 경험에 대한 도전 정신과 긍정적 태도를 줄 수 있다.

3) 보육실습의 필요성

보육실습을 통해서 보육실습생은 '보육실습'에 대한 여러 가지를 경험하게 된다. 이론수업으로만 경험할 수 없는 실제적인 것을 현장실습을 통해 지식, 기술, 태도 등을 발달시키는 데 보육실습이 필요한 이유는 다음과 같이 요약할 수 있다.

- 표준보육과정, 누리과정에 해당되는 모든 영역과 일과운영에 대한 전반적인 내용

을 알 수 있다.

- 경험하지 못했던 보육교사의 역할에 필요한 실제적이고 구체적인 기술을 배울 수 있다.
- 영유아 보육 및 교육하는 데 필요한 다양한 교수학습방법 및 매체 등에 대해서 알 수 있다.
- 영유아의 발달 및 특성, 상호작용, 발문 등을 실제적으로 경험할 수 있다.
- 보육실습을 통해서 보육현장에 대한 폭넓은 경험을 할 수 있다.

02 보육실습의 법적 기준과 관리

1) 보육실습 법적 기준

「영유아보육법 시행규칙」(개정 2016. 1. 12., 시행 2016. 8. 1. 보건복지부령 제392호) 제12조 제1항에 따라 실습운영방법, 보육실습기관 및 보육실습 지도교사, 보육실습 교과목 및 학점 기준, 보육실습 기간 및 실습 인정 시간, 실습의 평가에 대한 기준이 명시되어 있다.

(1) 보육실습기관

보육실습은 법적으로 인가받은 정원 15인 이상의 어린이집으로 평가인증을 유지하는 어린이집 또는 교육과정과 방과후과정을 운영하는 유치원에서 해야 한다.

(2) 보육실습 지도교사

보육실습은 보육교사 1급 또는 유치원 정교사 1급 자격 이상을 가진 교사가 지도해야 하며, 보육실습지도는 지도교사 1명당 보육실습생은 3명 이하로 한다.

(3) 보육실습 교과목 및 학점 기준

보육실습은 '보육실습' 교과목으로 이수하는 것이 원칙이며 성적증명서를 통하여 교과목 확인이 가능해야 한다. 다만 보육현장실습, 학교현장실습, 교육실습 등 교과목 명

칭이 다르더라도 보육실습기관 및 실습 기간의 조건을 만족하는 경우에는 보육실습으로 인정한다. 교육봉사활동은 인정하지 않는다. '보육실습' 교과목은 3학점을 기준으로 이수해야 하며, 평가점수가 80점(B학점) 이상인 경우에만 보육실습을 이수한 것으로 인정된다. 다만, '보육실습' 교과목은 보육실무 영역(아동 관찰 및 행동연구, 보육실습) 중 하나의 교과목이므로, 최소 2학점 이상으로 이수하여 보육실무 영역의 이수학점 기준(2과목 6학점)을 충족하여야 한다.

2) 보육실습 이수 시기 및 기간

(1) 보육실습 이수 시기

보육실습은 '보육실습' 교과목이 개설된 학기 중(직전 및 직후 방학 포함)에 반드시 해야 한다. 일상적인 보육이 이루어지는 3~6월, 9~11월에 보육실습을 하는 것이 바람직하다. 그러나 양성교육기관에서는 학사일정 운영 등을 이유로 6~8월, 11~12월 방학 시기와 학기 말 시기에 보육실습이 대부분 이루어지고 있다. 어린이집(유치원) 행사가 많거나 보수교육이 이루어지는 시기 혹은 방학이 있을 경우에는 연속적인 실습이 이루어지지 않는 경우가 많으며, 그 외 기간에 보육실습을 하게 될 경우는 체계적인 보육실습 지도 및 관리가 소홀하게 이루어지는 경우가 많다.

(2) 보육실습 기간

보육현장실습은 6주 240시간 이상 연속으로 평일(월요일~금요일)에 하며 1일 8시간 동안 하는 것이 원칙이다. 이때 평일 오전 9시부터 오후 7시 사이의 보육실습기관 운영 중에 실습을 하여야만 실습 시간으로 인정된다. 따라서 주 1회 보육실습 또는 주말실습 등 특정 요일에만 보육실습을 하거나, 오전 9시 이전과 오후 7시 이후 등 오전이나 야간에 실습을 하여 240시간 이상이 되더라도 보육실습을 이수한 것으로 인정받을 수 없다.

또한 보육실습은 교육 편의를 위해 2회로 나누어 실시할 수 있으며, 이 경우에는 실습 기간을 2주와 4주, 3주와 3주, 4주와 2주로 나누어 1개 기관 혹은 2개 기관에서 나누어 실시할 수 있으며, 양성교육기관과 보육실습기관이 협의하여 진행 가능하다. 이때 보육실습 기간은 두 기간을 합산하여 오전 9시부터 오후 7시 사이에 총 6주, 240시간 이상 실습을 한 경우에 인정된다.

표 1-1 보육실습 법적 기준 제시 (2016. 8. 1. 시행, 2017. 1. 1. 전면 시행)

구분	내용	비고
실습운영	• 이론 수업과 보육현장실습으로 운영	이론 수업 15주 이상 실시
실습 기간	• 6주 240시간	2회 분할 실습 가능
실습기관	• 정원 15명 이상 어린이집 방과후과정을 운영하는 유치원	평가인증을 유지하고 있는 기관
실습 지도교사	• 보육교사 1급 • 유치원 정교사 1급	실습 지도교사 1명당 보육실습생 3명 이내 지도
실습 인정 시간	• 월요일~금요일(평일)	하루에 8시간을 초과할 수 없음
실습의 평가	• 보육실습일지와 실습평가서 작성	평가점수 80점 이상
보육실습 확인	• 어린이집지원 시스템에서 출력한 확인서 양식 • 보육실습 기관장, 양성기관 학과장 직인 날인	이수한 해당 연도 서식

3) 보육실습 관리

(1) 보육실습생 등록 · 관리

보육실습생 등록 및 관리는 '어린이집지원 시스템'을 통해 이루어지며, 등록된 정보는 자격취득을 위한 정보로 '자격관리 시스템'에 전송된다. 또한 보육실습확인서는 '어린이집지원 시스템'을 통해 출력하여 어린이집 직인 날인 후 양성교육기관으로 송부하도록 한다. 보육실습을 2회로 나누어서 실시하는 경우에는 보육실습생 등록을 각각 해야 한다. 보육실습생 등록 및 수정은 실습종료일 이후 2개월 이내에만 가능하며, 구체적인 방법은 다음과 같다.

보육실습생 등록방법

어린이집지원 시스템 접속 → [교육관리] → [보육실습생관리] → [등록] 버튼 클릭(실습이수자 기본사항, 실습 기간 입력) → [저장] 보육실습생 정보 저장 완료 → 보육실습확인서 온라인 제출 후 2부 출력 → 어린이집 원장 직인 날인 → 학교 제출

〈유의사항〉

※ 실습이수자 기본사항 및 실습 기간 등을 입력 완료해야만 실습 지도교사 관련 사항 입력 가능
※ 실습이수자 기본사항 및 실습 기간 등을 입력
※ 실습 지도교사 관련 사항 입력
※ 출력 후 수정을 할 경우 붉은색 펜으로 두 줄을 긋고 내용을 수정하고 직인을 날인하여 정정할 것
※ 방과후과정을 운영하는 유치원은 보육실습확인서 양식을 사용하여 직접 작성한 후 직인 날인하고, 추가 서류(인가증 사본, 지도교사 자격증 사본)를 첨부하여 학교로 제출

실습 지도교사 등록방법

지도교사 성명과 자격 종류(자동연동)를 선택 후 자격번호 입력 → [저장] 보육실습생 및 지도교사 정보 저장 완료

※ 보육실습생을 지도한 교사가 1명 이상일 경우 혹은 실습생이 1명 이상일 경우 [추가] 버튼을 클릭한 후 저장

(2) 보육실습확인서 작성 및 제출방법

'보육실습확인서'는 '어린이집지원 시스템'을 통해 입력, 저장된 보육실습생 및 실습 지도교사 정보가 자동으로 연동되므로 입력된 정보가 정확한지 확인한 후 '보육실습확인서'를 출력하여 어린이집 직인 날인 후 양성교육기관으로 송부한다. 이때 첨부서류(어린이집 인가증 사본, 지도교사 자격증 사본, 실습 지도교사 1인당 3명 이내의 보육실습생 지도확인서)는 **제출하지 않는다**(단, 교육과정과 방과후과정을 운영하는 유치원에서 실습한 경우는 첨부서류 제출 필수, 이하 '유치원').

보육실습확인서 제출방법

어린이집지원 시스템 → [교육관리] → [보육실습생관리] → 대상자 조회 후 [선택] → [제출] 버튼 클릭(메시지 창 확인) → [확인] 버튼 클릭(제출 완료)

※ 주의: 보육실습을 2회로 나누어서 실시한 경우에는 보육실습생 등록 및 제출을 각각 해야 함. 제출된 내용은 자격취득을 위한 정보로 전송되므로 제출 이후에는 수정 불가

보육실습확인서 제출 여부 확인

보육실습확인서를 제출하면 보육실습생 정보는 제출 여부[미제출] → [제출]로 변경됨

•표 1-2• 보육실습 관련 제출서류

구분	내용	
평가인증 유지 어린이집을 확인하는 방법	① 임신육아종합포털사이트 '아이사랑' 홈페이지(http://www.childcare.go.kr) '어린이집 → 어린이집 찾기 → 평가인증 정보' ② 어린이집 평가인증서	
보육실습 이수를 확인하는 방법	15인 이상 어린이집에서 보육실습을 완료했을 경우	① 보육실습확인서(어린이집지원 시스템 출력본) ② 보육실습 평가서
	방과후과정을 운영하는 유치원에서 보육실습을 완료했을 경우	① 보육실습확인서 원본(보건복지부 양식) ② 보육실습 평가서 ③ 보육실습기관 인가증 사본 ④ 실습 지도교사 자격증 사본 ⑤ 방과후 교육과정 운영확인서 ⑥ 실습 지도교사 1인당 3명 이내의 실습지도확인서

| 출처 | 한국보육진흥원(2016). 양성교육기관에서의 보육실습지도.

Chapter 02

보육실습의 준비와 계획

01 보육실습의 전 과정 계획

02 보육실습생의 역할과 자세

03 보육실습 지도교사의 자세와 역할의 이해

04 원장의 역할

보육실습을 지도하는 교육기관에서는 실습생들이 교육기관에서 배운 이론과 지식을 현장에 적용해 보면서 예비보육교사로서의 역할을 잘 수행할 수 있도록 사전계획을 철저히 세워야 한다. 보육실습계획은 양성교육기관에서 준비할 사항, 보육실습기관에서 준비할 사항, 원장이 준비할 사항, 지도교사가 준비할 사항, 보육실습생이 준비해야 할 유의사항은 |표 2-1|과 같다.

●표 2-1● 보육실습계획 시 준비해야 할 사항

구분	내용	
양성교육기관	• 실습지도계획 • 실습서류 준비	• 사전교육 준비 • 실습 오리엔테이션
보육실습기관	• 실습지침 점검 • 실습서류 점검	• 6주간 지도계획
원장	• 지도교사 선정 • 사전교육 실시	• 실습일정 및 평가계획
지도교사	• 실습지도계획 일정 수립 • 6주간 보육실습 운영 및 평가	• 실습생 사전교육 실시
보육실습생	• 보육실습기관 사전방문 • 실습서류 제출	• 사전교육 참여 • 실습일지 점검

01 보육실습의 전 과정 계획

보육실습의 전 과정을 양성교육기관에서는 미리 염두에 두고 계획하고, 준비하여 보육실습이 원활하게 진행될 수 있도록 한다. 실습의 시작에서 종료까지 전체 진행과정은 |표 2-2|에 보육실습을 진행되는 순서로 정리된 것이다. |표 2-2|는 왼쪽은 실습관련 내용, 오른쪽은 그 내용을 실행해야 하는 주체를 표시한 것이며, 화살표는 누가 누구에게로에 대한 방향성을 제시한 것이다.

●표 2-2● 보육실습의 진행과정

보육실습 관련 내용	실행 주체
보육실습신청서(방학 중 실습 실시 경우) 제출	학생 → 보육실습 담당교수
⬇	
실습기관 선정	양성교육기관, 학생, 보육실습기관 협의
⬇	
실습협조 공문 발송	양성교육기관 → 보육실습기관
⬇	
실습동의서 수령	보육실습기관 → 양성교육기관
⬇	
보육실습생 상해보험 가입(권장사항)	양성교육기관 → 보험사
⬇	
보육실습비 송금	양성교육기관 → 보육실습기관
⬇	
양성교육기관에서의 실습생 사전교육	양성교육기관 → 학생
⬇	
실습생 신상 카드, 서약서, 자기소개서 작성 지도, 실습일지 및 실습 관련 서류 전달	양성교육기관 → 학생
⬇	
실습생 실습기관 사전방문 및 사전교육	학생 → 보육실습기관 → 학생
⬇	
각종 서류 전달 (실습생 신상 카드, 서약서, 자기소개서, 보육실습확인서 양식, 보육실습 평가서 양식, 실습비 영수증 양식, 실습건강진단결과서)	양성교육기관 → 학생 → 보육실습기관
⬇	
6주 실습 실시 및 지도	보육실습기관 → 학생
⬇	
각종 서류 전달 (보육실습확인서*, 보육실습 평가서, 실습비 영수증) 보육실습일지 제출	보육실습기관 → 학생 → 양성교육기관 학생 → 양성교육기관
⬇	
보육실습 평가회 및 보육실습 종료	

* 「어린이집지원 시스템」을 통하여 보육실습확인서를 제출한 경우 첨부서류는 제출하지 않아도 됨(단, 유치원은 대학(교)양성교육기관에서 양식 제공)

| 출처 | 한국보육진흥원(2017). 양성교육기관에서의 보육실습지도.

1) 실습을 위한 양성기관의 실습 준비사항

보육교사 양성교육기관에서는 보육실습이 원활하게 이루어질 수 있도록 실습 전에 제반 사항을 체크하고 필요 서류를 준비해야 하는데, 먼저 보육실습기관의 선정, 보육실습생 상해보험 가입(권장사항), 실습기관으로 보육실습비 지급, 양성교육기관의 실습 사전교육 실시 등이다. 보육실습 교과목이 개설되기 전 방학 중에 실습을 실시할 경우에는 실습학생을 정확하게 파악하기 위해 실습 희망 학생으로부터 보육실습 신청서를 먼저 받아 실습생의 요구를 우선 파악한다.

(1) 보육실습기관 선정

보육실습기관의 선정은 담당교수와 학생이 협의하여 결정한 후, 해당 기관으로부터 실습 동의를 받아야 확정된다. 실습기관을 선정할 때 유의사항은 다음과 같다.

- 보육실습기관의 법적 기준인 보육정원(15인 이상)을 충족하는 어린이집으로 평가인증을 유지하는 어린이집인지, 혹은 방과후과정을 운영하는 유치원인지 등을 확인한다.
- 보육실습 지도교사의 보육교사 1급 또는 유치원 정교사 1급 자격 소지 여부를 확인한다.
- 실습기관의 현황 및 특수 보육 현황 등을 파악하여 기관의 특성을 파악한다.
- 실습기관과 보육실습생의 집과의 거리 및 교통편을 고려한다.

(2) 보육실습생 상해보험 가입(권장사항)

실습기관으로부터 실습 동의서를 받아 실습생과 실습기관이 확정되면, 양성교육기관에서는 보육실습생에 대한 상해보험을 가입하여 실습 기간 동안 발생할 수 있는 각종 사고에 대비해야 하며, 보육실습생 상해보험 가입은 의무사항은 아니지만 예기치 못한 사고를 대비한다는 점에서 권장하는 사항이다.

(3) 보육실습에 대한 사전교육 실시

양성교육기관에서는 실습이 시작되기 전에 학생들을 대상으로 실습에 관한 전반적인 내용을 사전에 교육해야 한다. 보육실습 교과목 개설학기 중에 실시하는 경우에는 보육실습 전의 수업 내용으로 이를 다루며, 보육실습 교과목이 개설되기 전 방학에 실습을 실시하는 경우에는 반드시 보육실습을 나가기 전에 사전교육을 2~3차례 실시하여야 한다.

(4) 보육실습비 지급

양성교육기관은 보육실습기관에 소정의 실습비를 지급한다. 보육실습비는 보육실습생을 받을 실습기관에서 책정하도록 하나 기준이 없을 경우 양성교육기관에서 책정할 수 있다. 보육실습비에는 보육실습 지도교사 수당, 보육실습생 급량비(간식, 중식), 보육활동 재료비 등이 포함되는 것이 바람직하다고 권장된다. 양성교육기관에서 실습기관 명의의 통장으로 보육실습비를 직접 송금함을 원칙으로 한다.

(5) 건강진단결과서 발급 지도

양성교육기관은 실습 나가기 최소 1주 전에 학생들에게 알려서 보건소의 전염성 질환(폐결핵, 장티푸스, 전염성 피부질환 등)에 대한 건강진단 결과(구 보건증)를 소지할 수 있도록 한다.

실습생의 건강진단 및 조치는 공무원 채용 신체검사서 준용이 가능하며 「국민건강보험법 시행령」 제25조에 의한 일반건강검진으로 갈음할 수 있다. 보육실습기관은 치료를 요하는 실습생에 대하여 필요한 조치를 취해야 하며 전염성 질환에 감염된 것으로 밝혀지거나 의심되는 실습생은 실습기관으로부터 격리 조치하여야 한다. 단, B형 바이러스 감염자는 공동생활 공간에서 일상적인 접촉을 통해 타인에게 감염의 가능성이 없으므로 B형 간염의 바이러스 보균자로 판명된 실습생의 경우는 격리 대상이 아니므로 보육실습이 가능하다.

(6) 성범죄 경력 조회 및 아동학대 관련 범죄 전력 조회 동의 안내

성범죄 경력 조회 및 아동학대 관련 범죄 전력 조회는 어린이집 원장이 보육실습생의 동의를 얻어 경찰청 온라인 시스템(범죄 전력회보서 발급 시스템, http://crims.police.go.kr)을 통하여 신청하고 확인한다. 양성교육기관은 실습 나가기 전 성범죄 경력 조회 및 아동학대 관련 범죄 전력 조회에 대한 내용을 안내한다.

2) 보육실습 준비 서류

양성교육기관에서는 학생들이 실습을 나가기 전에 다음과 같은 서류를 미리 준비하고 학생들에게 구체적으로 교수 및 양성교육기관에서 준비와 각 서류의 용도와 내용에 대해 설명하면 |표 2-3|과 같다.

●표 2-3● 교수 및 양성교육기관에서 준비와 각 서류의 용도와 내용

구분	교수 및 양성교육기관	보육실습생
내용	① 보육실습기관 선정 ② 보육실습생 상해보험 가입(권장사항) ③ 양성교육기관의 실습사전교육 실시 ④ 보육실습비 지급 ⑤ 보육실습생 건강진단결과서 발급 지도 ⑥ 성범죄 경력 조회 및 아동학대 관련 범죄 전력 조회 안내 ⑦ 보육실습 오리엔테이션	① 실습기관 사전방문 및 사전교육 ② 서류작성 및 실습기관에 서류 전달 • 보육실습생 신상 카드 • 보육실습생 서약서 • 보육실습생 자기소개서(필요 시) • 보육실습비 영수증 양식 • 보육실습확인서 양식 • 보육실습 평가서 양식 • 보건소의 전염성 질환(폐결핵, 장티푸스, 전염성 피부질환 등)에 대한 건강 진단 결과서(구 보건증)
서류 및 준비물	① 보육실습 신청서 ② 보육실습 협조 공문 ③ 보육실습 동의서 ④ 보육실습생 신상 카드 ⑤ 보육실습생 자기소개서(필요 시) ⑥ 보육실습생 서약서 ⑦ 보육실습확인서* ⑧ 보육실습 평가서 ⑨ 보육실습비 영수증 ⑩ 보육실습일지 제작	① 이름표(양성교육기관명, 보육실습생 이름) ② 실내화 또는 덧신(필요 시) ③ 실외놀이용 신발(필요 시) ④ 여벌옷(필요 시) ⑤ 보육실습일지 및 필기 도구

* 「어린이집지원 시스템」을 통하여 보육실습확인서를 제출한 경우 첨부서류는 제출하지 않아도 됨(단, 유치원은 대학(교)양성교육기관에서 양식 제공)

보육실습에 필요한 서류들을 각각 상세히 살펴보면 다음과 같다.

(1) 보육실습 신청서

보육실습 신청서는 보육실습 교과목이 개설되는 학기 직전 방학에 실습을 실시할 경우는 보육실습 신청자를 파악하기 위하여 사용될 수 있다. 보육실습 신청서를 받았을

경우는 보육 및 아동 관련학과가 아닌 기타 학과의 학생이 보육실습을 하고자 할 때 신청자와 신청 학생이 이수 교과목 등에 대한 정보를 정확히 파악할 수 있으며 실습을 위한 학사 지도와 보육실습 사전교육 등을 실시하는 데 도움이 될 수 있다. 보육실습 교과목이 개설된 학기 중에 실습을 실시하는 경우에는 수강신청자 출석부가 있으므로 보육실습 신청서는 사용하지 않아도 무방하다(부록 1, 참조).

(2) 보육실습 협조 공문

보육실습 허락을 요청하는 협조 공문을 양성교육기관에서 보육실습기관으로 발송한다(부록 2, 참조). 보육실습 협조 공문 발송 시 보육실습 동의서를 함께 동봉하여, 실습기관으로부터 보육실습 동의서를 받는다. 양성교육기관은 사전에 보육실습기관에 학생들의 실습 가능 여부를 확인하고 실습을 의뢰하기 위하여 유선연락을 취할 수 있다.

(3) 보육실습 동의서

양성교육기관은 보육실습 협조 공문과 동의서를 함께 발송하여 보육실습기관으로부터 동의서를 받는다. 동의서는 우편이나 팩스 등으로 받거나, 학생이 직접 기관을 방문, 수령하여 양성교육기관에 제출할 수도 있다(부록 3, 참조).

(4) 보육실습생 신상 카드

양성교육기관에서는 보육실습생에게 자신의 기초 정보를 기록할 수 있는 신상 카드를 작성하도록 지도한다(부록 4, 참조).

(5) 보육실습생 서약서

보육실습생에게 서약서를 작성하도록 한 후, 학생이 직접 실습기관에 제출하도록 한다. 학생은 보육실습 서약서를 작성하면서 보육실습에 임하는 각오와 자세를 다시 한 번 점검할 수 있는 기회가 된다. 실습기관에서 별도 양식의 실습 서약서를 요청하면 그것을 사용하도록 한다(부록 5, 참조).

(6) 보육실습확인서*

양성교육기관은 공인된 양식의 보육실습확인서를 보육실습이 종료된 후 14일 이내에 보육실습기관으로부터 수령한다(부록 6, 참조).

*「어린이집지원 시스템」을 통하여 보육실습확인서를 제출한 경우 첨부서류는 제출하지 않아도 됨(단, 유치원은 대학(교) 양성교육기관에서 양식 제공)

(7) 보육실습 평가서

양성교육기관은 공인된 양식의 보육실습 평가서를 보육실습이 종료된 후 14일 이내에 보육실습기관으로부터 수령한다(부록 7, 참조).

(8) 보육실습비 영수증

양성교육기관은 영수증 양식을 작성하여 실습기관에 전달하고 보육실습이 종료되었을 때 실습기관으로부터 영수증을 수령한다. 단, 실습기관 은행계좌로 온라인 송금하였을 경우는 송금확인증이 영수증을 대신할 수 있다(부록 16, 참조).

(9) 보육실습생 자기소개서(필요 시)

보육실습기관에서 보육실습생에 대하여 알 수 있도록 간단한 자기소개서를 작성하도록 지도한다.

(10) 보육실습일지 제작

양성교육기관은 공인된 양식의 보육실습일지를 보육실습 기간 동안 사용할 수 있도록 제작하여 학생에게 제공한다. 학생들이 개별적으로 컴퓨터를 사용하여 보육실습일지 작성하기를 원할 경우는 이메일이나 파일로 제공할 수 있다. 보육실습일지를 제작할 때는 보육활동계획을 사용할 단위활동 보육계획안(부록 9, 참조), 반일(일일)활동 보육계획안(부록 10, 참조)을 작성할 수 있도록 충분한 쪽수를 포함하도록 한다.

3) 실습기관 사전방문 및 사전교육

보육실습생은 실습을 시작하기 전 최소 일주일 이내에 실습기관에 미리 전화로 기관의 일과에 영향을 주지 않는 오후 시간으로 방문 일정을 잡은 후에 기관을 방문하여 원장 또는 담당자로부터 사전교육을 받는다. 학생은 실습기관의 사전방문과 사전교육을 통해 다음의 사항을 숙지한다. 또한 사전방문은 실습생의 입장에서 정규실습을 원활히 하기 위해 필요한 사전정보와 안내를 받기 위한 목적이 있다. 사전방문 없이 정규 첫날

실습생을 맞이할 경우 서로에 대한 낯섦 등으로 보육일과에 지장을 초래할 수 있다.

사전방문과 사전교육을 통해 다음(한국보육진흥원, 2017)의 사항을 숙지한다.

① 실습기관의 보육철학 및 프로그램 운영방침을 파악한다.

② 실습기관의 현황(보육교사, 영유아, 시설)을 파악한다.

③ 보육실습을 하게 될 반의 특성(연령, 인원수, 성비, 영유아의 특성, 하루일과 등)을 파악한다.

④ 보육실습 기간 중 행사 일정을 파악한다.

⑤ 실습기관의 보육실습생 준수사항, 유의사항을 파악한다.

⑥ 보육실습에 필요한 준비물을 점검한다.

⑦ 실습기관의 위치, 거리 및 교통편을 확인한다.

4) 보육실습을 위한 학생의 준비물

보육실습을 위하여 학생은 다음의 기본적인 준비물을 구비하고 그 외 준비물은 실습기관의 규정에 따른다.

(1) 건강진단결과서

보육실습기관이 확정되면 학생은 직접 보건소에 방문하여 전염성 질환에 대한 건강진단을 받고 그 결과서(구 보건증)를 발급받아 실습기관에 제출한다.

(2) 실습생 이름표

양성교육기관 이름, 보육실습생 이름을 기록한 자신의 이름표를 마련하여 실습 기간 동안 왼쪽 가슴에 패용한다. 이때 아크릴 등의 딱딱한 재질로 만들어진 이름표는 영유아를 다치게 하기 쉬우므로 피해야 하며, 헝겊 등으로 만든 이름표가 안전하다.

(3) 실내화 또는 덧신(필요 시)

실내에서 신을 수 있는 실내용 신을 준비하되, 굽이 높은 슬리퍼보다는 미끄러지지 않는 덧신이나 덧버선 같은 것으로 준비한다.

(4) 기타

여벌옷(필요 시)은 영유아를 보육하는 과정에서 실습생의 옷이 더럽혀지거나 젖을 수 있으므로 필요하다면 여벌의 옷을 준비하면 유용하며, 실외놀이용 운동화 등의 편안한 신발을(필요 시) 준비한다.

(5) 보육실습 관련 서류

양성교육기관의 교과목 담당교수가 제공하는 보육실습에 필요한 서류(|표 2-4| 참고)를 꼼꼼히 체크하여 준비한다. 학생이 미리 작성할 부분은 정확히 작성한 후 담당 교수나 다른 친구들과 함께 틀린 부분이 없는지 재확인한 후에 보육실습기관 및 양성기관에 제출한다.

표 2-4 보육실습기관 및 양성기관에 제출할 서류

제출 서류	내용
보육실습생 신상 카드 보육실습생 서약서 자기소개서(필요 시)	• 양성교육기관에서 받아 학생이 정확히 작성한 후 보육실습기관에 제출한다.
건강진단결과서(구 보건증)	• 학생이 보건소에서 건강진단을 받은 후 결과서를 실습기관에 제출한다.
보육실습비 영수증 보육실습확인서* 보육실습 평가서	• 보육실습확인서와 보육실습 평가서는 공인된 양식이어야 한다. 보육실습 평가서는 인봉하여 양성교육기관에 송부하되, 학생이 인봉된 서류를 받아올 수 있다.
보육실습일지	• 양성교육기관에서 받아 실습 기간 동안 작성한다. • 보육실습일지는 공인된 양식이어야 한다.

* 「어린이집지원 시스템」을 통하여 보육실습확인서를 제출한 경우 첨부서류는 제출하지 않아도 됨(단, 유치원은 대학(교) 양성교육기관에서 양식 제공)

(6) 보육실습기관의 종류

「영유아보육법」 제10조에서의 우리나라 어린이집의 종류는 매우 다양하다. 특히 보육실습이 가능한 곳은 국가 또는 지방자치단체가 설치·운영하는 국·공립어린이집,

사업주가 사업장의 근로자를 위해 설치 · 운영하는 직장어린이집(국가 또는 지방자치단체의 장이 소속 공무원을 위하여 설치 · 운영하는 어린이집 포함), 「사회복지사업법」에 의한 사회복지법인이 설치 · 운영하는 사회복지법인어린이집, 개인이 가정 또는 그에 준하는 곳에 설치 · 운영하는 가정어린이집, 협동어린이집에서 가능하다. 이 밖에도 종일반을 운영하는 유치원에서도 가능하다. 특히 실습기관은 설립 주체 및 운영 주체에 따라서 국 · 공립, 민간, 직장, 가정 어린이집과 국 · 공립 및 사립 유치원으로 구분된다. 또한 기관 운영방법과 유형 그리고 특성에 따라 방과후, 영아전담, 장애아전문, 야간 24시간, 휴일보육, 통합보육 등으로 분류되기도 하며, 국 · 공립, 단설, 병설 유치원을 포함하여 사립유치원으로 나누어지기도 한다. 그러므로 보육실습은 인가 정원이 영유아 15인 이상인 보육실습기관, 즉 어린이집과 종일제 운영을 하는 유치원에서는 상시 가능하다. 보육실습기관의 종류를 살펴보면 | 표 2-5 | 와 같다.

표 2-5 보육실습기관의 종류 (「영유아보육법」 제10조)

보육실습기관의 종류	기관의 특성
국 · 공립어린이집	• 국가와 지방자치단체가 설치 · 운영(위탁운영 포함)하는 시설로서 지역주민 자녀를 보육아동 정원의 50% 이상 보육하는 시설
사회복지법인어린이집	• 「사회복지사업법」에 의한 사회복지법인이 설치 · 운영하는 시설
직장어린이집	• 사업주가 사업자의 근로자를 위하여 단독 또는 공동으로 사업장 내 또는 그에 준하는 인근 지역과 사원주택 등 사업장 근로가 밀집 거주 지역에 설치 · 운영하는 시설(국가 또는 지방자치단체장이 소속공무원을 위하여 설치 · 운영하는 시설을 포함한다.)로서 단, 보육아동 정원이 1/3 이상이 동 사업장 근로자의 자녀이어야 한다.
민간어린이집	• 개인이 그에 준하는 곳에 설치 · 운영하는 시설로 20인 이상 어린이집
가정어린이집	• 개인이 가정 또는 그에 준하는 곳에 설치 · 운영하는 시설로 20인 이하 어린이집
협동어린이집	• 보육 대상 부모 15인 이상이 조합을 결성하여 그들의 자녀를 스스로 보육하기 위하여 설치 · 운영하는 시설
영아전담어린이집	• 상시 영아 20명 이상을 보육하고 있는 시설(국 · 공립, 비영리법인, 가정어린이집)
장애아전문어린이집	• 상시 장애아 20명 이상 보육하고 있는 시설(국 · 공립, 비영리법인, 가정어린이집)
방과후과정 운영 유치원	• 국 · 공립 및 사립유치원

| 출처 | 보건복지부(2018). 보육사업안내.

02 보육실습생의 역할과 자세

보육실습생은 실습기관의 보육목적과 보육방침을 이해하고 이를 달성하기 위해 적극 협력하고 참여해야 한다. 또한 실습기관의 제반규정을 준수하고 보육실습생으로서의 역할과 자세를 숙지하여 보육실습의 목적을 이루어야 한다. 보육실습생의 역할과 자세를 한국보육진흥원(2017)에서 살펴보면 다음과 같다.

1) 보육실습생의 역할

관찰은 정규 실습 첫 단계로서 이루어지며 실습생은 보육교사들의 수업을 관찰하면서 이론이 현장에서 어떻게 활용되고 있는가를 파악하게 된다. 실습생은 교사 관찰, 영유아의 관찰, 교재교구 및 시설 환경 및 프로그램 등 보육활동 전반에 걸친 사항을 살펴보고 앞으로 수업을 직접 수행하는 데 필요한 교사로서의 역할, 태도 및 교육적 기초 지식을 익히게 되며 이는 나아가 보육현장을 이해하는 중요한 기회가 된다.

구체적인 역할 내용은 다음과 같다(한국보육진흥원, 2017).

- 실습기관 환경 및 보육 환경 구성 관찰
- 보육일과 및 활동 참여
- 영유아 행동 및 활동 관찰
- 보육실습일지 작성, 지도교사의 조언 듣기 및 매일의 자기 평가
- 예비보육교사로서의 역할 수행
- 보육활동계획안 작성
- 영역별 보육활동, 반일(일일)보육활동 등의 계획 및 실행
- 보육실습기관의 가정 간 연계 프로그램이나 행사 참여
- 보육실 청결관리와 정리 · 정돈

2) 보육실습생의 근무태도

① 보육실습 기간 동안 예비교사로서의 품위를 지키고, 매사에 영유아에게 본보기가 되도록 언행에 주의한다.

② 보육실습일지를 작성하며, 보육실습 지도교사의 조언을 받는다.

③ 보육활동 전에 보육실습 지도교사에게 보육활동계획안(단위보육활동, 반일보육활동 또는 일일보육활동)을 제출하여 지도를 받은 후 보육활동에 임한다.

④ 영유아의 일상생활지도에 대한 지침은 해당 보육실습기관의 내용에 따른다.

⑤ 해당 보육실습기관으로부터 영유아의 안전사고 예방에 대한 사전 교육의 내용을 숙지하도록 한다.

⑥ 실습기관의 비품 및 기자재를 사용하고자 할 때는 보육실습 지도교사와 담당자의 허락을 받고 사용방법에 유의하여 조심스럽게 사용한 후 반납한다.

⑦ 보육활동에 필요한 교재교구를 제작할 때에는 반드시 보육실습 지도교사와 사전에 협의한 후 제작한다.

⑧ 보육실습 중 응급상황이 발생했을 때는 즉시 보육실습 지도교사에게 알리고 지도를 받는다.

⑨ 매일 작성하는 보육일지를 비롯하여 각종 제출물은 기일을 엄수하여 제출한다.

⑩ 학부모 질문 시 친절한 태도로 보육실습생임을 밝히고 보육실습 지도교사에게 안내해야 하며, 실습생은 학부모와 상담을 하지 않도록 한다.

⑪ 보육교직원, 영유아, 부모는 물론이고 어린이집을 방문하는 방문객에게 공손하게 인사하며 항상 밝고 친절한 모습으로 대한다.

⑫ 실습기관에서의 흡연은 절대 금한다.

⑬ 보육실습 중 휴대폰 사용을 금하고 보육실에 휴대폰을 가지고 들어가지 않는다.

⑭ 커피 및 음료는 보육실 이외의 정해진 장소에서 음용한다.

⑮ 동료 보육실습생들 간의 호칭은 '○○○ 선생님'으로 하고 실습생들 간에도 존대어를 사용하며 불필요한 이야기를 하지 않는다.

⑯ 보육실습 기간 중 불만이나 갈등상황이 발생했을 경우는 실습기관의 규정과 절차에 따라 해결한다.

3) 근무 시간

① 실습기관의 출 · 퇴근 시간 규정을 따른다.

② 실습 시간은 평일(월~금요일) 오전 9시부터 오후 7시 사이, 1일 8시간에 대해서만 실습으로 인정된다.

③ 출근 시간을 엄수하고 무단결근, 지각, 외출 및 조퇴를 금한다. 부득이한 경우에는 사전에 실습기관에 사유서를 제출하여 허락을 받는다.

④ 부득이한 사유로 실습기관에서 결근 허락을 받은 경우, 결근 일수만큼 다른 날짜에 보육실습을 하여 보육실습 총 시간 및 일수를 맞추도록 한다.

⑤ 매일 정해진 시간에 출근하여 출근부에 날인하며, 퇴근 시 보육실습 지도교사와 원장에게 허락을 받고 퇴근한다.

4) 복장 및 용모

① 복장과 용모는 청결, 단정하게 한다.

② 이름표는 왼쪽 가슴에 착용한다.

③ 지나치게 화려하거나 노출이 심한 복장(민소매 옷, 짧은 바지나 치마, 속옷이 보이는 옷, 몸에 꼭 붙는 옷 등)은 피한다.

④ 짙은 화장, 진한 향수, 영유아의 안전상 문제가 되는 장신구 등은 피한다. 특히 영아반 실습생의 경우는 긴 줄의 목걸이나 귀걸이를 영아가 잡아당길 염려가 있으므로 착용에 주의한다.

⑤ 손톱은 짧게 깎고, 손은 언제나 청결하게 관리한다.

⑥ 영유아의 안전과 위생을 위해 긴 머리카락의 경우 단정히 뒤로 묶는다.

⑦ 실내에서는 실내화(덧신)이나 양말을 꼭 신는다.

⑧ 실내 · 외에서 굽이 높은 신발이나 슬리퍼는 신지 않는다.

5) 언어 사용

① 음성의 톤이 너무 높거나 빠르지 않도록 유의하며 부드럽게 이야기한다.

② 발음은 분명하게 하며 되도록 표준어를 사용한다.

③ 어린이집 보육교직원, 부모는 물론 영유아에게 예의에 어긋난 언어(야!, 너!, 혼날래? 등)를 사용하지 않는다.

④ 영유아를 부를 때는 이름을 부른다.

⑤ 언어뿐 아니라 비언어 행동 즉 표정, 손짓, 몸짓, 제스처 등도 교사로서의 품위를 지키며 영유아의 의사를 적극 수용하도록 한다.

6) 보육실습생이 지켜야 할 윤리규정

보육실습생은 보육실습을 통하여 예비보육교사로서 전문성을 높여나가야 하고, 영유아의 바람직한 인성형성을 돕기 위해 높은 윤리와 도덕적 규범을 갖추어야 한다. 이에 보육실습생이 지켜야 할 윤리 규정은 다음과 같다.

① 신체적, 정신적, 사회적으로 건강해야 한다.

② 영유아를 존중하고 편견이나 차별 없이 그대로 수용해야 한다.

③ 영유아를 돌보고 지도하는 것을 즐거워하며 인내심이 있어야 한다.

④ 보육실습 지도교사 및 보육교직원에게 예의를 지키고 존중한다.

⑤ 보육실습생 상호 간에 존중하고 예의를 지킨다.

⑥ 특정 영유아를 편애하거나 언어적, 신체적 처벌 및 상벌을 하지 않는다.

⑦ 실습 지도교사가 지시하기 전에 보육실습생으로서 자신이 해야 할 일들을 미리 솔선수범하여야 한다.

⑧ 보육실습 기간 중에 부여된 일에 대하여 책임 있게 수행한다.

⑨ 항상 긍정적이고 밝은 모습을 갖도록 노력한다.

⑩ 학부모를 존중하고 예의를 지키되, 학부모와 개인적인 관계를 갖지 않는다.

⑪ 영유아의 신상에 관련된 사항(예 주민등록번호, 가정사, 질병 등)을 외부로 유출하지 않는다.

⑫ 실습기관의 내부 정보를 외부로 유출하지 않는다.

⑬ 실습기관의 물품을 함부로 다루지 않으며, 개인적 용도로 사용하지 않는다.

⑭ 실습기관의 영유아 사진이나 이름, 보육실습기관명 등을 실습생의 개인 홈페이지, SNS, 트위터 등에 올리지 않는다.

03 보육실습 지도교사의 자세와 역할의 이해

교육의 질을 결정하는 가장 중요한 요인 중 하나는 교사이다. 실습 기간 중 지도교사는 실습생과의 상호작용을 하면서 실제 현장에서 필요한 지식과 기술, 태도 등이 모델링이 되도록 해야 하며, 실습생의 실제 경험의 방향을 지도하는 역할을 함으로써 실습생에게 지도교사의 영향은 매우 크다고 할 수 있다. 실습생이 지도교사의 수업방법이나 기술, 태도, 교육관 등을 쉽게 흡수하듯 배우게 되는 원인은 지도교사가 하는 것이 모두 바람직한 것일 거라는 기대와 신뢰로부터 기인된 것이며 이는 긍정적인 영향을 미치는 요인이 될 수 있으며, 또 바람직하지 못한 것을 알고도 따라해야만 좋은 성적을 얻을 수 있다는 생각으로 부정적인 영향을 미치기도 하므로 지도교사가 항상 긍정적인 영향을 미친다고 볼 수는 없다(박낭자, 2006).

지도교사는 실습생에게 교육방법, 영유아와의 상호작용, 학급운영 등 교사로서의 역할 수행뿐만 아니라 교육관, 견해, 태도 등 교사로서의 가치관에도 큰 영향을 미친다(Copas, 1984).

1) 정서적인 지원

실습생과 신뢰적인 관계를 형성하는 것은 정서적 지원에서 가장 중요한 역할이라고 할 수 있다(조운주 · 박은혜, 2001).

첫째, 실습생에게 지지와 칭찬을 제공한다.

둘째, 성인 협력자로 존중하여 문제를 함께 해결해 나간다.

셋째, 실습생의 이야기를 항상 들어주고 비밀을 유지해 준다.

넷째, 실습생의 스트레스를 해소할 수 있는 건설적인 방법을 제안해 준다.

2) 전문적인 지원

첫째, 실습생이 교수활동을 실행하는 데 필요한 여러 가지 지원을 제공해야 한다.

둘째, 교수활동에 대한 지도 이외에 유아의 동기를 유발하고, 지도하고, 평가하는 방법을 지원해 주어야 한다.

셋째, 실천에 대한 반성을 위해서 실습생에게 규칙적이고 지속적인 정보와 피드백을 제공해 주어야 한다.

넷째, 학습을 운영하는 방법에 대해서도 전반적으로 알려주기도 한다.

3) 실습 지도교사가 지켜야 할 윤리규정(한국보육진흥원, 2017)

첫째, 보육실습생에게 예의 있는 언어 사용(존칭어 사용) 및 인격적 대우를 한다.

둘째, 보육실습생의 개인적, 가족 관련 내용에 대한 비밀을 유지한다.

셋째, 영유아에 대한 편애, 다른 교사와의 불편한 관계, 어린이집 관련 사적 내용을 전달하지 않는다.

넷째, 영유아 앞에서 보육실습생에 대한 훈육적 지도를 하지 않는다.

다섯째, 보육실습생의 실습 능력에 대해 주관적, 감정적 평가를 하지 않는다.

여섯째, 보육실습생에게 개인적인 부탁이나 지도교사가 해야 할 일을 대신하도록 시키지 않는다.

04 원장의 역할

보육실습기관의 원장은 보육실습 지도교사의 자격이 있고 실습생 지도를 잘 수행할 수 있는 자질을 갖춘 지도교사를 선정한다. 지도교사를 선정한 후 6주간의 실습에 대해 지도교사가 원활히 보육실습생을 책임지고 지도할 수 있도록 원장은 지도교사를 교육하고 실습일정을 계획, 관리하여야 한다. 또한, 원장이 교사를 겸직하고 있을 경우에는 보조자의 역할의 비중이 커질 수 있으므로 철저한 계획이 우선되어야 한다. 보육실습에서의 원장의 역할을 구체적으로 정리해 보면 다음과 같다.

첫째, 각 어린이집의 상황이 다르므로 새로운 환경에 충분히 이해하여 적응할 수 있도록 사전 오리엔테이션을 한다. 또한 6주 동안의 실습 기간 동안 일어날 수 있는 행사나 특수한 상황, 지켜야 할 내용들을 원의 철학이나 프로그램 운영과 관련된 것을 자세히 설명하여 실습생을 배려하도록 한다.

둘째, 지도교사는 보육실습 지침에 제시되어 있는 교사의 자격 조건으로 보육교사 1급 혹은 유치원 정교사 1급 소지자로 배정하며, 지도교사 1인이 실습생 3명을 넘지 않도록 한다.

셋째, 지도교사의 상황에 따라 보육실습일지를 점검하는 시기와 평가를 할 수 있는 시간을 배려해 주고, 실습생이나 지도교사가 실습을 진행하는 과정 중 어려움은 없는지 있다면 어떠한 것들이 있는지, 원장으로서 협조해 줄 수 있는 부분들이 있는지를 살펴 보아 실습생과 지도교사 간의 원활한 관계가 형성될 수 있도록 돕는다.

넷째, 지도교사 및 실습생에 대한 보육활동 평가를 통해 보육실습의 효과를 높일 수 있도록 한다.

다섯째, 실습생에게 보육실습의 취지에 어긋나는 부적합한 업무를 부가하지 않도록 주의를 기울여야 한다(한국보육진흥원, 2017). 그 내용은 다음과 같다.

- 영유아의 등 · 하원 차량 지도
- 영유아의 간식 및 식사 조리
- 보육실습 지도교사 휴가 및 승급교육 시 보육실습생을 대체 교사로 활용
- 보육활동 이외의 업무 지시
- 보육실습 학급 이외 보육실습기관 전체 정리 · 정돈 업무

- 보육실습 중 보육활동계획에 필요한 교재교구 이외에 불필요하게 많은 양의 교재교구 제작
- 영유아 응급처치 및 아픈 영유아 데리고 병원 가기
- 학부모 상담
- 오전, 오후 통합보육 담당

Chapter 03

보육실습지도의 실제

01 보육실습의 실시과정

02 보육실습일지 작성

03 보육실습생의 보육활동 참여실습

04 흥미 영역별 내용별 보육활동지도

05 보육활동에 대한 평가 및 조언

06 교재교구

일반적으로 6주간의 보육실습은 주로 보육현장에 대한 관찰과 보육일과에 대한 참여, 보육활동의 계획 및 실행 후 평가로 이루어진다. 따라서 본 장에서는 보육실습 실시 과정의 보육실습일지 작성, 보육활동 실습, 영역별 내용별 보육활동지도, 보육활동에 대한 평가 및 조언을 한국보육진흥원(2017)에 의해 제시하고자 한다.

●표 3-1● 보육실습 운영 시 준비사항

구분	내용
교수	① 실습기관 관찰 실행 ② 보육활동계획안 및 관찰일지 작성 지도 ③ 교재교구 및 교수 자료 제작 지도
양성교육기관	① 보육실습일지 및 활동계획안 양식 배부(실습기관에서 제공할 수도 있음)
실습생	① 보육실습기관 관찰 및 기록 ② 보육활동계획안 및 관찰일지 작성 연습 ③ 보육활동 자료 준비

01 보육실습의 실시과정

보육실습 기간 6주 동안 실습생은 영유아를 관찰하고, 실습반의 보조교사로 참여하기 시작한다. 실습생이 기관 및 해당 반의 하루일과에 익숙해지면, 보육실의 흥미 영역 중 한 개 영역에 해당하는 보육활동을 계획하여 직접 실행해 보고, 점차 다른 영역으로 확대해 본다. 마지막으로 반일이나 하루일과 전체에 대한 보육계획안을 실습생이 직접 작성하고, 교재교구를 준비하여 영유아를 지도하는 과정으로 보육실습을 하게 된다(한국보육진흥원, 2017).

1) 보육실습 주차별 실습 내용

주차별로 진행할 수 있는 보육실습 실시과정의 예시를 제시하면 다음과 같이 소속대학 상황에 따라 선택하여 운영할 수 있다(한국보육진흥원, 2017).

(1) 연속형(안)

다음은 6주 연속 보육현장실습을 시행하는 사례는 | 표 3-2 | 와 같다.

●표 3-2● 보육실습 연속형(6주 연속) 실시 내용의 예

<table>
<tr><th colspan="2">주</th><th>1일차</th><th>2일차</th><th>3일차</th><th>4일차</th><th>5일차</th></tr>
<tr><td colspan="2">사전방문과 교육</td><td colspan="5">• 사전방문하여 실습 오리엔테이션을 실시함
• 보육실습 일정과 내용, 준비서류 및 기타 유의사항 합의</td></tr>
<tr><td rowspan="9">보육활동 운영실습</td><td>1주</td><td colspan="5">• 어린이집의 운영 철학 및 보육서비스 등의 특징 파악
• 어린이집 보육교직원들과 친밀감 형성
• 모든 연령의 반 참여 관찰: 일과운영 보육 환경, 영유아-교사 상호작용, 영아반과 유아반 고르게 경험, 실습기관의 지침에 따라 순서는 융통성 있게 운영한다.
• 보육실습일지 작성과 지도교사의 평가</td></tr>
<tr><td rowspan="2">2주</td><td colspan="5">• 실습반 영유아와 친밀감 형성하기
• 보조교사로서의 역할 수행하기</td></tr>
<tr><td colspan="2">• 실습반 관찰(일과운영, 보육 환경, 영유아-교사 상호작용 등)</td><td colspan="3">• 3주차 영역별 보육활동 선정 및 계획안 제출과 지도교사의 평가</td></tr>
<tr><td rowspan="2">3주</td><td></td><td>• 영역별 보육활동 실습</td><td></td><td>• 영역별 보육활동 실습</td><td></td></tr>
<tr><td></td><td>• 자기 평가, 지도교사 평가</td><td>• 영역별 보육활동 선정</td><td>• 자기 평가, 지도교사 평가</td><td>• 연계활동계획안 제출</td></tr>
<tr><td rowspan="2">4주</td><td></td><td colspan="2">• 연계활동 실시</td><td></td><td></td></tr>
<tr><td>• 연계활동 자료 준비 및 제작</td><td colspan="2">• 자기 평가, 지도교사 평가</td><td>• 반일(일일)보육계획 협의</td><td>• 반일(일일)보육계획안 제출</td></tr>
<tr><td rowspan="2">5주</td><td></td><td></td><td>• 반일(일일) 보육활동 실시</td><td></td><td></td></tr>
<tr><td colspan="2">• 반일(일일)보육활동 자료 점검</td><td>• 자기 평가, 지도교사 평가</td><td></td><td></td></tr>
<tr><td>사후 참여실습</td><td>6주</td><td colspan="3">• 참여 관찰(일과운영, 보육 환경, 영유아-교사 상호작용 등)
• 보조교사 역할 수행하기
• 보육실습일지 작성</td><td>• 최종 어린이집 실습 평가회(원장, 지도교사 등 참여)</td><td>• 실습일지 및 기타 실습 관련 서류 제출</td></tr>
</table>

| 출처 | 한국보육진흥원(2017). 영유아교육기관에서의 보육실습지도.

(2) 분리운영(안)

분리운영(안)은 본 실습 시작 전에 먼저 2주간의 참여실습을 하고, 4주의 본 실습을 하는 형태의 실습과정과 반대로 4주의 본 실습과 2주간의 사후 참여실습을 하는 형태가 있다. 또는 보육활동 운영실습을 3주씩 나누어 실시하는 유형이 있다.

① 분리 A형: 사전 참여실습 사례(2주 사전 참여실습 + 4주 보육활동 운영실습)

분리 A형은 사전 참여실습을 본 실습 시작 전에 2주 동안 하고, 4주의 본 실습을 하는 형태의 실습과정이다. 이 유형은 실습생이 보육실습 기간 동안 모든 연령의 반에 참

여 관찰을 하며 연령별 영유아의 발달 특성에 따른 일과운영의 흐름과 보육교사의 역할을 배울 수 있도록 하는 장점이 있다. 예를 들어 3세반에서 본 실습을 하기로 한 실습생의 경우 참여실습을 하는 2주 동안 0세반, 1세반, 2세반, 4세반, 5세반에서 각각 2일씩 참여 관찰을 하는 형태이다.

4주간의 본 실습을 하는 반에서 관찰자 및 보조교사로 참여하기 시작하여 점차 하루일과의 일부분 동안 한 영역에서의 보육활동을 시작으로 영유아를 지도하고 차츰 반일이나 하루일과 전체 동안 영유아를 지도하는 과정으로 보육실습을 하게 된다. 보육실습 진행과정의 예는 | 표 3-3 | 과 같다.

표 3-3 보육실습 분리 A형(2주 + 4주) 실시 내용 예

주		1일차	2일차	3일차	4일차	5일차
사전방문과 교육		• 사전방문하여 실습 오리엔테이션을 실시함 • 보육실습 일정과 내용, 준비서류 및 기타 유의사항 합의				
사전 참여 실습	1주	• 어린이집의 운영 철학 및 보육서비스 등의 특징 파악 • 어린이집 보육교직원들과 친밀감 형성 • 모든 연령의 반 참여 관찰: 일과운영, 보육 환경, 영유아-교사 상호작용 등 • 보조교사로서의 역할 수행하기 • 보육실습일지 작성 및 참관 경험에 대한 저널 작성하기				
	2주	• 보육활동 운영실습반의 관찰(일과운영, 보육 환경, 영유아-교사 상호작용 등) • 보육실습교사 역할 수행 • 실습반의 영유아와 친밀감 형성하기 • 보육실습일지 작성 및 지도교사 평가 • 3주차 영역별 보육활동 선정 및 계획안 제출				
보육활동 운영실습	3주	• 보육활동 운영실습반의 관찰(일과운영, 보육 환경, 영유아-교사 상호작용 등) • 보조교사로서의 역할 수행 • 실습반의 영유아와 친밀감 형성하기				
					• 영역별 보육활동 실습	
			• 영역별 보육활동 선정		• 자기 평가, 지도교사 평가	• 4주차 영역별 보육활동계획안 제출
	4주			• 영역별 보육활동 실습		
		• 영역별 보육활동 선정		• 자기 평가, 지도교사 평가	• 연계활동보육계획안 제출	• 연계활동 자료 준비 및 제작
	5주		• 연계활동 실시			
			• 자기 평가, 지도교사 평가	• 반일(일일)보육계획 협의		• 반일(일일)보육계획안 제출
	6주	• 참여 관찰(일과운영, 보육 환경, 영유아-교사 상호작용 등) • 보조교사 역할 수행하기 • 보육실습일지 작성		• 최종어린이집 실습 평가회(원장, 지도교사 등 참여)		• 실습일지 및 기타 실습 관련 서류 제출

| 출처 | 한국보육진흥원(2017). 양성교육기관에서의 보육실습지도.

② 분리 B형: 사후 참여실습 사례(4주 보육활동 운영실습 + 2주 사후 참여실습)

사후 참여실습은 4주의 본 실습과 2주의 사후 참여실습을 하는 형태의 실습이다. 4주의 본 실습을 충실히 한 후, 2주간 실습한 연령의 반을 제외한 모든 연령의 반에 참여 관찰을 하는 유형이다. 참여실습이 본 실습 이후에 이루어져 연령별 발달적 특성에 따른 일과운영의 흐름을 자신이 실습을 했던 경험을 바탕으로 하여 배울 수 있는 장점이 있다. 예를 들어 4세반에서 4주간 본 실습을 한 후 참여실습을 할 때 0세반, 1세반, 2세반, 3세반, 5세반에서 2일을 참여 관찰을 하는 형태도 진행될 수 있다. 보육실습 진행 과정의 예시는 | 표 3-4 | 와 같다.

표 3-4 보육실습 분리 B형(4주 + 2주)의 실시 내용 예

<table>
<tr><th colspan="2">주</th><th>1일차</th><th>2일차</th><th>3일차</th><th>4일차</th><th>5일차</th></tr>
<tr><td colspan="2">사전방문과 교육</td><td colspan="5">• 사전방문하여 실습 오리엔테이션을 실시함
• 보육실습 일정과 내용, 준비서류 및 기타 유의사항 합의</td></tr>
<tr><td rowspan="7">보육활동 운영실습</td><td>1주</td><td colspan="5">• 어린이집의 운영 철학 및 보육서비스 등의 특징 파악
• 어린이집 보육교직원들과 친밀감 형성하기
• 실습반 관찰(일과운영, 보육 환경, 영유아-교사 상호작용 등)
• 실습반의 영유아와 친밀감 형성하기
• 보조교사로서의 역할 수행
• 2주차 영역별 보육활동 선정 및 계획안 제출</td></tr>
<tr><td rowspan="2">2주</td><td></td><td>• 영역별 보육활동 실습</td><td></td><td>• 영역별 보육활동 실습</td><td></td></tr>
<tr><td></td><td>• 자기 평가, 지도교사 평가</td><td>• 영역별 보육활동 선정</td><td>• 자기 평가, 지도교사 평가</td><td>• 영역별 보육활동 선정</td></tr>
<tr><td rowspan="2">3주</td><td></td><td>• 연계활동 실시</td><td></td><td></td><td></td></tr>
<tr><td>• 연계활동 자료 준비 및 제작</td><td>• 자기 평가, 지도교사 평가</td><td colspan="2">• 반일(일일)보육계획 협의</td><td>• 반일(일일)보육계획안 제출</td></tr>
<tr><td rowspan="2">4주</td><td></td><td></td><td>• 반일(일일) 보육활동 실시</td><td></td><td></td></tr>
<tr><td colspan="2">• 반일(일일)보육활동 자료 점검</td><td>• 자기 평가, 지도교사 평가</td><td></td><td></td></tr>
<tr><td rowspan="3">사후 참여실습</td><td>5주</td><td colspan="5">• 참여 관찰(일과운영, 보육 환경, 영유아-교사 상호작용 등)
• 보조교사로서의 역할 수행하기
• 보육실습일지 작성 및 참관 경험에 대한 저널 작성 및 지도교사 평가
• 6주차 영역별 보육활동 선정 및 계획안 제출</td></tr>
<tr><td rowspan="2">6주</td><td></td><td>• 영역별 보육활동 실습</td><td></td><td rowspan="2">• 최종 어린이집 실습 평가회(원장, 지도교사 등 참여)</td><td rowspan="2">• 실습일지 및 기타 실습 관련 서류 제출</td></tr>
<tr><td></td><td>• 자기 평가, 지도교사 평가</td><td></td></tr>
</table>

| 출처 | 한국보육진흥원(2017). 양성교육기관에서의 보육실습지도.

③ 분리 C형: 보육활동 운영 분리 사례(3주 보육활동 운영실습 + 3주 보육활동 운영실습)

본 실습을 3주씩 분리하여 실시하는 유형이다. 다른 보육실습기관에서 실습을 2회로 나누어 운영하고자 할 때 선택할 수 있는 안으로 3주의 보육활동 운영실습을 2회에 나누어 실시하는 방법이다. 3주 중 1주는 참여 관찰과 보육활동 운영계획을 주로 하며, 2주차와 3주차에는 실제 보육활동을 운영해 보는 형태이다. 예를 들어 3세 이상의 유아반에서 3주간 본 실습을 한 후, 영아반에서 3주간 보육활동 운영실습을 진행하는 안이다. 진행 가능한 보육실습의 예시안은 |표 3-5|와 같다.

●표 3-5● 보육실습 분리 C형(3주 + 3주)의 실시 내용 예

<table>
<tr><th colspan="2">주</th><th>1일차</th><th>2일차</th><th>3일차</th><th>4일차</th><th>5일차</th></tr>
<tr><td colspan="2">사전방문과 교육</td><td colspan="5">• 사전방문하여 실습 오리엔테이션을 실시함
• 보육실습 일정과 내용, 준비서류 및 기타 유의사항 합의</td></tr>
<tr><td rowspan="3">보육활동
운영실습
I</td><td>1주</td><td colspan="5">• 어린이집의 운영 철학 및 보육서비스 등의 특징 파악
• 어린이집 보육교직원들과 친밀감 형성하기
• 모든 연령의 반 참여 관찰: 일과운영, 보육 환경, 영유아-교사 상호작용 등
• 실습반의 영유아와 친밀감 형성하기
• 보조교사로서의 역할 수행
• 본 실습반 관찰(일과운영, 보육 환경, 영유아-교사 상호작용 등)
• 보육실습일지 작성과 지도교사의 평가
• 2주차 영역별 보육활동 선정 및 계획안 제출</td></tr>
<tr><td>2주</td><td></td><td></td><td></td><td>• 영역별 보육활동 실습
• 자기 평가, 지도교사 평가</td><td>• 연계활동계획안 제출</td></tr>
<tr><td>3주</td><td>• 연계활동 자료 준비 및 제작</td><td>• 연계활동 실시
• 자기 평가, 지도교사 평가</td><td>• 영역별 보육활동 선정</td><td>• 중간 어린이집 실습 평가회(원장, 지도교사 등 참여)</td><td>• 실습일지 및 기타 실습 관련 서류 제출</td></tr>
<tr><td rowspan="3">보육활동
운영실습
II</td><td>4주</td><td></td><td></td><td></td><td>• 영역별 보육활동 실습
• 영역별 보육활동 선정</td><td>• 자기 평가, 지도교사 평가</td></tr>
<tr><td>5주</td><td></td><td></td><td colspan="2">• 반일(일일)보육계획 협의</td><td>• 반일(일일)보육계획안 제출</td></tr>
<tr><td>6주</td><td colspan="2">• 반일(일일)보육활동 자료 점검</td><td>• 반일(일일)보육활동 실시
• 자기 평가, 지도교사 평가</td><td>• 최종 어린이집 실습 평가회(원장, 지도교사 등 참여)</td><td>• 실습일지 및 기타 실습 관련 서류 제출</td></tr>
</table>

| 출처 | 한국보육진흥원(2017). 양성교육기관에서의 보육실습지도.

① 관찰은 보육실습 기간 동안 계속적으로 이루어지지만 실습 초기에 영유아 행동 및 놀이에 대한 관찰과 일과운영에 대한 관찰 시간을 충분히 갖고 관찰 내용에 대해 실습 지도교사의 지도를 받는 것이 필요하다.

② 관찰의 주된 내용은 영유아의 연령에 따른 보육실 환경 구성의 특성, 하루일과의 진행, 영유아의 발달 및 놀이 특성, 보육교사의 역할 및 영유아와의 상호작용을 포함한다.

③ 보육실습생으로 참여하면서 영유아와 친밀한 관계 형성, 영유아에 대한 이해, 일상생활지도 등 보육교사로서의 업무를 파악한다.

④ 보육활동에 대한 실습은 실습담당교사의 지도 아래 보육실습생이 직접 보육활동을 계획하고 실행한다.

⑤ 보육활동에 대한 보육실습은 일과 중의 특정 시간이나 한두 영역의 보육활동 수행에서 시작하여 반일 또는 귀가까지 하루일과를 보육실습생이 직접 계획하여 수행하는 방식으로 진행한다(한국보육진흥원, 2017).

2) 보육실습 대상별 실습 내용

보육실습의 과정은 관찰과 참여로 시작하여 실제 보육활동의 계획과 실행 및 평가 순서로 진행되지만, 실습반의 영유아 연령에 따라 보육실습 내용에 차이가 있다. 따라서 영아반(만 0~2세)과 유아반(만 3~5세)으로 구분하여 6주간의 보육실습 실시 내용에 대한 예시를 제시(한국보육진흥원, 2017)하면 |표 3-6|, |표 3-7|과 같다.

●표 3-6● ○○어린이집 만 0~2세 영아반 6주간의 보육실습 내용 예시

기간	실습 내용
1주	① 관찰기록 • 보육실 흥미 영역 구성, 활동 준비 및 하루일과의 진행과정 관찰 • 영아와 영아, 영아와 보육교사 간 상호작용 및 보육교사의 업무 관찰 ② 영아반의 일과 특성 이해하기 예 기저귀 갈기, 배변 훈련, 수유 및 이유, 급식 지도 등 ③ 영아의 연령별, 개인별 발달 특성 이해하기 예 흥미, 수준, 언어표현, 상호작용 등 ④ 1주차 관찰 및 보육실습에 대한 평가: 지도교사, 보육실습생
2주	① 관찰기록 • 일과운영, 보육 환경, 영아-보육교사 상호작용 등 관찰 ② 영아와 친밀감 형성하기 ③ 3주차 보육활동계획 및 검토 • 영역별 보육활동 선정 및 계획안 작성: 지도교사의 검토 및 지도 받기 • 계획한 보육활동에 필요한 자료 및 교재교구 준비 ④ 2주차 관찰 및 보육실습에 대한 평가: 지도교사, 보육실습생
3주	① 관찰기록 • 일과운영, 보육 환경, 영아-보육교사 상호작용 등 관찰 ② 영아 개인에 맞는 일상적인 생활 지도방법 익히기 ③ 영역별 보육활동 실습 • 흥미 영역활동 2회 진행 및 보육활동에 대한 평가: 지도교사, 보육실습생 ④ 4주차 보육활동계획 및 검토 • 연계 보육활동에 대한 계획안 작성: 지도교사의 검토 및 지도 받기 • 계획안 보육활동에 필요한 자료 준비 및 제작 ⑤ 3주차 보육실습 및 보육활동에 대한 평가: 지도교사, 보육실습생
4주	① 영아와 보육교사 간의 상호작용 관찰기록 ② 보육연계활동 점검 및 준비성 및 실습 • 보육활동 연계활동 진행 및 보육활동에 대한 평가: 지도교사, 보육실습생 ③ 5주차 보육활동계획 및 검토 • 반일(일일) 보육활동계획 및 계획안 작성: 지도교사의 검토 및 지도 받기 • 계획안 보육활동에 필요한 자료 및 교재교구 준비 ④ 4주차 보육실습 및 보육활동에 대한 평가: 지도교사, 보육실습생
5주	① 영아와 보육교사 간의 상호작용 관찰기록 ② 반일(일일) 보육활동 점검 및 준비 ③ 반일(일일) 보육활동 진행 및 보육활동에 대한 평가: 지도교사, 보육실습생 ④ 5주차 보육실습 및 보육활동에 대한 평가: 지도교사, 보육실습생
6주	① 영아와 보육교사 간의 상호작용 관찰 ② 보육실습 최종 평가회: 원장, 지도교사, 보육실습생 ③ 보육실습 종료(보육실습생 평가표, 보육일지, 출근부 정리)

| 출처 | 한국보육진흥원(2017). 양성교육기관에서의 보육실습지도.

표 3-7 ○○어린이집 만 3~5세 유아반 6주간의 보육실습 내용 예시

기간	실습 내용
1주	① 관찰기록 • 흥미 영역 구성 및 활동 준비, 하루일과의 진행과정 관찰 • 유아와 유아, 유아와 보육교사 간 상호작용 및 보육교사의 업무 관찰 ② 유아반의 일과 특성 이해하기 ③ 유아의 연령별, 개인별 발달 특성 이해하기 ④ 1주차 관찰 및 보육실습에 대한 평가: 지도교사, 보육실습생
2주	① 유아놀이 관찰 및 유아와 보육교사, 유아-유아, 유아-교구 간의 상호작용 관찰기록 ② 유아와 친밀감 형성하기 ③ 3주차 보육활동계획 및 검토 • 영역별 보육활동에 대한 계획안 작성: 지도교사의 검토 및 지도 받기 • 계획한 보육활동에 필요한 자료 및 교재교구 준비, 영역별 보육활동 실습 ④ 2주차 보육실습 및 보육활동에 대한 평가: 지도교사, 보육실습생
3주	① 유아놀이 관찰 및 유아와 보육교사, 유아-유아, 유아-교구 간의 상호작용 관찰 ② 영역별 보육활동 실습 • 흥미 영역활동 2회 진행 및 보육활동에 대한 평가: 지도교사, 보육실습생 ③ 4주차 보육활동계획 및 검토 • 연계활동 및 대 · 소집단활동에 대한 계획안 작성: 지도교사의 검토 및 지도 받기 • 계획한 보육활동에 필요한 자료 및 교재교구 준비 ④ 3주차 보육실습 및 보육활동에 대한 평가: 지도교사, 보육실습생
4주	① 유아와 놀이 관찰 및 유아와 보육교사, 유아-유아, 유아-교구 간의 상호작용 관찰 ② 연계활동 및 대 · 소집단활동 준비 및 진행 • 연계 보육활동 1회, 대 · 소집단 보육활동 1회 진행 • 보육활동에 대한 평가: 지도교사, 보육실습생 ③ 5주차 보육활동계획 및 검토 • 반일 또는 일일보육(흥미 영역활동 2개, 대집단활동 1개, 실외 자유선택활동 1개 포함)에 대한 보육활동계획안 및 반일(일일)계획안 작성: 지도교사의 지도 받기 • 보육활동계획안에 필요한 자료 및 교재교구 준비 ④ 4주차 보육실습 및 보육활동에 대한 평가: 지도교사, 보육실습생
5주	① 유아놀이 관찰 및 유아와 보육교사, 유아-유아, 유아-교구 간의 상호작용 관찰 ② 반일(일일) 보육활동 점검 및 준비 ③ 반일(일일) 보육활동 진행 및 보육활동에 대한 평가: 지도교사, 보육실습생 ④ 5주차 보육실습 및 보육활동에 대한 평가: 지도교사, 보육실습생
6주	① 유아놀이 관찰 및 유아와 보육교사, 유아-유아, 유아-교구 간의 상호작용 관찰 ② 반일(일일) 보육활동 실습 • 보육활동과 관련된 환경 구성 ③ 보육실습 최종 평가회: 원장, 지도교사, 보육실습생 ④ 보육실습 종료(보육실습생 평가표, 보육일지, 출근부 정리)

| 출처 | 한국보육진흥원(2017). 양성교육기관에서의 보육실습지도.

02 보육실습일지 작성

보육실습일지는 보육실습생의 실습 내용을 파악할 수 있고 실습기관의 실습 지도가 충실히 이루어졌는지 알 수 있는 문서이다. 일반적으로 보육실습일지는 실습생의 출근부, 보육실습기관 현황, 보육실습 일정, 연간 및 월간보육계획안, 매일의 보육일과를 실습한 내용, 보육활동(영역별, 반일 또는 일일보육활동)계획안, 가정 연계 및 행사, 보육실습 평가 등으로 구성된다.

실습생에게 제공하는 보육실습기관 현황 양식과 출근부 양식, 보육일지 양식, 영역별 활동 보육계획안 양식, 반일(일일)활동 보육계획안 양식은 부록에 제시되어 있다.

1) 보육실습기관 현황

실습생은 보육실습기관에서 다음의 보육실습기관 현황 자료를 제공받아 기록한다(부록 참조).

① 설립 이념, 소재지 주소, 연락처

② 원장 성명, 연령별 반명 및 반별 재원 영유아 수, 보육교직원 현황 등

③ 연간, 월(주)간 보육활동계획안 및 기타 어린이집 프로그램 관련 자료

④ 보육실습반의 영유아 연령, 환경 구성, 일과운영 자료 등

2) 출근부

보육실습생 출근부에는 보육실습 기간을 명시함과 동시에 근무 여부가 기록되어야 한다.

① 보육실습 일자를 기록하고 출근 여부와 근무 시간을 날인한다.

② 결석, 조퇴 및 지각 사유가 불가피하게 발생할 경우, 양성교육기관의 보육실습 담당교수와 보육실습기관 원장이 논의하여 부족한 시간이나 날짜만큼 보충하여 보육실습 기간 및 시수를 충족시키도록 한다.

3) 보육실습 일정

보육실습기관 및 보육실습 지도교사와 실습생 간 의사소통을 원활히 하기 위하여 보육실습 일정을 기록하고 이를 서로 공유한다. 보육실습의 주차별, 요일별 내용은 보육실습기관과 보육실습반의 연령에 따라 다를 수 있으나 본 서의 |표 3-6|에 6주간의 실습과정에 대한 예시가 제시되어 있으므로 이를 참조한다. 만 0~2세의 영아반이나 만 3~5세의 유아반에 따른 보육실습 내용의 차이는 |표 3-6|과 |표 3-7|에 제시되어 있으므로 이를 참조하여 기록한다.

4) 보육실습일지의 기록

실습생은 작성한 보육실습일지를 보육실습 지도교사에게 점검 및 지도 받는다. 실습일지는 날짜, 날씨, 결재, 주제, 소주제, 일과운영에 따른 보육 내용, 보육실습생 소감, 지도교사 조언 등으로 구성되어 있다. 보육실습일지 양식은 '부록 13'에 제시되어 있다.

(1) 날짜, 날씨, 결재

날짜와 날씨는 보육 내용에 영향을 미치는 중요한 요인이다. 날짜 및 월초-월말, 주초-주말 등의 일정에 따라 보육 내용이 달라질 수 있다. 아울러 결재는 사실과 다름없이 기록되었음을 증명하므로 실습생, 지도교사, 원장이 날인하도록 한다.

① 보육실습이 이루어진 날짜와 요일을 기록한다.

② 그 날의 날씨의 주된 특성과 일과운영과의 관련성을 파악한다.

③ 실습생은 보육실습기관의 원장에게 실습일지 기록과 실습 지도교사의 지도사항을 확인하고 점검받은 후 결재를 받는다.

(2) 주제와 소주제

연간 및 월간 보육계획으로서 주제 및 소주제를 명시한다.

① 주제 및 소주제는 실습 해당 반의 연간, 월간, 주간 보육계획안을 참고하여 기록한다.

(3) 일과운영에 따른 보육 내용

보육실습일지는 보육실습생이 보육실습 기간 동안 자신의 보육실습 내용을 기록하고, 반복적으로 읽어보며 정리하고, 자기 평가 및 반성적 사고를 하는 공간이다. 또한 실습생과 실습 지도교사, 실습기관과의 의사소통의 장이다. 실습생은 다음을 참조하여 자신의 보육실습 내용을 기록한다.

① 일과운영 시간 흐름에 따른 보육 내용을 기록한다.

② 활동명, 자료, 활동방법을 기록하되 보육실습생에게 의미 있었던 바를 구체적으로 기록한다.

③ 흥미 영역별로 영유아의 놀이 흐름과 실습 지도교사 또는 실습생과 영유아와의 상호작용, 활동 참여 정도를 기록한다.

④ 실습 지도교사 또는 실습생이 영유아 간 갈등해결 등의 행동지도 내용을 기록한다.

⑤ 급식, 간식, 낮잠, 배변 등의 일상생활지도와 안전이나 위생, 등 · 하원 관련 내용을 기록한다. 실습생은 보육실습 지도교사에게 사전에 보육실습일지 작성방법에 대해 안내를 받도록 한다. 지나치게 상세한 기록 또는 과도한 생략 및 구체성이 부족한 기록 등은 실습생의 반성적 사고과정과 실천적 지식의 형성을 어렵게 할 수 있으므로 주의한다.

(4) 보육실습생 평가

하루 동안 반에서 보육실습생으로서 관찰, 실내 · 외 활동 및 놀이 참여, 영유아 일상지도 등을 경험하면서 느낀 소감이나 의문사항을 기록하되 반성적으로 사고할 수 있도록 다음과 같은 내용 중심으로 작성한다.

① 보육일과 중에 새롭게 배웠던 보육실습 지도교사 영유아 상호작용에 대한 내용

② 하루일과 중 새롭게 발견한 영유아의 발달적 특성 및 흥미에 대한 내용

③ 반에서 보육실습생으로서의 역할과 자세에 대한 자기 평가

④ 보육활동실습 시 계획한 대로 실행되지 않았던 원인 분석 내용

⑤ 보육실습 지도교사가 지시한 업무 수행 시 배운 점

⑥ 기타 일과운영 및 상호작용에 대해 궁금한 사항

(5) 보육실습 지도교사의 조언 및 평가

보육실습 지도교사는 매일 실습생을 관찰하고 지도한 내용이나 실습생의 자기 평가 내용을 바탕으로 조언을 적는다. 실습 지도교사는 실습생 자신이 궁금해 하는 점과 보육일과에서 경험했던 내용이나 생각을 솔직하게 쓸 수 있도록 수용적이고 신뢰감 있는 분위기로 조언을 한다. 이때 실습교사는 실습생이 지니고 있는 예비교사로서의 강점과 잠재력, 이론적 내용을 적용하려는 시도, 실습에 대한 열의 등 긍정적인 측면을 언급한다.

실습 지도교사는 실습생에게 멘토(mentor)로서의 역할을 수행한다. 실습 지도교사가 실습생에게 매일 조언 및 평가를 하는 데 포함될 내용을 제시하면 다음과 같다.

① 매일의 보육실습생 역할 수행 정도, 태도 등에 대해 구체적으로 평가하기

② 보육실습생에게 명확하고 깊이 사고하도록 되물어보기

③ 자기 평가란에 기록한 보육실습생의 질문에 대해 전문적으로 답변해주기

④ 보육실습생의 신체적, 심리적 어려움이나 이론을 실제에 적용하는 데 있어서 실수한 행동, 영유아 행동 지도의 어려움, 영유아 간 문제를 해결하는 방법에 대한 혼란 등에 대해 적절한 답을 제공하고 공감과 용기를 북돋워 주기

⑤ 영유아의 일상생활지도 및 놀이참여, 상호작용에 대해 보육실습생의 역할을 구체적으로 알려주기

●표 3-8● 제1주 참관 보육실습일지 작성 예시(영아반)

결재	실습생	담임	원장

보육실습일지

일시	20○○년 ○월○일 ○요일(날씨: 흐림)	반명	○○반(만 1세)
생활 주제	재미있는 놀잇감	소주제	여행가는 놀이를 해요
일일목표	• 소품을 이용하여 여행가는 극놀이에 참여한다.		

구분	활동계획 및 방법	준비물	실행 및 평가
7:30~9:00 등원 맞이하기/ 통합보육	〈부모와 교사가 반갑게 인사하기〉 • 교사가 부모에게 인사하는 모습을 영아에게 보여주며 영아와도 함께 인사나누기 • 투약의뢰서 유무를 확인 〈혼자서 양말을 벗어요〉 • 교사는 영아가 혼자 양말을 벗어 볼 것을 제안한 뒤 쉽게 벗을 수 있도록 양말 끝을 잡아줌 • 스스로 시도하고 벗은 것에 대하여 '○○가 혼자 벗었구나' 라고 격려한 뒤 서랍장에 넣은 것도 혼자 넣도록 교사가 제안함		교사가 영아 스스로 해 볼 수 있도록 충분히 기다려 주거나 최소한의 도움을 주며 영아가 성취감을 느낄 수 있도록 배려함
9:00~9:20 오전 간식	〈손 씻기 및 오전 간식〉 • 소독비누로 거품을 내서 씻도록 하고 물로 씻을 때 비누가 남지 않도록 도와주기 〈즐겁게 먹어요〉 • 간식을 먹으며 영아에게 등원하면서 경험한 것, 가정에서의 일상을 물어 보며 관심 갖기 • 간식을 먹으며 영아의 이름을 개별로 불러주고 눈을 마주치며 '선생님은 ○○을 사랑해' 노래를 불러줌	롤케이크, 우유, 간식접시, 컵	준비된 간식을 스스로 먹고 정리할 수 있도록 도움
9:20~10:20 오전 실내 자유놀이	〈신체 영역〉 둥근 고리 끼우기 놀이해요 • 둥근 고리를 놀잇감에 끼워 보거나 손목에 끼우고 흔들어 봄	고리 끼우기 놀잇감	둥근 고리를 놀잇감에 끼우는 것보다 영아들의 손목에 끼우는 것에 더 재미를 나타냄
	〈언어 영역〉 울퉁불퉁 종이에 끼적여요 • 다양한 질감의 종이에 부드럽고 무독성의 영아용 크레파스로 끼적거리기를 함	종이, 골판지, 크레파스	여러 질감의 종이 중 벽지에 끼적거리기를 하는 것을 가장 선호함
	〈역할 · 쌓기 영역〉 밀가루 반죽에 빨대를 꽂아요 • 밀가루 반죽을 소꿉그릇에 담아보기, 두드리기, 손가락으로 찔러보기 등의 다양한 방법으로 촉감을 느끼도록 함 • 반죽에 빨대를 꽂고 생일 초처럼 불어 보거나 생일축하 노래를 부르는 놀이를 함	밀가루 반죽, 볼, 소꿉놀이 도구	월령이 낮은 영아가 빨대를 꽂을 때 빨대가 잘 안 꽂혀지자 교사가 함께 꽂으며 도움을 줌

구분	활동계획 및 방법	준비물	실행 및 평가
10:20~10:35 정리 · 정돈 및 배변	〈정리 · 정돈〉 • 교사가 영역별, 영아 개별로 곧 정리할 것임을 알려주고 노래를 부르며 정리를 시작함 • 정리 중에 뛰어 다니는 영아들이 있어 부딪히지 않도록 함께 손을 잡고 '장난감 집 찾아주기' 놀이를 하며 영역을 둘러 봄 〈친구들도 기저귀가 있어요〉 • 기저귀 갈이를 하기 전에 자신의 기저귀를 보면서 또래들의 기저귀를 함께 보도록 함. 기저귀를 보는 것에 익숙한 영아들은 교사가 기저귀를 갈기 위해 또래들의 이름을 부를 때마다 그 영아의 사진과 이름이 붙은 개별 장을 가리키기도 함 〈영아용 변기에 소변보기〉 • 월령이 높은 영아들 중 팬티형 기저귀를 입는 영아들은 영아용 변기에 앉아서 소변을 보도록 시도해 봄	기저귀 매트, 소변기	교사는 영아용 변기에 앉는 것을 거부하는 영아에 대해 수용하며 다른 영아가 변기에 앉아 있는 것을 바라볼 수 있도록 함 교사는 변기에 앉기를 시도하는 영아에게 미소 짓기와 긍정적인 언어로 격려해주면서 변기에 앉는 두려움이 감소되도록 지원함
10:35~11:30 실외놀이	〈실외놀이〉 • 모래로 놀아요 • 체를 준비하여 교사가 모래를 체로 걸러줄 때 떨어지는 모래를 만져보기, 걸러진 부드러운 모래 만져보기 • 모래를 다른 친구에게 뿌리지 않도록 안전에 만전을 기함		교사는 모래를 체로 치며 영아들이 관심을 갖도록 유도함. 모래를 만지기 거부하는 영아에게는 충분히 또래 영아들의 놀이를 지켜보면서 작은 통에 담긴 모래를 제시하여 만져보도록 권유함
11:30~11:45 정리 및 손 씻기	• 정리, 손 씻기 및 이동		모래를 털고 닦는 데 시간이 오래 걸림
11:45~12:15 점심	〈맛있게 밥을 먹어요〉 • 영아들이 먹고 싶어 하는 반찬을 먼저 먹고 나물은 먹지 않으려 하자 교사가 양을 줄여줌	잡곡밥, 콩나물국, 닭양념찜, 깻잎나물, 김치	나물을 먹고 싶어 하지 않는 영아들이 많아서 처음에 있던 양보다 덜어준 후 조금씩 나누어 제공함
12:15~13:00 이 닦기 및 기저귀 갈기	〈이 닦기 및 기저귀 갈이〉 • 보조교사로 참여하여 도움 • 자신의 차례에 교사의 도움을 받아 양치질을 할 수 있도록 보조교사로 참여하여 도움 • 세수하고 로션 바르기 • 잠옷이나 편안한 옷으로 갈아입고 제한된 영역에서 블록과 책을 통하여 조용한 놀이 즐기기		영아가 이 닦기, 세수하고 로션 바르기를 할 때 도움을 주었으나 혼자해 보겠다고 하는 영아들이 있어 영아 스스로 로션을 바를 수 있도록 손에 로션을 주었고 교사가 도와줌
12:15~15:00 낮잠 준비 및 낮잠	〈내 이불, 내 베개를 찾아요〉 • 영아가 옷을 갈아입는 것까지 낮잠 준비를 모두 마치면 이불을 깔아 주면서 영아 개별의 이름을 불러 줌 • 'ㅇㅇ베개는 어디에 있나요?', '이불은 어디에 있을까?' 하고 자신의 이불과 베개를 찾아 볼 수 있도록 함		대부분의 영아들이 자신의 베개와 이불을 찾을 수 있었음

구분	활동계획 및 방법	준비물	실행 및 평가
15:00~15:30 낮잠 깨기 및 정리 · 정돈/ 기저귀 갈기	• 낮잠에서 깨면 교사가 개별로 다리를 주물러 주거나 기지개를 켜도록 도움 • 기저귀를 확인하고 갈아 줌 • 교사가 정리 시 자신의 베개를 가져올 수 있는 영아에게 "○○ 베개는 어디에 있나요? 선생님께 가져 올까요?"라고 물어봄. 가져 온 영아에게는 "도와줘서 고마워요."라고 말함 • 옷을 갈아입도록 도와줌		
15:30~16:00 오후 간식	• 손 씻기 및 오후 간식	단호박 범벅, 간식그릇, 숟가락	호박을 먹는 것에 대해 거부감 없이 잘 먹었고 더 달라고 손짓과 말소리로 의사를 표현함
16:00~17:30 오후 실내 · 외 자유놀이	〈오후 실내 자유놀이〉 • 신체 영역: 둥근 고리 끼우기 놀이해요 • 언어 영역: 울퉁불퉁 종이에 끼적여요 • 감각 · 탐색 영역: 누구의 기저귀일까요? • 역할 · 쌓기 영역: 밀가루 반죽에 빨대를 꽂아요 〈오후 실외 자유놀이〉 • 유희실에서 놀이를 함		교사가 오전에 끼적거리기 했던 종이를 바닥에 붙이고 그 위에 투명 비닐을 덮어 게시하자 영아들이 함께 작품을 공유하며 자신들이 한 활동에 대한 만족감을 나타냄
18:00~19:30 귀가 및 가정과의 연계	• 영아는 통합보육실에 가서 놀이를 하다 부모님이 오시면 통합보육 선생님께 인사를 하고 귀가		
실습생 평가	• 실외놀이에서 정리 후 실내로 이동할 때 단순히 정리하는 것이 아니라 놀이로 연결하여 활동을 진행함으로써 영아들이 정리와 자신의 신변을 처리하는 것을 즐겁게 참여하였다. 일상적인 하루일과를 진행하면서도 영아의 개별적 발달을 고려하여 관심과 흥미에 적절히 반응하여 기본생활습관 지도로 연결하는 것을 배울 수 있었다. • 한 영역에 오래 머물지 못하는 영아의 특성을 고려하여 영역 간 연계할 수 있는 활동이 진행됨으로써 안정적인 교실 운영을 경험하였다.		
지도교사 조언 및 평가	• 영아에게 하루일과의 흐름을 활동 중심으로 나누어 진행하는 것보다 개별적인 흥미나 발달 수준을 고려하여 개별적인 활동으로 진행하는 것이 적절합니다. 따라서 놀이 후 정리도 개별적인 놀이가 끝난 후에 자연스럽게 이루어져야 하며, 영역 간의 구분을 나누어 놀이하기보다 자연스럽게 흥미를 나타내면 놀이를 흐름을 지속하도록 영역 간에 연계가 이루어지도록 계획하는 것이 중요합니다.		

| 출처 | 한국보육진흥원(2012). 양성교육기관에서의 보육실습지도.

●표 3-9● 제1주 참관 보육실습일지 작성 예시(유아반)

보육실습일지

<table>
<tr><td rowspan="2">결재</td><td>실습생</td><td>담임</td><td>원장</td></tr>
<tr><td></td><td></td><td></td></tr>
</table>

<table>
<tr><td>일시</td><td>20○○년 ○월○일 ○요일(날씨: 흐린 후 맑음)</td><td>반명</td><td colspan="2">○○반(만 5세)</td></tr>
<tr><td>생활 주제</td><td>나와 가족</td><td>소주제</td><td colspan="2">나의 몸</td></tr>
<tr><td>일일목표</td><td colspan="4">• 나의 몸의 구조와 명칭에 관심을 가진다.
• 소중한 나의 몸을 보호해야 함을 안다.</td></tr>
<tr><td>구분</td><td colspan="2">활동계획 및 방법</td><td>준비물</td><td>실행 및 평가</td></tr>
<tr><td>7:30~8:50
등원 및
맞이하기</td><td colspan="2">〈등원 및 맞이하기〉
• 반갑게 맞이하며 유아의 건강 점검하기
• 가방 및 소지품을 스스로 정리할 수 있도록 하며, 조용한 놀이를 할 수 있도록 함</td><td></td><td>자신의 소지품을 스스로 정리하도록 교사가 개별적으로 부드럽게 말함</td></tr>
<tr><td>8:50~9:10
놀이계획하기</td><td colspan="2">〈언어 영역〉 놀이계획하기
• 개별적으로 유아가 오늘의 놀이를 계획함. 놀이하고 싶은 영역에 동그라미를 치거나, 숫자로 순서를 정하고 놀이 후 평가할 수 있도록 안내함</td><td></td><td>놀이를 계획성 있게 실천할 수 있도록 교사가 개별적으로 상호 적용하며 지도함</td></tr>
<tr><td>9:10~9:30
오전 간식</td><td colspan="2">〈오전 간식〉
• 놀잇감 정리 후, 손을 씻고 간식을 들고 자리로 이동함
• 바르게 앉아 간식을 먹고 다 먹은 뒤, 그릇을 정리함</td><td></td><td></td></tr>
<tr><td rowspan="5">9:20~11:00
오전
실내 자유놀이</td><td colspan="2">〈쌓기 영역〉 단위 블록으로 몸 구성하기
• 전지에 누워 그림을 그린 뒤, 그 그림에 뼈대를 그려봄. 뼈대, 겉모습을 카프라와 끼우기 블록을 놓아 몸을 구성함</td><td></td><td>전지에 누워 그린 겉모습에 뼈대를 그리는 작업 전 벽면에 게시된 인체 골격을 살펴볼 수 있도록 유도하였으나, 교사의 도움이 많은 부분 필요하였음</td></tr>
<tr><td colspan="2">〈미술 영역〉 꾸미기(손, 발 페인팅)
• 손과 발바닥 찍기활동을 진행함. 또한 손등과 발등에 작은 붓을 이용하여 꾸미기를 하여 봄</td><td></td><td>페이스 페인팅 물감보다 수채 물감을 이용하자 물에 손쉽게 씻겨졌음. 여아들의 참여도가 높았음</td></tr>
<tr><td colspan="2">〈언어 영역〉 읽기/ 쓰기(동시 '내 동생')
• 교사가 들려주는 동시 '내 동생'을 듣고 스스로 읽으며 동시를 순서에 맞도록 구성함. 또한 "싫어, 싫어" 반복 어구를 대신하는 용어를 쓰며 동시를 재구성하여 봄</td><td></td><td>반복 어구가 있는 간단한 동시여서 유아들이 쉽게 읽고 교사와 나누어 읽기가 가능하였음. 또한 동시의 반복 어구를 대신하는 다른 용어를 사용하여 동시를 재구성하여 봄</td></tr>
<tr><td colspan="2">〈수 · 과학 영역〉 분류(우리 몸에 필요한 영양소)
• 영양탑과 음식 카드를 이용하여 영양분에 따라 음식 카드를 분류하여 봄</td><td></td><td>뒷배치의 색을 영양소와 음식 카드에 따라 다르게 하여 유아들이 영양소를 모르더라도 찾아볼 수 있도록 하였음</td></tr>
<tr><td colspan="2">〈수 · 과학 영역〉 컴퓨터로 내 이름 큰 글자로 출력하기
• 컴퓨터를 이용하여 자신의 이름을 적고 프린터로 출력하여 봄</td><td></td><td>잘 쓰지 못하는 유아의 경우 자모음 순서를 교사가 손가락으로 짚으며 알려주고 이를 먼저 컴퓨터 자판에서 찾아서 치도록 도움을 줌</td></tr>
</table>

구분	활동계획 및 방법	준비물	실행 및 평가
11:00~11:30 대 · 소집단활동	〈대집단활동〉 주말 지낸 이야기 〈동시〉 내 동생 • 동시 자료를 이용하여 동시를 음률을 살려 들려줌. 동시를 듣고 한 소절씩 유아들이 읽도록 참여하고 동시말을 바꿔보는 활동을 함		주말 지낸 이야기를 할 때 긴장하여 평소보다 목소리가 작거나 올바른 자세를 취하지 못하는 유아들이 있었음. 대부분의 유아들이 친구의 이야기를 경청하는 모습을 보였음. 주말에 가족과 함께 있던 경험과 연계된 동시 내용에 흥미를 보이며 적극적으로 참여함
11:30~12:30 실외 자유선택활동	〈실외 자유선택활동〉 몸으로 재어보기 • 실외놀이터에서 접하는 물체(나무, 물놀이대, 미끄럼틀 등)를 손 뼘, 양팔 등 신체 부위를 이용하여 측정하여 봄		유아들은 교사와 함께 나무를 안아 둘레를 재어보며 적극적으로 활동에 참여함. 한 아름이 넘는 나무가 없어 나무의 둘레를 넓게 재어보기에는 아쉬웠음
12:30~13:30 점심 및 이 닦기	〈점심 및 이 닦기〉 • 식사도우미의 배식에 자신의 음식량을 조절하여 식사를 받아 자리에 바르게 앉고 반찬과 밥을 골고루 먹음. 식사 후 교실로 이동하여 이를 닦고 조용한 놀이를 함		유아들이 식사도우미의 역할에 적극적으로 참여하며, 기다렸고 자신의 순서를 잘 지킴. 음식의 종류를 살피고 양 조절을 어려워하여 교사의 도움이 필요하였음
13:30~15:00 조용한 놀이 및 휴식	〈그림책 보면서 휴식하기〉 • 그만! 내 몸은 소중해/ 이슬이의 첫 심부름 등		준비된 도서를 읽으며 조용히 휴식을 준비함 또한 자리에 누워 잠을 자거나 휴식을 취함 휴식을 원하지 않는 유아는 조용한 놀이에서 활동할 수 있도록 함
15:00~15:30 오후 간식	〈오후 간식〉 궁중떡볶이 • 놀잇감 정리 후, 손을 씻고 간식을 들고 자리로 이동함 • 바르게 앉아 간식을 먹고 다 먹은 뒤, 그릇을 정리함		
15:30~17:30 오후 자유선택활동 또는 실외활동	〈오전 자유선택활동이 계속 진행됨〉 〈블록으로 구성한 몸 사진 찍어 전시하기〉 • 전지에 누워 그림을 그린 뒤, 그 그림에 뼈대를 그려봄. 뼈대, 겉모습을 카프라와 끼우기 블록을 놓아 몸을 구성함. 구성된 몸을 사진으로 찍어 전시함		교사가 블록으로 구성한 몸 사진을 찍어 전시하자 활동에 관심을 나타내는 유아들이 많았고, 참여가 늘어나는 것을 볼 수 있었음

구분	활동계획 및 방법	준비물	실행 및 평가
17:30~18:00 세안 및 몸단장 옷 단정히 입기	〈세안 및 옷 단정히 입기/ 귀가〉 • 자신의 몸을 스스로 단장할 수 있도록 격려한 후 자신의 물건을 혼자 챙기도록 하면서 서랍정리도 함께 이루어 질 수 있도록 함		
18:00~19:30 통합보육 및 개별귀가 지도	〈통합보육 및 개별귀가 지도〉 • 통합보육실에 가서 놀이를 하다 부모님이 오시면 통합보육 선생님께 인사를 하고 하원함		
실습생 평가	• 매월 이루어지는 자유선택활동이지만 막상 놀이계획을 진행하려고 보니 어색해하는 유아가 많아 교사가 개별적으로 상호작용함으로써 유아의 능동적인 활동을 유도하는 것을 볼 수 있었다. • 언어활동이 각 영역에서 통합적으로 이루어지면서 자신의 이름을 활용하여 쓰기에 관심을 갖도록 하였다. 자신의 이름으로 쓰기에 참여하면서 이름이 완성되고, 동시 '내 동생'과 연계하여 가족의 이름을 묻고 쓰면서 언어활동이 활발히 이루어졌다. 통합적인 언어활동의 실제를 선택활동에서 경험하는 좋은 시간이 되었다.		
지도교사 조언 및 평가	• 만 5세반이 되어 언어적 활동에 많은 관심을 보이면서 교사도 유아의 관심과 흥미에 민감하게 반응해 주어야 합니다. 그렇다고 전통적인 학습의 방법으로 교사 주도적으로 이끌며 진행하기보다는 선택활동으로 유아의 개별적 특성을 고려하여 접근하는 것이 보다 유아의 동기를 유지하면서 지속적으로 참여하도록 하는 방법이 됩니다. 왜냐하면 유아마다 언어적 흥미나 내용에 대한 사전 경험이 다를 수 있고 듣기, 말하기, 읽기, 쓰기 등의 영역에 대한 발달 수준도 모두 다를 수 있기 때문이지요. • 만 5세반 유아는 하루일과를 진행할 때 스스로 놀이나 활동을 선택하고 스스로 계획하여 실행하는 과정을 통해 자아존중감이 형성되고 독립심이 길러지므로 선택활동들이 체계적으로 계획되어 질 필요가 있습니다. 이렇게 스스로 선택한 활동이나 놀이에 대해서는 유아가 더 주의집중을 하여 지속하려고 하고, 문제가 생겼을 때 스스로 해결하고자 하는 노력도 더 보이게 됩니다. 유아가 스스로 놀이나 활동을 선택하였을 때와 교사 주도의 활동에 참여할 때 중 어느 활동에 유아가 더 주의집중하며 의미 있게 학습하는지를 잘 관찰해 보세요.		

| 출처 | 한국보육진흥원(2012). 양성교육기관에서의 보육실습지도.

5) 가정 연계 및 행사

보육실습생은 보육실습 기간 중 보육실습기관과 가정과의 연계 및 행사 자료를 보육실습 지도교사에게 제공받아 실습일지에 정리 · 보관한다. 다음은 그 예이다.

① 가정통신문

② 부모교육 자료

③ 부모교육 및 가족행사계획서(일정 및 업무 분담표) 및 평가서

6) 보육실습 평가

보육실습일지에서 평가 부분은 실습생의 자기 평가와 실습 지도교사와 원장의 실습생에 대한 평가가 포함된다. 영역별 활동을 계획하여 실행한 후의 평가나 보육실습이 끝난 후 평가회에서 받은 조언 등은 따로 기록할 수 있다. 실습생은 자신의 평가에 대해 겸허한 마음과 자세로 인정하고 수정하는 기회를 가져야 한다.

03 보육실습생의 보육활동 참여실습

보육실습생의 보육활동 실습은 보육실습 지도교사의 지도하에 보육활동을 직접 계획하여 보고, 이를 실행한 후 평가하는 과정을 말한다. 보육활동 실습경험은 보육실습생이 예비교사로서의 전문성을 향상시키는 데 큰 역할을 한다.

1) 보육실습 지도교사와 보육실습생의 협의

보육실습생이 실시할 보육활동에 대해 실습 지도교사와 실습생이 충분히 협의하는 것은 보육활동 실습의 성공 여부에 중요한 열쇠가 된다. 보육실습생은 이론적으로 알고 있으나, 직접 영유아를 지도해 본 경험이 없어 다양하게 교수법을 수행할 수 없다. 따라서 초반 활동은 난이도가 낮은 동시, 동화, 미술활동이나 언어활동부터 시작하여 점차 난이도가 높은 이야기나누기, 게임이나 동극을 진행하도록 일정을 계획하는 것이 성공적인 실습에 도움이 될 수 있다.

보육실습 기간 동안 보육활동계획 및 실행과 관련하여 실습 지도교사와 함께 협의할 사항은 다음과 같다.

① 보육실습생의 보육활동 실습 일시(구체적인 날짜와 일과 중 시간, 예 오전 10:00 ~11:00)

② 보육활동 유형 및 흥미 영역(미술, 언어, 수 · 조작, 쌓기놀이, 역할놀이, 음률, 과학 영역 등/ 게임, 요리 등의 대 · 소집단활동 등)

③ 집단의 크기 및 집단 구성방법(대집단/ 소집단/ 자유선택 개별활동)

④ 보육활동 공간(보육실/ 유희실, 실내/ 실외)

⑤ 보육활동 전개 방안(표준보육과정 및 누리과정에 기초한 통합적 전개)

⑥ 보육활동 자료 선정(연령 적합성, 보육활동 내용과의 연계성, 자료의 적절성 및 준비 용이성, 보관 유지의 편의성, 안전성 등을 고려)

⑦ 보육활동 전개 시 바람직한 교수전략 및 상호작용

⑧ 보육활동계획안 작성 및 보육실습 지도교사의 지도 일정 논의

⑨ 보육실습은 일반적으로 단위활동, 연계활동, 전이활동, 반일/ 종일활동 등을 실시한다.

2) 보육활동계획안의 작성

실습생은 보육실습 담당교사의 지도하에 주제의 전개 양상, 소주제와 보육활동 간의 균형성과 활동의 적합성 및 통합성, 영유아 발달의 적절성, 주간계획안과 영유아의 흥미, 행사 및 특별한 상황, 영유아의 놀이 양상 및 수준 등을 고려하여 보육실습생이 실제적으로 활동 보육계획안을 작성할 수 있도록 계획한다. 아울러 보육실습생이 처음 진행하기에 적절한 활동인지 숙고하고 실습생과 계획과정을 협의한다.

보육활동계획안은 하루일과의 영역활동 부분 중에 하나의 단위활동을 계획하고, 2가지 이상의 보육활동들이 연계된 활동계획안, 점차적으로 반일/ 일일보육을 진행할 수 있는 보육계획안과 구분된다.

(1) 단위 또는 연계활동 보육계획안

활동 보육계획안에는 활동목표, 활동 자료, 활동방법, 확장활동, 주의 사항 등이 포함되도록 작성하되 사전경험이나 영역 간 연계에 대한 내용을 포함할 수 있다.

다양한 교수방법에 아직 익숙하지 않는 보육실습생의 경우는 실습 지도교사가 작성한 주간보육계획안에 이미 제시된 활동, 목표나 활동방법이 단순 명료한 활동, 영유아의 참여가 용이한 활동부터 시작하도록 제안한다.

① 활동목표

- 표준보육과정과 누리과정의 보육 내용 중 세부 내용이 실습생이 계획한 활동목표와 연계되도록 한다.
- 보육활동을 통해 영유아에게 기대하는 바를 진술하거나 영유아가 경험할 내용을 구체적으로 기술한다.
- 활동의 목표를 너무 지식에 치우치지 않도록 하고 영유아가 경험할 기술이나 태도, 가치도 포함되도록 한다.

② 활동 자료

- 보육실습기관에서 기존에 사용하는 자료의 여부를 밝힌다.
- 활동에 필요한 자료의 종류를 구체적으로 기술한다.
- 제작이 필요하면 자료의 완성된 모습, 제작방법, 적절한 활용법, 교구의 안전성, 보관 용이함 등을 구체적으로 기술한다.
- 제작이 필요한 활동 자료의 경우는 실습 지도교사와 협의하도록 하며, 계획안에 제작과정에 대한 사진 자료를 첨부할 수 있다.
- 실습생의 시간과 비용의 낭비가 없도록 실습 지도교사와 충분한 사전 협의를 하여 계획된 보육활동에 꼭 필요한 것만 실습생이 제작하도록 한다.

③ 활동방법

- 보육활동 목표의 성취를 위한 활동 내용과 상호작용을 계획한다.
- 활동방법 기술 시 보육실습생의 말을 기록하고 영유아의 반응을 예상하면서 기록한다.
- 영유아 연령, 흥미, 사전경험에 기초하여 활동 시간을 계획한다.
- 보육실습생의 지도능력이 부족할 수 있으므로 구체적으로 계획을 하도록 한다. 즉 영유아들이 흥미를 보이지 않았을 경우, 너무 과도한 흥미를 보였을 경우, 다른 대답이 나와 활동 진행이 계획한 대로 되지 않을 경우, 비나 눈이 와서 실내에서 해야 할 활동으로 바꾸어야 할 경우 등 예상되는 것을 사전에 계획한다.

④ 확장활동

- 다른 흥미 영역이나 오후활동, 실외활동으로 연계, 심화하거나 며칠 동안 활동으로 연결하여 확장할 수 있는 방안을 기록한다.
- 보육활동 자료나 결과물을 확장하여 활용할 수 있는 방안을 기록한다.

⑤ 유의사항

- 보육활동 진행 시 예상되는 개별 영유아에 대한 예상 반응, 활동 자료 제공 시 안전상 고려되어야 할 점 등을 진술한다.
- 보육활동 중 발생되는 여러 문제점들에 대한 예방 전략을 기술한다.
- 보육활동계획안은 수업활동 1주일 전에 원장, 실습 지도교사 참관교사에게 제출한다.

⑥ 지도실습의 단위활동 내용 및 실제

단위활동을 어떻게 계획하고 준비하느냐에 따라 보육의 질이 결정되고 영유아에게 미치는 영향이 크다고 볼 수 있다. 실제 담임교사가 하루의 일과를 계획하고, 진행하며 자기 반성적 사고로 평가하여 모든 활동을 실습교사가 실제 진행해 보면서 체험하고, 터득해가야 한다. 먼저 동화, 동시, 미술, 이야기나누기, 게임, 과학, 음률, 신체활동 등의 활동을 연간 · 월간 · 주간계획안을 토대로 지도교사의 협의와 조언에 따라 준비해야 한다.

다음에 제시하는 각 과의 단위활동을 바탕으로 현장에서 실습생이 실수할 수 있는 오류 및 대처 방안을 참고하도록 한다.

1 이야기나누기 필요성과 목적

이야기나누기는 도입-전개-마무리를 통해 교사-유아, 유아-유아들 간의 적극적인 의사소통의 방안으로 상호 간의 질문과 제안을 통해 문제해결력을 모색하고 토의하여 지식의 내용을 재구성하고 상대방의 이야기를 경청하고, 이야기의 내용과 줄거리를 잘 이해하며, 핵심적인 내용을 질문하고 창의적인 사고를 확장한다고 볼 수 있다. 주제선정과 교수-학습유형에 있어서 무엇보다 연령, 발달에 적합하고 유아의 관심과 흥미에 부합하는지를 고려하고 계획, 실행, 평가로 사전 계획해야 한다.

교육부(2000)에서는 1981년을 시작으로 하여 몇 차례에 걸친 수정작업을 통해 이야기나누기는 교사와 유아가 함께 모여 앉아 친구의 결석이나 하루의 생활 계획과 평가, 날씨와 계절의 변화, 주변 사물이나 사회현상, 사람들의 활동 등 특별한 단원이나 주제에 대하여 '자유롭게 의견을 교환하는 시간' 이라고 정의한다. 따라서 교사는 이야기나누기를 통하여 주변 사물이나 현상 등에 대한 유아의 지식과 흥미와 범위를 넓혀주고 호기심을 가지고 탐색해 보는 과정에서 유아의 탐구능력과 태도를 기르게 되며, 유아들은 새로운 소식이나 자신이 경험한 것을 다른 친구들과 이야기나누는 과정에서 다른 사람의 이야기를 경청하는 태도를 기르며, 자신의 생각이나 느낌, 경험 등을 언어를 통하여 표현할 수 있게 된다고 하였다.

허미애(2007)는 유치원에서의 '주제 관련 이야기나누기활동' 은 교사의 다양한 실천적 지식과 교수전략, 언어적 상호작용 기술, 가치관, 사고, 성향 등이 총체적으로 반영되는 시간이다. 이때에는 상급 학교에서 이루어지는 교과서 중심으로 교사 주도 수업과는 다르며 유치원에서의 이야기나누기 시간의 묘미는 교사-유아, 유아-유아 간의 자연스럽게 일어나는 역동적인 언어적 상호작용에 있다고 하였다. 그는 이야기나누기의 목표는 잘 듣고 잘 생각하고 잘 말하는 의사소통의 기술을 배움으로써 궁극적으로는 유아의 사고력이 향상될 수 있도록 도울 뿐 아니라, 무언가를 알아가는 기쁨과 즐거움을 누적적으로 경험하게 하는 데 있다고 하였다.

2 이야기나누기의 의미에 대한 반성적 사고

이야기나누기란 협의로는 유치원, 어린이집에서의 하루일과 중 '주제 관련 이야기나누기활동' 을 의미하며, 광의로는 교사와 유아 간의 이루어지는 모든 언어적 상호작용을 총칭하는 용어로서 사용되어지고 있다(허미애, 2007).

① 이야기나누기는 일상적 대화인가?/ 교수활동인가?
② 이야기나누기의 궁극적 목표는 무엇인가?
③ 이야기나누기는 대집단활동인가?
④ 이야기나누기의 내용 범주는 무엇인가?
⑤ 이야기나누기가 어려운 이유는 무엇인가?

3 이야기나누기의 교수-학습 오류 및 유의사항

이야기나누기를 진행하기 전에 교사의 사전준비와 유의사항이 중요하다. 먼저 수업 자료는 방치되지 않도록 잘 보관하고 영유아들이 호기심을 갖도록 수업 바구니를 천으로 잘 덮어 두거나, 유아의 손이 닿지 않은 곳에 잘 보관해 둔다. 둘째, 이야기나누기 전에 화장실을 미리 다녀오거나 물을 마시고 싶은 친구들은 다녀오도록 권면하며, 수업 진행 중에 화장실을 가고 싶거나 물을 마시고 싶은 영유아는 조용히 손을 들어 신호를 보내고 다녀올 수 있도록 사전에 약속한다. 셋째, 교사의 시선은 모든 영유아에게 골고루 마주칠 수 있도록 천천히 좌우를 번갈아 가며 본다. 이때 모여 앉은 대형의 형태도 이야기나누기 진행에 중요한 역할을 하게 된다. 대형의 형태는 여러 가지가 있는데, 일반적으로 반인원에 맞추어 크기를 조절한다. 대부분 카펫 끝쪽에 의자를 배치하여 몰입, 집중을 잘하는 유아와 대화에 열중하는 유아인지를 고려하여 배치하여 앉게 한다. 또한 산만하거나 집중력이 떨어져서 놀잇감을 만지거나 옆의 친구에게 장난을 하거나 친구를 괴롭히는 장난꾸러기도 있으므로 관심을 가지고 이름을 불러주거나 질문을 하여 함께 관심을 가지고 참여할 수 있도록 격려한다. 이야기나누기 영역을 배치할 때 중요한 요인이 더 있는데, 복도나 창문에 지나다니는 사람들이 있을 경우는 시선을 빼앗길 수 있으므로 반드시 유아들이 등지고 앉도록 환경을 조성해준다. 유아들은 주제와 각 영역 간의 통합이 원활히 이루어지도록 수시로 질문하고 자료를 제공하며 지식, 기술, 태도, 가치의 전달에 심혈을 기울여야 한다. 교사는 유아에게 질문의 기회를 많이 허용하고 정답을 요구하는 질문을 피하고 확장하여 다양하고 창의적인 아이디어를 표출할 수 있도록 반응하며 표정언어를 지어 공감해 준다.

① 도입 단계

대부분 주제와 관련하여 손유희를 하거나 인형을 가지고 주제를 소개하기도 하고 수수께끼를 내어 호기심을 갖고 참여하도록 유도한다. 이때 지나치게 시간이 경과되지 않도록 전개 단계로 자연스럽게 진행하는 방법도 교사의 수업계획에 중요한 역할을 하게 된다.

② 전개 단계

교사의 표정은 자연스럽고 부드러운 모습으로 말하고 목소리를 높낮이와 속도의 빠름과 느림, 그리고 성량을 조절하여 흥미를 잃지 않도록 조절한다. 이야기나누기는 선경험을 나열하여 진행하면 모든 유아들이 참여하는 기회를 갖게 된다.

- 이야기나누기 내용을 나열한다.
  - 사물이나 내용 등의 종류를 나열하여 관찰하고 탐색하도록 한다.
- 내용에 따른 특징이나 차이점, 같은 점을 찾아서 분류한다.
  - 같은 것끼리 찾아보자.
  - 다른 점과 같은 점은 무엇일까?
  - 무엇이 다르고, 왜 그렇게 생각하는지 말해보자.
- 이야기나누기 내용과 주제에 질문수렴하고 분석하며 실천적 지식이 되도록 적용한다.
  - 네가 만약 그런 상황이라면 어떻게 하겠니?
  - 네가 그것을 해결하려면 어떻게 하면 좋을까?
  - 다른 친구의 이야기를 들으니 어떤 느낌, 생각이 드니?
  - 친구가 이야기하는 내용 중에 궁금한 점이 있니?
  - 창의적이고 개방적인 질문과 대화를 하도록 유도한다.

③ 평가 및 마무리

유아의 사고와 개념이 다음 날 소주제로 확장될 수 있도록 유도한다.

- 오늘 나누었던 내용 중에 가장 흥미롭게 생각한 부분은 무엇이니?
- 오늘 궁금한 부분에 대해 조사해 보고, 내일 다시 말해보면 어떨까?
- 우리가 궁금한 점을 어떻게 해결하면 좋겠니?

●표 3-10● 이야기나누기활동 보육계획안(만 5세) 사례

이야기나누기활동 보육계획안

검인	실습생	지도교사	주임교사	원장

수업일	20○○년 ○월 ○일 ○요일	생활 주제	교통기관
소주제	교통기관의 종류	일일주제	육상 교통기관 알아보기
활동 형태	이야기나누기	활동명	땅에서 달리는 교통수단
활동 시간	20~30분	활동 대형(장소)	대집단(매트) 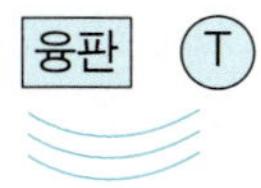
목표	• 땅 위를 달리는 다양한 교통기관의 종류와 역할에 대해 안다. • 자신의 생각과 경험을 다른 사람들에게 이야기한다. • 주변에서 볼 수 있는 교통기관에 관심을 갖는다.		
교육과정 관련요소	• 의사소통〉 말하기〉 자신의 느낌, 생각, 경험을 적절한 낱말과 문장으로 말한다. • 자연탐구〉 탐구하는 태도 기르기〉 주변 사물과 자연세계에 대해 지속적으로 호기심 갖는다.		

활동 시간	활동 내용	준비물 및 유의점
도입 (3분)	① 어린이집에 오면서 본 여러 가지 교통기관 사진(사진-PPT)을 보고 이야기 나눈다. • 선생님이 아침에 선생님 집에서 어린이집에 오는 길을 찍었는데, 많은 교통기관들을 보았어요. • 선생님이 어떤 교통기관들을 보았는지 같이 사진을 볼까요? • 이건 무슨 교통기관인가요? • 오늘 어린이집에 오면서 이 교통기관을 본 어린이 있나요? • 선생님은 어린이집에 오면서 지하철도 보고, 택시도 보고, 또 자전거도 보았어요. • ○○반 어린이들은 오늘 어린이집(유치원)에 오면서 어떤 교통기관들을 보았나요? • 오늘은 땅 위를 달리는 교통기관에 대해 알아볼 거예요.	어린이집 (유치원)에 오면서 본 교통기관 사진(PPT)
전개 (15분)	① 사람들이 타고 다니는 교통기관에 대해 이야기 나눈다. (버스, 오토바이, 기차) • 땅 위를 달리는 교통수단에는 어떤 것들이 있을까요? • (사진 제시-버스) 이 교통기관을 본 어린이가 있나요? • 어떻게 생겼나요? • 무슨 일을 하나요? • (사진 제시-오토바이) 이 교통기관을 본 어린이가 있나요? • 어떻게 생겼나요? • 오토바이는 두 개의 바퀴로 좁은 길도 빠르게 다닐 수 있어요. • (사진 제시-기차) 이 교통기관을 본 어린이가 있나요? • 어떻게 생겼나요? 길이가 어떤가요? 길이가 길어서 좋은 점은 무엇이 있을까요? • 기차가 지나가는 것을 본 어린이가 있나요? 빠르기가 어땠나요? • (사진 제시-버스, 오토바이, 기차) 이 교통기관에는 같은 점이 있어요. 무엇이 같을까요?	교통기관 언어교구

활동 시간	활동 내용	준비물 및 유의점
전개 (15분) (계속)	② 짐을 싣고 다니는 교통기관(냉동차, 탱크로리, 자동차 수송차)에 대해 이야기 나눈다. • 앞에서 짐을 싣고 다니는 교통기관(냉동차, 탱크로리, 자동차 수송차)에 대해 이야기 나눈다. • 땅 위를 다니는 교통기관 중에는 짐을 싣고 다니는 교통기관도 있어요. 어떤 것들이 있을까요? • (사진 제시-냉동차) 이 교통기관을 본 어린이가 있나요? • 어떻게 생겼나요? • 어떤 짐을 싣고 다닐까요? • 이 차의 이름은 '냉동차'에요. 냉동차에는 짐을 싣는 칸이 냉장고처럼 시원해서 음식을 신선하게 옮길 수 있어요. • (사진 제시-탱크로리) 이 차를 본 어린이 있나요? • 어떻게 생겼나요? • 이름이 무엇일 것 같나요? • 이 차의 이름은 탱크로리에요. 탱크로리는 무엇을 싣고 다니는 차일 것 같나요? • 탱크로리는 기름 같은 액체나 공기 같은 기체를 싣고 다녀요. • (사진 제시-자동차 수송차) 이 차를 본 어린이 있나요? • 무엇이 보이나요? – 자동차가 많이 있어요./ 자동차를 싣고 다녀요. • 이 차는 자동차를 싣고 다니는 자동차 수송차에요. 자동차들을 어떻게 싣고 있는 것 같나요? • 자동차가 여러 층으로 겹쳐서 쌓여 있어요./ 끈으로 자동차를 고정한 모습이에요. • 자동차 수송차는 자동차를 끈으로 고정해서 여러 층으로 쌓아 자동차를 싣고 다녀요. ③ 공사할 때 쓰이는 교통기관(레미콘, 불도저)에 대해 이야기 나눈다. • 사람이나 짐을 싣는 교통수단 말고 또 어떤 교통수단들이 있을까요? • 건물을 짓는 공사를 할 때에도 여러 가지 교통수단을 이용해요. • (사진 제시-레미콘) 이 교통기관을 본 적이 있나요? • 어떻게 생겼나요? • 이 차의 이름은 레미콘이에요. 레미콘은 어떤 차인가요? • 레미콘이 돌아가는 모습을 본 적이 있나요? 왜 돌아갈까요? • 레미콘은 시멘트 반죽을 공사장으로 옮기는 차에요. 레미콘이 돌아가면서 시멘트 반죽이 굳지 않게 계속 반죽을 해주는 거예요. • (사진 제시-불도저) 이 차를 본 적이 있나요? • 어떻게 생겼나요? – 노란색이에요. • 무엇을 하는 차인 것 같나요? • 이 차의 이름은 불도저에요. 불도저는 힘이 세서 나무를 뽑거나 눈이 많이 오는 날 눈을 치우는 일을 해요./ 불도저의 색이 노란색인 이유는 눈에 잘 띄게 하기 위해서래요. ④ 교통기관 수수께끼를 낸다. • 우리 지혜반 친구들이 선생님과 이야기나누기를 잘 들었는지 선생님이 퀴즈를 낼 거예요. 교통수단의 특징을 보고 어떤 교통수단인지 사진과 이름을 붙여볼 거예요. • 이 교통기관은 어떤 교통기관일까요? 앞에 나와서 사진과 이름을 붙여볼 어린이 있나요?	

활동 시간	활동 내용	준비물 및 유의점
마무리 (2분)	① 기억에 남는 교통기관을 알아본다. • 오늘 알아본 교통기관 중에 어떤 교통기관이 제일 기억에 남나요? • 또 알아보고 싶은 교통기관이 있나요? • 선생님이 가지고 온 교통기관 책을 언어 영역에 둘게요. 오늘 배운 교통기관을 더 보고 싶거나 수수께끼놀이를 하고 싶은 어린이들은 언어 영역에서 해보도록 해요.	
자기 평가 (저널)	• 교통기관의 종류와 이름, 기능에 대해 모두 소개해야 된다는 생각을 하다 보니 조급한 마음이 들어 유아들의 이야기를 듣지 못하고 진행하여 산만해지고 흥미를 잃게 되었다. • 유아들의 흥미와 관심을 살핀 후에 교통기관의 역할과 기능은 다음 이야기나누기에 다루어야겠다.	
지도교사의 평가	• 유아들은 대체적으로 자신들이 좋아하는 교통기관에 더 관심과 호기심을 가지고 이야기를 나누기를 원할 경우가 많습니다. 교사는 이러한 부분을 잘 파악하고 "네가 그것에 대해 더 알고 싶구나!"라고 공감해 주시고, 다음 번에 다시 이 부분에 대해 알아보는 시간을 가져보자고 해주시고, 다음 내용을 진행하셨더라면 주제에 대한 확장이 잘 이루어지고, 유아들의 자발성을 유도할 수 있을 것입니다. 오늘도 수고 많이 하셨습니다.	

4 이야기나누기 수업 평가

- 모든 유아들이 친구와 교사를 바라볼 수 있도록 자리를 배치하였나?
- 유아들이 앉은 대형은 이야기거리를 탐색하기에 용이하였는가?
- 유아들이 창문이나 출입문을 등지고 앉아 활동에 집중할 수 있는가?
- 유아들은 자신이 원하는 자리를 선택할 수 있었는가?
- 교사는 이야기나누기 시작 전과 진행 중에 진행의 필요에 따라 자리를 바꾸어 주었는가?
- 유아들이 각기 최소한의 공간을 확보할 수 있게 배려하였나?
- 교사는 유아들에게 자유롭고 허용적인 대화 분위기를 제공하였는가?
- 유아들은 이야기나누기를 재미있어 하며 이를 즐겼는가?
- 유아들은 능동적으로 이야기나누기에 참여하였는가?
- 사고를 하기 위한 정적인 분위기와 사고를 표현하기 위한 역동적인 분위기가 균형적으로 조화를 이루었는가?
- 이야기나누기에서는 최소한의 기본적인 질서가 유지되었는가?

- 교사는 필요한 경우, 다양한 방법을 사용하여 유아의 주의를 환기하였는가?
- 이야기나누기 주제는 진행 중인 생활 주제와 관련이 있었는가?
- 유아의 연령 및 발달 수준에 적합했는가?
- 유아의 주제와 관련하여 일상생활 경험과 잘 통합되었는가?
- 유아가 흥미를 가지고 있었는가?
- 유아의 지식과 기초 개념이 확장될 수 있었는가?
- 이야기나누기의 목표 및 내용에 부합되었는가?
- 유아의 연령 및 발달 단계에 적합하였는가?
- 제시하는 자료의 크기, 색감이 적절하였는가?
- 다양한 영역 및 활동이 통합될 수 있는 자료였는가?
- 교사는 이야기나누기를 했는가? 이야기하기를 했는가?
- 이야기나누기에 소요된 시간은 연령, 수준에 적합하였는가?

●표 3-11● 단위활동 보육계획안 예시(만 5세)

단위활동 보육계획안

결재	실습생	담임	원장

실습생	○○○	지도교사	○○○
수업일	20○○년 ○월 ○일 수요일(날씨: 맑음)	반명	○○반(만 5세)
생활 주제	우리 동네	주제	고마운 기관
소주제	치과	활동명	치과는 어떤 곳일까?
활동 유형	이야기나누기	활동 시간	10:00~10:20(20분)
누리과정 영역	의사소통		
교육과정 관련요소	• 의사소통〉 말하기〉 자신의 느낌, 생각, 경험을 적절한 낱말과 문장으로 말한다. • 자연탐구〉 탐구하는 태도 기르기〉 주변 사물과 자연세계에 대해 지속적으로 호기심을 갖고 알고자 한다.		
목표	• 하루의 일과를 알고 다음 할 일을 계획한다. • 치과의 다양한 모습과 도구를 알아본다. • 치과에서 하는 역할과 일에 대해 이야기 나눈다.		

활동 시간	활동계획 및 내용	준비물 및 유의점
도입 (5분)	① 치과에 가 본 경험에 대해 이야기 나눈다. • 치과에 가 보았나요? • 치과에서 무엇을 했어요? • 무엇을 보았어요?	치과 사진
전개 (10분)	① 치과는 어떤 곳일까? PPT 사진을 보며 이야기 나눈다. • 치과에 가면 가장 먼저 무엇을 볼 수 있었어요? • 접수창고는 무엇을 하는 곳일까요? • 누가 접수를 했어요? • 진료실에서 누구를 만날 수 있나요? • 진료실에서 어떤 도구를 볼 수 있나요? • 치과 의사 선생님은 어떤 도구를 사용하실까요? • 치과 의자는 어떤 모양이었나요? • 치과에 누우면 무엇을 볼 수 있나요? ② 치과에서 하는 일에 대해 이야기 나눈다. • 치과에서 어떤 치료들을 할까요? • 치아를 검사하기 위해 무엇을 해야 하나요? • 왜 치과 치료를 받아야 한다고 생각하나요? • 만약 충치가 있는데 치료를 받지 않는다면 어떻게 되겠어요? • 네가 만약 치과 의사라면 어떻게 하겠어요?	치과 PPT
마무리 (5분)	① 치과의 역할과 볼 수 있는 도구들 사진을 살펴보며 이야기를 정리한다. • 치과에서 어떤 치료들을 한다고 이야기를 나누었지요? • 가장 신기했던 도구는 무엇이었나요? ② 치과의 다양한 모습을 역할 영역에서 꾸며서 놀이한다.	치과에서 사용하는 도구 사진
실습생 평가	• 치과에 대한 경험을 이야기하며 유아들이 부정적인 감정과 경험에 대해 이야기를 많이 하였다. 치과에 대해 알아보며 필요한 의료기관임을 알 수 있었다. 사후활동으로 치과에 가지 않기 위해서는 어떤 약속이 필요한지, 양치하는 방법에 대한 지도와 함께 놀이를 계획하여 제공해야겠다.	
지도교사 평가	• 구강검진이나 충치치료를 통해 치과에 대한 사전 경험이 있는 유아들이 많아 도입 부분에서 유아들의 경험 이야기를 들을 수 있었던 것 같습니다. 하지만 선생님께서도 느끼다시피 유아들이 치과에 대한 부정적인 경험이 많다보니 치과를 두려워하는 유아들도 많지요. 치과와 관련한 즐거운 교육활동을 통해 유아들이 갖고 있는 두려움을 줄여주고 올바른 치아관리를 배울 수 있도록 계획하고 전개하는 것이 우리 교사들의 역할이겠지요.	

| 출처 | 사랑어린이집(2017). 실습지도사례.

(2) 연계활동 보육계획안

실습생이 단위활동을 경험해 보고 종일 수업진행을 위한 사전 단계로서 두 가지 이상의 활동을 연계하여 진행하는 활동이다. 이때 유아의 활동 범위를 미리 염두해 두고 갈등이나 혼란이 생기지 않도록 안내하고 활동에 필요한 재료와 도구와 교재를 세밀하게 계획해야 한다. 활동 간의 전이활동은 어떻게 할 것인지와 하루일과의 흐름의 진행 중에 자연스럽게 연계될 수 있도록 지도교사의 수업진행을 관찰하고 염두해야 한다.

표 3-12 연계활동 보육계획안 예시(만 4세)

연계활동 보육계획안

결재	실습생	담임	원장

<table>
<tr><td>실습생</td><td>○○○</td><td>지도교사</td><td colspan="2">○○○</td></tr>
<tr><td>수업일</td><td>20○○년 ○월 ○일 ○요일</td><td>반명</td><td colspan="2">○○반(만 4세)</td></tr>
<tr><td>생활 주제</td><td>교통기관</td><td>주제</td><td colspan="2">교통기관의 구조</td></tr>
<tr><td>소주제</td><td>교통기관의 구조 탐색하기</td><td>활동명</td><td colspan="2">꿈틀꿈틀 애벌레 기차-지혜반의 ○○기차</td></tr>
<tr><td>활동 유형</td><td>동화-동화 짓기</td><td>활동 시간</td><td colspan="2">10:30~11:10(40분)</td></tr>
<tr><td>누리과정 영역</td><td>의사소통</td><td>활동 대형(장소)</td><td colspan="2">대집단(매트)

</td></tr>
<tr><td>교육과정 관련요소</td><td colspan="4">• 의사소통〉 말하기〉 주제를 정하여 함께 이야기를 나눈다.
• 의사소통〉 듣기〉 동요, 동시, 동화 듣고 이해하기〉 동요, 동시, 동화를 다양한 방법으로 듣고 이해한다.
• 자연탐구〉 탐구하는 태도 기르기〉 주변 사물과 자연세계에 대해 지속적으로 호기심을 갖고 알고자 한다.</td></tr>
<tr><td>목표</td><td colspan="4">• 기차역에서 볼 수 있는 것들을 안다.
• 동화를 듣고 동화의 내용을 재구성하여 새로운 동화를 지을 수 있다.
• 장면에 맞는 그림을 그릴 수 있다.</td></tr>
<tr><td>활동 시간</td><td colspan="3">활동계획 및 내용</td><td>준비물 및 유의점</td></tr>
<tr><td>도입
(5분)</td><td colspan="3">〈동화 감상〉 꿈틀꿈틀 애벌레 기차(글 · 그림/ 니시하라 미노리, 번역/ 김영주, 북스토리아이)
① 동화책의 표지를 보고 동화의 내용을 예측해본다.
T: (제목 글자는 가려서 제시) 무슨 그림이 보이나요?
T: 애벌레가 무엇을 하고 있나요?
T: 그림에 또 무엇이 보이나요?
T: 애벌레가 무엇처럼 보이나요?
T: 동화의 제목은 무엇일까요?
T: 이 동화의 제목은 꿈틀꿈틀 애벌레 기차예요. 애벌레가 어떻게 기차가 될까요? 동화를 잘 들어볼까요?</td><td>동화책</td></tr>
</table>

활동 시간	활동계획 및 내용	준비물 및 유의점
전개 (10분)	① 동화를 들려준다. <동화의 줄거리> 꿈틀꿈틀 애벌레 기차는 아파트 단지 역(벽돌아파트), 농장 앞 역, 터널 속 땅속마을 역(두더지 지하상가)을 지나갑니다. 기차에 손님들을 태우고 칙칙폭폭 꿈틀 칙칙폭폭 꿈틀 열심히 높다란 나무 길을 지날 때쯤, 거대한 거미 한 마리가 나타납니다. 살려달라는 애벌레 기차의 소리를 듣고 하늘소 특공대가 날아와 애벌레 기차는 무사히 마지막 역인 사과나무 역에 도착할 수 있었습니다. 무사히 도착한 애벌레 기차는 공벌레 정비사들의 정비를 받으며 무사히 하루를 마감합니다. ② 동화의 그림만 다시 감상한다. T: 동화를 잘 들어보았나요? T: 애벌레 기차가 어떤 역들을 지나갔나요? T: 선생님이 동화의 그림만 소리 없이 다시 보여줄게요. 동화의 장면을 보면서 마음 속으로 동화의 내용을 다시 떠올려보아요. ③ 동화의 장면에서 재미있는 부분이나 특이한 부분을 찾아본다. T: 그림을 잘 감상해 보았나요? T: '나는 이런 장면이 재미있었어요!' 하는 부분이 있었나요? T: 어떤 부분이 재미있었나요? T: 선생님은 두더지 지하상가 부분이 제일 재미있었어요. 이 장면의 그림을 보면 여러 가지 상가들을 볼 수 있었어요.	
마무리 (5분)	① 확장활동을 제안한다. T: 이 동화에는 누가 기차가 되었지요? T: 우리 주변의 동물, 식물 또는 여러 가지 사물들 중에 기차가 될 수 있는 것들이 있을까요? T: 또 무엇이 있을까요? T: 이 동화책처럼 지혜반의 ○○○기차 동화책을 만들어보면 어떨까요?	
확장활동 도입 (5분)	〈동화 짓기〉 ○○반의 ○○○ 기차 ① 동화를 지을 내용과 주제를 정한다. T: 어떤 것을 기차로 바꾸어보고 싶나요? T: 그 기차는 어떻게 달리나요? T: 제목은 뭐라고 지으면 좋을까요?	
확장활동 전개 (10분)	① 동화의 줄거리를 구성한다. T: ○○○기차는 어느 역을 지나가나요? T: 그 역에는 무엇이 있나요? T: 또 어떤 역을 지나가나요? T: ○○○기차는 어떤 일이 생길까요? T: 어떤 인물들이 나올 것 같나요? T: 그 인물은 어디서 나오나요? ② 유아의 이야기를 받아 적으며 동화의 줄거리를 완성한다. T: ○○○기차는 어느 역을 제일 먼저 지나가나요? 그 다음 어디로 지나가나요?	화이트보드, 보드마카, 도화지, 색연필, 사인펜

활동 시간	활동계획 및 내용	준비물 및 유의점
확장활동 전개 (10분) (계속)	T: 'OOO 기차는 ♣♣역에 도착합니다. ※※에 가실 분들은 이 곳에 내려주세요.' 라고 적어볼까요? T: OOO 기차는 ♡♡를 갈 때였어요. ♥♥를 만났어요. T: OOO 기차는 드디어 마지막 역인 OO역에 도착했습니다. 'OOO 기차는 정비사들에게 오늘 있었던 일들을 이야기했어요.' 라고 적어볼까요? 〈활동 예〉 ❶ 줄자 기차는 책상 역에 도착합니다. "책꽂이에 가실 분들은 이곳에 내려주세요." ❷ "침대 위, 침대 위 역입니다. 잠을 잘 학용품들은 이곳에 내려주세요." ❸ "창틀 역, 창틀 역입니다. 바깥 구경 하실 학용품들은 여기서 내리세요." ❹ 줄자 기차가 장난감 상자를 지날 때였어요. 무시무시한 장난감 로봇을 만났어요. ❺ 줄자 기차가 소리를 지르자 연필들이 달려와 장난감 로봇을 무찔렀어요. ❻ OOO 기차는 드디어 마지막 역인 서랍장 역에 도착했습니다. 오늘 있었던 일들을 삼각자 정비사들에게 이야기했어요. (언어-2/ 수조작-2/ 미술-2장씩 그려서 총 6장의 동화 완성) ③ 동화에 어울리는 그림을 그린다. T: 지혜반이 함께 지은 동화의 그림을 그려볼 건데, 함께 앉아 있는 영역 친구들끼리 함께 그려볼 거예요. T: 앞부분을 그려줄 영역 있나요? T: 중간부분은 어느 영역이 그려줄까요? T: 끝부분은 어느 영역이 그려줄까요?	
확장활동 마무리 (5분)	① 동화를 완성한 후 다 함께 동화를 감상해본다. T: 지혜반이 지어준 동화의 제목은 '~~~ OOO 기차' 예요. T: 어떤 그림들이 보이나요?	함께 만든 동화 자료
실습생 평가	• 동화 내용이 간결하고 반복되어 동화 내용을 쉽게 이해할 수 있었으며 반복되는 문장을 유아들이 함께 따라 읽어주어 동화활동은 즐겁게 잘 전개될 수 있었다. 동화활동 후에 동화 내용을 상상하여 새롭게 창작해보는 활동을 준비했는데 유아들이 새로운 주인공과 대사들을 적극적으로 이야기해주며 새로운 동화 만들기 활동이 유아 주도적으로 이루어질 수 있었다.	
지도교사 평가	• 유아들에게 동화를 들려주고 새로운 동화를 각색해보는 활동은 유아들의 창의적 사고와 자신의 생각을 말하고 친구들의 이야기에 귀를 기울이는 태도를 향상시킴에 있어 유익했던 활동이었습니다. 다만 아쉬운 점이 있다면 연계활동이지만 계획된 시간보다 너무 길어져 유아들이 마지막에는 집중도가 많이 떨어져 있는 모습을 볼 수 있었던 것 같습니다. 그림으로 표현하는 활동은 자유선택활동 영역으로 배치하여 놀이 중에 이루어지는 것도 좋지 않았을까 싶습니다.	

| 출처 | 사랑어린이집(2017). 실습지도사례.

(3) 반일 또는 일일활동 보육계획안

반일 또는 일일 보육활동 실습은 보육실습 기간 동안 배우고 익힌 바를 하루 전반에 걸쳐 적용하는 과정이므로 계획안에는 보다 종합적인 내용들이 포함되도록 한다. 보육실습생이 실습하는 반의 주교사로서 하루 동안의 보육일과를 총체적으로 진행하는 경험은 매우 중요하다. 그러나 보육실습기관의 보육실습 지도계획, 실습생의 여건, 실습반의 영유아 특성 등을 고려하여 하루 종일의 보육일과 진행 대신에 오전 반나절 동안 반일 보육실습으로 진행할 수 있다. 반일 또는 일일 보육일과계획 시에는 등원, 보육실 환경 구성, 일상생활지도, 실내 · 외 보육활동계획 및 실행, 하원 등 보육교사의 모든 하루 동안의 역할을 충실히 해낼 수 있도록 실습 지도교사와 사전 협의가 필요하다. 반일(일일)보육계획안의 양식은 부록에 제시되어 있다.

반일 또는 일일 보육실습을 할 때 계획안을 작성하여야 하며, 다음과 같은 내용이 포함되도록 한다(|표 3-13| 참조).

① 주제와 소주제를 고려하여 영유아의 전후 경험이나 놀이가 연계되도록 고려한다.

② 일과운영은 실습반의 평상시 일과를 충분히 반영하여 일관성 있게 계획한다.

③ 일과 시간대별로 계획한다. 흥미 영역별 활동 보육계획안, 실외활동계획안, 대 · 소집단의 활동계획안 등 실습생이 담당할 시간 동안 진행되는 활동에 대해 활동계획안을 포함한다. 이때 보육실습생이 준비한 보육활동에 대해서만 '활동 영역, 활동목표, 활동 자료, 활동방법' 의 순으로 간략히 기록한다.

④ 영유아의 흥미와 발달 수준에 적합하되, 개방적이고 융통적인 상호작용을 할 수 있도록 계획한다.

⑤ 날씨 변화, 특별한 상황이 발생할 경우를 대비하여 대안적 활동을 준비한다.

⑥ 정리 · 정돈, 화장실 다녀오기, 실내 · 외 이동하기 등 지도할 때 이끄는 방법뿐만 아니라 활동을 전개할 때 주의집중을 유도하는 방법 등에 대해서도 계획안에 반영하여야 한다.

⑦ 배변 및 손 씻기, 간식, 식사 지도, 정리 · 정돈, 이 닦기, 낮잠 지도와 같은 일상생활지도 시 상호작용할 내용이나 지도방법을 기록하도록 한다.

⑧ 반일(일일)활동 보육계획안을 작성할 때 보육실습생이 계획한 흥미 영역별 활동 보육은 활동 보육계획안을 함께 작성하여 첨부한다(| 표 3-13 | 참조).

1 반일활동 보육실습계획안

표 3-13 반일활동 보육실습계획안 예시(만 5세)

반일활동 보육실습계획안

결재	실습생	담임	원장

실습생	○○○	지도교사	○○○
수업일	20○○년 ○월 ○일 ○요일(날씨: 흐림)	반명	○○반(만 5세)
생활 주제	교통기관	주제	교통기관의 구조
소주제	비행기와 자동차		
일일 시간표	09:00~10:00 등원 및 자유선택활동 10:00~10:10 정리 · 정돈 10:10~10:30 손 씻기 및 오전 간식 10:30~11:00 이야기나누기(자동차와 비행기의 구조를 알아보아요) 11:00~12:00 미술(빨래집게, OHP 필름, 교통기관 만들기)		

구분	활동계획 및 방법	준비물	실행 및 평가	
07:30~09:00 등원 및 통합보육	• 현관에서 영유아와 학부모를 맞이한다. • 영유아는 신발을 정리하고 교실로 들어온다. • 자신이 원하는 영역에서 자유롭게 놀이한다.		○	
09:00~10:00 자유선택활동	• 가방을 정리한 후 교사와 인사를 나눈다. • 교사는 등원하는 영유아들의 건강상태를 살핀다. • 영유아는 각 영역에서 원하는 놀이를 한다.	투약 의뢰서, 투약함	○	아이들의 가방을 확인하고 약을 투약함에 보관하였다.
10:00~10:10 정리 · 정돈	• 유아에게 5분 전, 정리 · 정돈을 예고한다. • 정리 시간이 오래 걸리는 영역부터 정리를 시작하게 한다. • 유아의 정리 · 정돈을 격려한다.		○	시계를 가리키며 숫자 2, 10분에 정리할 것을 미리 이야기해주니 아이들이 시계를 확인하며 10시 10분이 되자 정리하려는 모습을 보였다.
10:10~10:30 손 씻기 및 오전 간식	• 한 줄로 서서 화장실에서 손을 씻는다. • 교사는 간식을 준비해 유아 1명이 먹을 만큼 그릇에 담는다. • 간식을 나누어준다. • 먼저 손을 씻은 유아부터 간식을 먹는다. • 다 먹은 간식은 각자 정리한다.	간식 (수박, 요구르트), 준비물 (그릇, 포크)	○	

구분	활동계획 및 방법	준비물	실행 및 평가	
10:30~11:00 이야기나누기	〈이야기나누기〉 자동차와 비행기의 구조를 알아봐요. • 정비사를 본 경험에 대해 이야기 나눈다. • 선생님 머리에 뭐라고 쓰여 있나요? • 정비사를 본 적이 있나요? • 어디서 보았나요? ① 자동차의 구조에 대해 이야기 나눈다. • 자동차의 앞부분에는 무엇이 있나요? • 정비사가 되어 친구들에게 자동차의 구조를 소개할 친구 있나요? • 자동차의 뒷부분에는 무엇이 있나요? • 자동차를 운전하는 곳은 어디인가요? ② 비행기의 구조에 대해 이야기 나눈다. • 비행기에는 무엇이 있나요? • 알고 있는 구조가 있다면 정비사가 되어 친구들에게 소개해 줄 수 있나요? • 비행기를 운전하는 곳은 어디인가요? ③ 새롭게 알게 된 점을 이야기 나눈다.	그림 자료, 정비사 머리띠, 막대기	○	자동차의 구조, 비행기의 구조가 생소하고 복잡하여 유아들이 호기심은 보였으나 기억하거나 알려주는 내용에 대해 집중하는 모습을 보이지는 않았다.
11:00~12:00 미술	〈미술〉 빨래집게 OHP 필름 교통기관 만들기 ① 재료를 소개한다. ② 만드는 방법을 소개한다. • 네임펜으로 OHP 필름 안에 있는 교통기관을 색칠, 꾸민다. • 그림을 따라 오린다. • 빗금이 있는 부분은 풀칠을 한다. • 바퀴를 달아 완성한다. ③ 재료를 나누어준다. ④ 자신의 교통기관을 꾸며본다. ⑤ 작품을 완성하면 사진을 찍고 집으로 가져간다.	OHP 필름, 빨래집게, 바퀴, 막대, 네임펜, 가위, 풀	○	색칠하고 오리고 풀을 붙여 만드는 과정에서 흥미를 보였으며 작품을 완성하였을 때 유아가 성취감을 느끼는 모습을 볼 수 있었다.
실습생 자기 평가	• 자유놀이 시간에 주로 언어 영역에서 상호작용하며 아이들의 놀이를 관찰 및 참여하였다. 글자 쓰기에 관심이 있는 유아도 있었지만 쓰기활동에서 어려움을 느끼는 유아도 있어서 도와주었다. 쓰기에 대한 관심을 높일 수 있는 방법에 대해 생각해 보아야겠다고 느꼈다. • 오전활동을 이끌어가다보니 세세한 전이활동이 부족하다는 것을 느꼈다. 다음 일일보육실습일에는 전이활동을 보다 잘 준비하여 활동이 자연스럽게 진행될 수 있도록 해야겠다.			
지도교사 평가	• 수업 부분에서 새로운 것을 아이들에게 알려주려 한 부분에서 높게 평가하고 싶습니다. 선생님께서도 알고 있듯이 활동마다의 계획도 중요하지만 활동끼리의 전이가 자연스럽게 이루어질 수 있도록 전이활동과 화장실 지도 등 세심한 지도를 위한 계획이 더욱 필요합니다. 만 5세이기에 스스로 할 수 있는 것들도 많지만 바른 방법을 지도하고 아이들이 안전하고 규칙적인 생활습관이 형성될 수 있도록 모든 일상생활 부분에서도 교육이 이루어져야 함을 다시 한 번 생각하고 변화되는 과정이 되길 바랍니다.			

| 출처 | 사랑어린이집(2017). 실습지도사례.

2 일일활동 보육실습계획안

●표 3-14● 일일활동 보육실습계획안 예시(만 4세)

일일활동 보육실습계획안

결재	실습생	담임	원장

실습생	○○○	지도교사	○○○
수업일	20○○년 ○월 ○일 ○요일(날씨: 흐림)	반명	○○반(만 4세)
생활 주제	여름	주제	여름과 건강
소주제	즐거운 운동과 휴식		
일일 시간표	09:00~09:50 등원 및 자유선택활동 09:50~10:00 정리 · 정돈 10:00~10:20 손 씻기 및 오전 간식 10:20~10:30 인사 및 일과 소개 10:30~11:00 이야기나누기 '주말 지낸 이야기' 11:00~11:30 영어 특강수업 11:30~12:20 실외놀이 12:20~12:50 손 씻기 및 점심 12:50~14:00 낮잠 및 휴식 14:00~14:30 안전교육 '즐거운 물놀이 안전한 물놀이' 14:30~14:40 손 씻기 및 화장실 다녀오기 14:40~15:00 오후 간식 15:00~16:40 자유선택활동 16:40~17:00 정리 · 정돈 및 화장실 다녀오기 17:00~19:00 통합보육 및 귀가 지도		

구분	활동계획 및 방법	준비물	실행 및 평가	
07:30~09:00 등원 및 통합보육	• 자신이 원하는 영역에서 자유롭게 놀이한다.		○	우산을 가져오는 유아들도 있어서 우산에 이름 여부를 확인하고 우산함에 정리를 도움
09:00~09:50 자유선택활동	• 자신의 옷과 가방을 스스로 정리한다. • 유아의 건강상태와 먹을 약이 있는지 확인한다. • 자신이 원하는 영역에서 자유롭게 놀이한다.	투약 의뢰서, 투약함	○	
09:50~10:00 정리 · 정돈	• 친구들과 협동하여 스스로 놀잇감을 정리 · 정돈한다.		○	
10:00~10:20 손 씻기 및 오전 간식	• 한 줄로 서서 화장실에서 손을 씻는다. • 손을 씻고 자리에 앉아 간식을 먹는다. • 음식을 천천히 꼭꼭 씹어서 먹는다.	간식(플레인 요거트), 준비물 (그릇, 숟가락)	○	

구분	활동계획 및 방법	준비물	실행 및 평가	
10:20~10:30 인사 및 일과소개	• 선생님, 친구들과 반갑게 인사한다. • 일과표를 보며 하루일과를 소개한다.	일과표	○	
10:30~11:00 이야기나누기	〈이야기나누기〉 주말 지낸 이야기 • 자신이 주말 지낸 모습을 그림으로 표현해 본다. • 유아들이 그린 주말경험 그림을 보드에 붙여 제시한다. – 우리 친구들이 주말을 지내는 모습이에요. – 어떤 모습이 보이나요? • 유아가 스스로 자신의 그림을 보며 친구들에게 설명할 수 있도록 돕는다. – 누구와 갔어요? – 무엇을 하였나요? – 어떤 것이 가장 즐거웠어요? – 만약 다시 간다면 이번에는 무엇을 해보고 싶어요? • 친구의 주말경험에 대해 다시 함께 이야기를 나눈다.	활동지, A4 용지, 색연필	○	자신의 경험을 그림으로 그려볼 수 있도록 이야기하였는데 아직 그림으로 경험 그리기가 익숙하지 않은 유아들이 있어 무엇을 그리고 싶은지 물어보고 종이에 무엇을 그리면 좋을지 조언을 해주며 활동을 전개했다.
11:00~11:30 영어 특강수업	〈영어〉 I and J/ K and L • 강당으로 이동하여 영어수업을 진행한다. 〈대체활동〉 강당으로 이동하여 차례대로 미끄럼틀 타기		○	
11:30~12:20 실외놀이	• 놀이터에서 '모래성 케이크 만들기' 활동을 진행한다. – 오전 간식으로 나온 플레인 요거트 용기와 스푼을 세척한다. – 주변의 들꽃과 풀을 줍는다. – 물을 조금 부어 단단해진 모래를 요거트 용기에 스푼으로 담는다. – 뒤집어 꺼내어 꽃과 풀로 장식한다.	들꽃, 풀, 세척한 요거트 용기와 스푼, 물	○	꽃과 풀을 너무 많이 꺾어서 떨어진 풀과 꽃으로만 꾸며 볼 수 있도록 하였다.
12:20~12:50 손 씻기 및 점심	• 손을 씻고 줄을 서서 배식을 받는다. • 먹고 싶은 만큼 알맞은 양의 음식을 담는다. • 자리에 앉아 감사하는 마음으로 음식을 먹는다. • 식후에 양치질을 하도록 한다. • 양치질을 다한 유아는 조용한 놀이를 하도록 지도한다.	행주, 식판, 식사그릇	○	
12:50~14:00 낮잠 및 휴식	• 화장실을 다녀와 손을 씻는다. • 낮잠을 자지 않는 유아는 교실에서 조용한 놀이를 하거나 휴식을 취한다. • 교사는 낮잠 자는 유아를 관찰한다. • 낮잠이 깨고 나면 침구를 정리하고 화장실에 다녀온다. • 침구를 정리 한 뒤에는 교실을 환기시킨다. • 유아들은 차례를 지켜 화장실을 다녀온다.	이불과 매트, 음악, 물비누, 핸드타올	○	낮잠을 자지 않는 유아가 많아 누워서 휴식을 취하도록 해주었더니 잠이 들었다.
14:00~14:30 안전교육	〈안전교육〉 즐거운 물놀이, 안전한 물놀이 • 내일 있을 현장학습에 대비해 물놀이 안전교육을 한다.	즐거운 물놀이 안전한 물놀이 멀티미디어 자료	○	

구분	활동계획 및 방법	준비물	실행 및 평가	
14:30~14:40 손 씻기 및 화장실 다녀오기	• 질서를 지키며 화장실을 이용한다.		○	
14:40~15:00 오후 간식	• 손을 씻고 질서를 지키며 배식을 받는다. • 먹고 싶은 만큼 알맞은 양의 음식을 받는다. • 음식을 남기지 않고 골고루 먹는다.	간식 (메밀국수)	○	
15:00~16:40 자유선택활동	• 자신이 원하는 영역에 이름표를 붙이고 놀이한다. – 쌓기 영역: 수영장을 꾸며요 – 역할 영역: 수영장놀이 – 언어 영역: 여름놀이 도구 수수께끼 – 과학 영역: 얼음 관찰 – 미술 영역: 색종이 접기 '해님과 구름' – 음률 영역: 휴식을 주는 음악연주 – 수 · 조작 영역: 비치볼을 모아요	놀이 이름표	○	
16:40~17:00 정리 · 정돈 및 화장실 다녀오기	• 친구들과 협동하여 스스로 놀잇감을 정리 · 정돈한다. • 질서를 지키며 화장실을 이용한다.		○	
17:00~19:30 통합보육/ 귀가 지도	• 오늘의 일과를 회상하며 평가하고, 원에서 지내는 동안의 기분을 이야기 나눈다. • 질서를 지키며 통합반으로 간다. • 영유아들과 함께 자유놀이를 한다. • 유아들의 약, 옷 등 귀가 준비를 하고 머리를 단정히 묶는다. • 부모님이 오는 대로 귀가 준비를 하여 귀가를 한다.		○	통합보육교실로 이동하여 부모님이 데리러 오시면 귀가 준비를 한 후 바르게 인사를 하고 귀가하였다.
실습생 자기 평가	• 만 4세라 그런지 이름표를 붙이며 놀이계획도 하고 규칙을 지키려 노력하는 모습을 아이들이 많이 보여주었다. 하루일과를 세밀하게 나누어 활동을 전개하였더니 시간마다 활동 전후에 무엇을 준비하고 어떻게 마무리해야 할 것인지를 생각해 볼 수 있었던 것 같다. • 급 · 간식 지도 시에 아이들이 골고루 먹을 수 있도록 격려하며 음식을 남기지 않도록 지도하였는데 덕분에 아이들이 평소보다 남은 음식이 적었고 아이들도 먹기 힘들었던 간식을 먹었다며 성취감을 느끼는 것 같아 뿌듯했다.			
지도교사 평가	• 아이들이 선생님께 잘 보이고 싶어 평소보다 더 열심히 약속을 지키려 노력한 것 같아요. 줄도 차례대로 서서 친구들에게 서로 약속을 이야기해주고 활동, 놀이에 모두 열심히 참여한 것은 그만큼 선생님과의 관계형성이 잘 되었고, 선생님께서 일과 준비를 열심히 세심하게 하셨기 때문이라고 생각합니다. • 급 · 간식 지도 시 남는 음식이 어떻게 처리될지에 대해 이야기해주시고 환경 문제 부분을 이야기해주심으로써 아이들도 음식을 남기지 않고 먹을 만큼만 배식받아 먹고 정리할 수 있었던 것 같습니다.			

| 출처 | 사랑어린이집(2017). 실습지도사례.

※ 지도교사는 보육실습생의 일일활동 보육계획안을 검토하여 적절한 조언을 통해 계획을 수정 · 보완할 수 있도록 한다.

04 흥미 영역별 내용별 보육활동지도

1) 자유선택활동 의의 및 목적

아동중심 교육이 지향하는 바는 유아들이 자발적인 흥미와 요구를 현실 상황에 알맞게 조정하고 선택함으로써 자율적이고 자발적인 가운데 자유로운 생활을 누릴 수 있도록 돕는 데 목적이 있다.

자유선택활동 시간에 이루어지는 일련의 언어적 계획(VP)-실행-평가(VE)의 3단계 과정을 통해 유아는 개인적인 흥미, 요구, 관심에 따라 놀이활동을 자유로이 선택하고, 선택한 활동을 실행으로 옮긴다.

언어적 기본구조는 계획-실행-평가(VPE: Verbal plan and Evaluation) 3단계이다.

실행 시기는 만 3세 때부터 선택권을 제공하는 점에서 사회적 · 언어적으로 의의가 크다고 하겠다. 놀이활동을 사전에 계획함으로써 얻을 수 있는 기대효과는 다음과 같다(양옥승, 2008).

- 자신의 생각을 언어나 행동으로 적절히 표현하는 능력이 발달한다.
- 책임감과 독립심을 자기 조절 능력, 의사 결정 능력이 증진된다.
- 시간을 효율적으로 활용하는 법을 배우고, 종합적인 놀이 경험을 능동적으로 하게 된다.
- 놀이에 집중하여 점차 발전된 놀이를 할 수 있다.

2) 자유선택활동 연령별 교수학습

교실공간을 흥미 영역으로 구분, 배치한다는 것은 유아의 흥미를 자극할 수 있는 충분한 자료를 제공하는 것을 전제로 이루어져야 한다. 비슷한 유형끼리 한 공간에 모아 줌으로써, 유아 스스로 하고 싶은 활동을 자유로운 상태에서 쉽게 선택 · 계획할 수 있도록 도와준다는 것을 의미한다. 유아기는 자유선택활동에 대한 자기 조절적 사고가 나타나기 시작하는 시기로서 처음에는 선택활동이 계획을 의미하지만, 그 계획이 실행과 관계된다는 것을 이해하지 못한다. 유아들의 활동 특징은 혼자 배회하거나 다른 아이들이 하는 행동을 따라하며 몰려다니는 현상을 보이기도 한다. 연령별 교수학습발달을 접근하여 살펴보면, 만 3세의 경우에 처음 시기에는 계획한 놀이를 끝낸 직후 곧바로 언어적 평가활동을 실시하는 것이 효과적이다.

즉, 교사가 일단 계획했던 활동을 마치고 다른 영역으로 이동하려는 유아에게 다가가 “무슨 영역에서 무슨 놀이를 했어요?”, “선생님에게 이야기 좀 해줄 수 있겠니?” 등의 질문을 한다면, 유아는 자연스럽게 계획(VP)과정에 들어갈 수 있을 것이다. 만 4세가 되면, 언어적 계획, 실행, 평가(VPE)를 유아 스스로 계획하고 행동에 옮기기도 하고, 행동한 것을 평가해 보는 과정을 통해 자유선택을 조금씩 수행할 수 있는 시기이다. 필요한 교수학습 자료는 놀이 안내판, 놀이용 이름표, VPE기록 용지 등을 준비해 두어야 한다. 만 5세는 언어적 계획이 구체적일수록 유아 스스로 실행하는 데 많은 도움이 되므로, 교사는 유아들의 VP 과정에서 유아의 계획이 잘 실행될 수 있도록 지지해주는 것이 바람직하다(양옥승, 2008).

다음날 놀이와 연계성을 가지고 지속적으로 놀이진행이 확장되도록 조성해주는 것이 바람직하다.

3) 교수-학습 오류 및 대처

만 3세는 영역의 이해가 부족하고 정보가 미흡하다. 그러므로 유아들에게 처음부터 영역활동을 돌며 실행한다는 것은 자칫하면 놀이의 결정과 선택을 교사가 하고 정해줄 수 있는 우려가 있다.

유아에게는 영역별 인원 제한에 대한 이해가 어려운 시기이므로 싸움과 갈등이 생기기도 하는데, 그때마다 놀지 못했다고 울거나 다른 친구들이 양보하지 않았다고 선생님에게 이르는 경우가 있다.

따라서 선택활동의 경험을 통해 자연스럽게 조절되며, 무엇을 해야 할지 몰라 방황하지 않도록 관찰하고 기회를 갖도록 상호작용을 해야 한다. 이때 영역의 활동명과 내용을 유아가 이해하기 쉽게 설명을 해주어야 한다. 흥미 영역은 마치 우리 집의 모습과 구조와 같아서 가족들이 잠을 잘 때는 침대를 사용하고, 식사를 할 때는 주방에서 식탁에 앉아서 음식을 먹고, 용변을 볼 때는 화장실을 사용하는 것처럼 우리 교실에서도 놀잇감의 종류와 용도에 따라 다른 영역이 있고, 그 영역 안에서 놀이하고 다른 친구를 위해 제자리에 놓아두고, 다른 놀잇감을 놀고 싶을 때에는 이동하여 영역 표시판에 사진을 붙이고 놀이를 한다는 것을 설명하고 이해할 수 있도록 안내한다.

만 4세 유아 중에 산만하거나 충동적인 유아를 제외하고는 자신이 실행한 것을 어느 정도 회상해 볼 수 있게 된다. 이때 교사가 교실에 영역 이름표가 있는지, 없는지도 확인하지 않고 활동을 진행하게 된다면, 영역 이름표가 없는 유아는 계속해서 물어보고 속상해 한다. 가끔 하루 전에 놀다가 교구 바구니에 넣어 정리를 하거나 교구장 뒤에 떨어져서 꺼내는 경우가 있다. 따라서 유아가 등원하기 전에 VPE활동을 도울 수 있도록 교실환경을 준비하고 확인해 주어야 한다.

만 5세는 계획했던 활동을 실행에 옮길 수 있으나, 여러 개의 활동을 전개하는 데는 시간, 횟수의 조절에 어려움이 있다. 다른 또래 친구들과 함께 협력하여 놀기 위해 협력하여 놀이 계획을 세우는 경우도 있다.

주변 상황에 거의 영향을 받지 않으며, 한꺼번에 3~4개 이상의 활동을 계획한 경우에도 실천에 옮길 수 있다. 이때 유아가 선택한 영역에서 누구와 무엇을 어떻게 할 것인가를 생각할 수 있도록 충분한 언어적 상호작용을 한다. 이러한 활동이 일주일 또는 한 달 동안 반복되고 지속되었을 시에 유아의 놀이의 흥미도를 자연스럽게 파악할 수 있고, 좋아하는 놀이와 그렇지 않는 놀이의 차이점과 이유를 관찰하고 상담하는 실질적인 자료와 정보가 된다.

4) 자유선택활동 사례

<table>
<tr><td rowspan="2">결재</td><td>실습생</td><td>담임</td><td>원장</td></tr>
<tr><td></td><td></td><td></td></tr>
</table>

자유선택활동 보육실습계획안

<table>
<tr><td>실습생</td><td colspan="2">○○○</td><td>지도교사</td><td>△△△</td></tr>
<tr><td>수업일</td><td colspan="2">3월 22일 목요일 날씨: 맑음</td><td>반명</td><td>○○반(만 4세)</td></tr>
<tr><td>생활 주제</td><td colspan="2">유치원과 친구</td><td>주제</td><td>유치원에서 만난 친구</td></tr>
<tr><td>소주제</td><td colspan="4">친구와 함께 놀이해요</td></tr>
<tr><td>일일목표</td><td colspan="4">• 친구와 협력해서 즐겁게 놀이한다.
• 친구의 이야기에 귀를 기울여 듣고 이해한다.</td></tr>
<tr><td>구분</td><td colspan="2">활동계획 및 방법</td><td>준비물</td><td>실행 및 평가</td></tr>
<tr><td rowspan="3">10:10~11:00
오전 실내
자유선택활동</td><td>역할 영역</td><td>• 활동명: 생일축하잔치
• 누리과정 관련요소: 사회관계〉 다른 사람과 더불어 생활하기〉 공동체에서 화목하게 지내기
• 활동목표: 친구와 협력해서 즐겁게 놀이한다.
• 활동방법
① 생일축하놀이를 하기 위해 필요한 소품에 대해 이야기 나눈다.
– 생일축하놀이를 하기 위해 무엇을 준비하고 싶나요?
② 생일을 축하해주기 위해 역할을 정해 놀이한다.
– 음식 차리기 – 케이크 만들기
– 선물(그림) 만들기 – 초대장 만들기
③ 생일축하잔치를 한다.
– 어떤 노래를 부를까요?
④ 활동을 평가한다.
– 생일인 친구를 바꿔서 놀이해 봅시다.
– 무엇을 바꾸면 생일축하가 더 재미있을까요?</td><td>생일 소품 케이크, 다양한 음식 모형, 배너, 선물(인형, 그림) 옷, 신발</td><td>생일 파티를 하기 위해 무엇이 필요한 것인지 생각하고 놀이를 구성하고 친구의 마음을 기쁘게 해주려는 모습을 보였다.</td></tr>
<tr><td>언어 영역</td><td>• 활동명: 강아지똥 뒷이야기 상상하기
• 누리과정 관련요소: 예술경험〉 예술적 표현하기〉 미술활동으로 표현하기
• 활동목표: 동화의 뒷이야기를 지어본다.
① 『강아지똥』(글/ 권정생, 그림/ 정승각, 길벗어린이) 동화책을 보며 이야기를 회상해 본다.
– 누가 강아지똥 이야기를 들려주겠어요?
– 이야기가 기억나는 만큼 그림을 보고 이야기해 주세요.
② 민들레가 된 강아지똥의 마음에 대해 이야기 나눈다.
– 강아지똥은 어떤 기분이었을까요?
– 민들레에게 어떤 마음이었을까요?
③ 강아지똥의 뒷이야기를 짓는다면 어떨지 이야기 나눈다.
– 누가 나오면 재밌겠나요?
– 흙덩이가 나와서 민들레를 본다면 어떨까요?
– 강아지가 민들레의 냄새를 맡아보고 무엇을 알아차릴까요?
④ 유아들이 이야기한 내용을 교사가 글로 적고 역할을 정해 그림을 그려본다.</td><td>도화지, 색종이, 필기 도구, 꾸미기 재료</td><td>강아지 똥에 관심과 흥미가 커졌고, 뒷이야기의 상상력은 풍부하게 진행되어 꾸미고 다음 날에 꾸미고 다시 역할놀이를 정하여 계획하고 진행하기로 하였다.</td></tr>
<tr><td colspan="2">〈정리 · 정돈〉 놀잇감을 제자리에 정리해요
• 정리 노래를 들으며 하던 놀이를 마무리한다.
• 자신이 놀고 있던 놀이감을 원래의 자리로 정리한다.
〈화장실 다녀오기 및 손 씻기〉 깨끗하게 손을 씻어요
• 변기에 앉아 대 · 소변을 본다.
• 대 · 소변 후 물을 내리고 옷을 입는다.
• 비누로 손을 깨끗이 씻고, 페이퍼 타올로 닦는다.</td><td>음원 '모두 제자리'

물비누, 휴지 등</td><td></td></tr>
</table>

5) 교수-학습 자기 평가

- 선택활동의 계획을 개별적으로 안내하고 지도하였는가?
- 놀이가 잘 진행되도록 도우며 관찰하였는가?
- 평가는 계획이 끝난 직후 할 수 있도록 시간대를 구성하였는가?
- 질 높은 상호작용을 위해 순차적으로 순서를 정하여 기회를 주었는가?
- 유아가 등원하기 전에 놀이 안내판, 놀이용 이름표, VPE 기록 용지 등을 준비하였는가?
- 교사는 개방적인 태도로 대화하며 열린 질문, 격려, 안내 등 언어적인 상호작용을 하였는가?
- 유아의 연령, 개별 경험 발달 수준을 고려하여 생각을 표현하도록 상호작용을 하였는가?
- 여러 번의 시행착오를 허용하고 경험하며 생각, 느낌을 조절할 수 있도록 도왔는가?
- 초기에는 한 가지만 언어적으로 계획하여 실행하고 평가해 보도록 하였는가?
- 유아가 말한 것과 실행하는 것을 관련지어 볼 수 있도록 관찰하였는가?
- 교실의 모든 흥미 영역이 매력적이고 놀이에 즐거움과 의미 있는 활동을 할 수 있도록 준비하고 조성하였는가?
- 주제와 관련하여 각 영역의 교구와 자료들을 충분히 제공하였는가?
- 놀이판이나 놀이 안내판의 이용방법과 위치를 알려주었는가?
- 놀이 안내판을 보여주고 놀이할 수 있는 놀이와 준비된 것이 무엇인지 안내했는가?
- 파일보관함에서 자신의 파일을 꺼내고 넣을 수 있도록 준비하였는가?
- 만 3세는 글씨를 모르기 때문에 이름표에 사진을 넣어 만들었는가?
- 놀이의 주도권을 유아에게 주고 놀이계획에 대한 선택의 기회를 주었는가?

보육실습은 하루일과(또는 반일)의 총체적인 운영과정 속에 영역별 보육활동과 영유아의 일상생활을 지도하는 것이다. 보육실습 지도교사는 보육실습생에게 하루일과의 운영 중 일상적으로 반복되는 부분과 각 영역별로 고려해야 할 보육활동 지도법을 마련하여 체계적인 실습 지도가 이루어지도록 한다. 효과적인 지도법은 영아와 유아의 발달 수준에 따라 달라진다.

영아반과 유아반에서 적용 가능한 반복적인 일상생활지도에 대한 내용을 정리하여 제시하였고(|표 3-15| 참조), 영아반과 유아반의 흥미 영역에서 교사가 고려해야 할 사항을 정리하여 제시하였다(|표 3-16|, |표 3-17| 참조).

•표 3-15• 영아반과 유아반의 일상생활지도 예시

영역	영아반	유아반
준비	•활동 시작 전 10분 전에 보육실을 점검한다. – 각 영역별 자료들은 제자리에 있는가? – 보육실 내 여러 물건(쓰레기통 비우기, 휴지, 수건 등) 상태는 어떠한가? – 놀잇감은 안전하게 놓여 있는가? •보육실을 환기하고 정리를 마무리한다.	
등원	•영유아의 이름을 부르고 '안녕?' 인사하며 반갑게 맞이한다. •영유아의 상태를 살핀다(기분, 건강, 청결 상태 등).	
오전 오후 간식	•간식 전 손 씻는 것을 돕는다. •자리 안내 및 턱받이 등 준비를 돕는다. •영아 옆에서 스스로 먹을 수 있도록 격려한다. •간식 그릇을 정리할 수 있도록 돕는다.	•오전 간식이 유아의 수만큼 준비되어 있는지 확인한다. •바른 자세로 먹고 식습관 형성을 위해 반복적으로 지도한다. •유아 스스로 먹은 공간을 정리하도록 돕는다.
정리 · 정돈	•사전에 놀잇감을 조금씩 정리하면서 정리 시간이 다가옴을 알려준 후 정리 노래를 통해 정리해야 함을 알린다. •정리도 놀이처럼 접근하여 놀잇감의 위치를 즐겁게 찾아 정리하도록 유도한다.	•쌓기 · 역할 영역 등 활동 자료가 많은 곳은 5분 전 정리 · 정돈 시간을 예고한다. •유아들이 정리해야 할 놀잇감을 적당히 배분하여 책임감 있게 정리 · 정돈할 수 있도록 한다. •모두가 참여하도록 교사가 적극적으로 돕는다.
배변 훈련 및 화장실 가기	•개별적으로 영아의 이름을 부르며 손 씻기 및 기저귀 갈이를 한다. •손 씻기와 기저귀 갈이의 상황을 긍정적인 언어 표현으로 격려하며 편안한 분위기를 조정한다.	•유아가 배변 의사를 표현한 경우 화장실에 가는 것과 교실로 돌아오는 것을 확인한다. •화장실 사용 후 손 씻기 등 신변처리를 지도한다.
실외놀이	•사전에 놀잇감을 점검하고 준비한다. •겉옷과 신발 신는 것을 돕는다. •자연물 탐색활동에 적극 참여한다.	•안전을 위하여 소그룹 또는 차례로 나갈 수 있도록 한다. •유아 전체를 항시 주시한다. •놀이 후 주변을 스스로 정리하도록 한다(휴지 줍기, 물 잠그기 등).
점심	•자리 안내 및 턱받이 등 준비를 돕는다. •영아가 스스로 먹을 수 있도록 어느 정도 지저분해지는 것을 허용해야 한다. •거부하는 음식의 경우 지도교사와 협의하여 양을 조절해 주거나 조금씩 시도해 보고, 천천히 먹을 수 있도록 한다.	•도우미 유아와 함께 점심을 준비한다. •식단의 내용을 이야기하며 바른 식습관 지도를 돕는다. •혼자 먹을 수 있도록 격려하며, 식사 후 주변을 정리할 수 있도록 한다. •즐겁게 먹도록 편안한 분위기를 조성하고 개별적인 상호작용을 한다.
낮잠 및 휴식	•영아의 이름을 부르며 개별적으로 이 닦기, 손 씻기, 화장실 가기 등 낮잠을 위한 준비를 한다. •영아가 낮잠을 잘 공간을 사전에 점검하고 아늑하고 편안한 분위기를 만든다. •영아 스스로 자신의 이불을 찾아보도록 한다.	•스스로 낮잠을 준비할 수 있도록 한다. •낮잠을 거부하는 유아는 별도의 조용하고 편안한 공간을 마련하여 휴식할 수 있도록 한다. •낮잠 및 휴식 후 스스로 신변을 정리할 수 있도록 한다.
귀가 지도	•지도교사보다 먼저 부모를 맞이하고 영아의 상태를 전달하지 않도록 주의한다.	•귀가 지도 전에 지도교사에게 유아의 놀이 상황에서 발생한 특이사항을 전달한다.

| 출처 | 한국보육진흥원(2017). 양성교육기관에서의 보육실습지도.

●표 3-16● 흥미 영역별 보육활동지도의 예시(영아반)

영역	보육활동지도
쌓기	• 다양한 블록으로 여러 가지 구성물을 만들 수 있도록 격려한다. • 블록 중 날카로운 부분이 있는지 살펴보고, 소품이 작게 분해되는지 확인하고 작은 소품은 모두 안전하게 제거한다. • 블록을 높게 쌓거나 길게 놓아 다른 영역으로 확장되어 갈등상황이 발생되지 않도록 적절한 상호작용과 환경을 제공한다.
역할	• 놀이하면서 조금씩 정리할 수 있도록 한다. • 영아와 함께 가작화놀이에 참여한다(예 엄마, 아빠놀이, 아기 업기, 아기 우유 주기 등). • 영아와 놀이하면서 스스로 할 수 있는 것들을 연습할 수 있도록 돕는다(예 물 따르기, 신발 신기 등).
언어	• 교사의 무릎에 앉혀 개별적으로 책을 읽어주고, 함께 원하는 책일 경우 2~3명의 소그룹으로 책을 읽어 주되, 내용을 그대로 읽기보다 대화하듯이 읽어 준다. • 책을 읽어줄 때 조용하면서 다양한 목소리를 사용하고, 영아의 흥미와 반응을 살핀다. 영아의 반응을 많이 이끌어 내도록 한다. • 책의 내용을 끝까지 읽는 것에 중점을 두기보다 질문과 반응을 더 격려한다.
미술	• 다양한 미술 재료를 탐색할 수 있도록 기회를 제공한다. • 영아의 끼적거리기를 격려하고, 구체적인 부분과 행동을 격려한다. • 영아의 작품에 이름을 써주며 자기 작품임을 알도록 하고, 벽에 붙여준다.
감각 · 탐색	• 정적으로 개인적인 활동이 많으므로 영아들이 좋아하는 놀잇감의 경우 영아 수만큼 충분한 개수를 제공한다. • 영아 스스로 탐색하고 조작할 수 있도록 곁에서 격려하고 적절한 도움을 준다. • 영아의 탐색 조작활동에 대해 언어적으로 행동을 기술해 준다.
신체	• 다양한 신체활동에 함께 참여한다. • 영아의 다양한 신체움직임을 언어적으로 표현해주며 격려한다. • 신체활동을 하는 공간과 놀잇감의 안전을 점검한다.
음률	• 노래 부르기 및 몸 움직이기활동에 함께 참여한다. • 함께 노래 부르기를 장려하나 강요하지 않도록 주의한다. 영아는 가만히 앉아 노래 소리를 집중하여 듣기도 한다. • 노랫말에 영아의 이름을 넣어 부르거나 매일 접하는 일상생활과 관련한 가사로 바꾸어 부르며 좋아한다.

| 출처 | 한국보육진흥원(2017). 양성교육기관에서의 보육실습지도.

•표 3-17• 흥미 영역별 보육활동지도의 예시(유아반)

영역	보육활동지도
쌓기	• 유아들 간의 의견 차이와 신체적 접촉이 많이 발생하므로 전체를 바라볼 수 있는 위치에서 주의 깊게 관찰한다. • 유아들이 선호하는 놀이를 잘 알고 있어야 하며, 놀이를 조용히 관찰하거나 유아들과 함께 놀이친구로서 참여할 수 있다. • 블록을 서로 나누고 공유할 수 있도록 놀이규칙에 대해 숙지한다. • 다양한 블록을 선택하여 놀이할 수 있도록 한다.
역할	• 유아-유아, 유아-교사 간 상호작용의 기회를 다양하게 제공한다. • 성 역할을 고정시키는 일이 없도록 한다. • 일상의 경험을 재현하거나 극화놀이가 다양하게 나타날 수 있도록 놀이친구로서 참여한다. • 필요한 역할소품은 다른 영역과 연계하여 만들어 사용할 수 있도록 한다.
언어	• 카세트 및 CD 플레이어의 사용법을 알고 스스로 조작할 수 있도록 한다. • 언어 자료를 함께 보며 다양하고 정확한 어휘로 말하도록 한다. • 다양한 내용의 인쇄물이나 그림책은 제목이 보이도록 제시한다. • 여러 가지 쓰기 재료와 도구를 제시하고, 쓰기에 자유롭게 참여하도록 하며, 철자법, 띄어쓰기 등을 가용하지 않도록 한다.
미술	• 자유롭게 자신의 생각과 느낌을 표현할 수 있도록 한다. • 다른 친구의 작품과 비교하지 않도록 한다. • 도움을 요청할 경우 유아 스스로 하도록 유도하면서 유아가 할 수 있는 부분을 찾아서 다시 시도할 기회를 제공한다. • 활동이 끝난 후에는 자신의 작품에 이름을 써서 보관하고, 스스로 주변을 정리할 수 있도록 한다.
수 · 조작	• 유아의 발달 수준에 맞는 상호작용방법이 중요하므로 이를 반드시 고려한다. • 교구 제작 시 시각적으로 매력 있게 제작하여 유아의 참여를 높인다. • 주변 환경에서 쉽게 구할 수 있는 사물을 이용한 수세기, 비교 등을 경험하게 한다.
과학	• 지식 전달 위주의 활동이 아니라 관찰, 실험, 문제해결, 비교하기, 의사소통 등의 과정에 초점을 두고 지도한다. • 동 · 식물이나 자연물을 관찰할 기회와 경험을 갖도록 한다. • 활동 자료와 실험 도구의 안정성을 점검하도록 한다.
음률	• 유아의 즐겁고 자유로우며 독창적인 표현을 장려한다. • 기술적인 측면에 관심을 갖기 보다는 다양한 음악적 경험과 표현을 즐길 수 있도록 한다. • 다양한 리듬감, 음색, 질 등을 제공한다(재즈, 클래식, 국악 등). • 다양한 움직임을 유도할 수 있는 도구나 동영상을 준비한다.

| 출처 | 한국보육진흥원(2017). 양성교육기관에서의 보육실습지도.

05 보육활동에 대한 평가 및 조언

실습생은 보육활동 실습에 대한 자기 평가를 통해 추후 개선이 요구되는 사항을 구체적으로 진술함으로써 반성적 사고를 하고 지도교사는 이에 대해 적절한 조언 및 평가를 한다(한국보육진흥원, 2013).

1) 보육실습생의 자기 평가

실습생은 활동목표의 성취 여부와 보육활동 실습을 하면서 느낀 소감을 기록하고, 계획했던 것보다 잘 진행되었던 내용, 예상했던 바와 다르게 전개된 내용 등을 진술하고 그 원인과 해결방안을 분석하며 기술한다. 이러한 계획과 실행에 대한 반성적 사고를 통해 교사로서의 자신의 자질이나 능력을 스스로 평가해 보도록 한다.

2) 보육실습 지도교사의 조언 및 평가

보육실습 지도교사의 조언 및 평가는 실습생의 보육활동 실습을 관찰하며 평가한 사항, 실습생의 자기 평가에 대한 사항 및 추후 보육활동 계획 시 고려해야 할 점 등을 종합하여 조언해 주고 평가한다(| 표 3-18 | 참조). 지도교사는 실습생의 보육활동 실습 내용을 평가할 때 다음의 사항에 초점을 두어 평가하면 다음과 같다.

보육활동의 목표가 표준보육과정(누리과정)의 내용과 관련하여 이를 포함하였고 적절히 성취하였는지, 내용이 주제와 발달 수준에 적합한지, 영유아의 흥미와 경험을 반영하였는지, 보육활동을 위한 자료 제작과 활용이 적절한지, 전개방법이 적절한지, 시간 운영이 적절한지, 보육활동 전후와 보육활동 간 연계가 적절하였는지, 공간의 배치와 집단 구성이 적절한지, 보육활동 시 적절한 상호작용(동기유발, 영유아들의 참여 등)이 이루어지고 있는지, 보육활동의 마무리와 다음 활동으로의 전이가 적절한지를 평가한다.

•표 3-18• 보육활동실습에 대한 지도교사의 조언 및 평가 예시

지도교사 조언 및 평가

결재	실습생	담임	원장

작성일			
실습생	○○○	지도교사	○○○
반명	참새반(만 2세)	일시	○○월 ○○일 ○요일(오전 10:00~10:30)
구분	내용		
자기 평가	• 오늘 일일 수업을 진행했다. 일일 수업을 진행하고 나니 많은 부분이 부족함을 알게 되었다. 특히 내가 계획한 것만큼 하루일과 중 흥미 영역별 활동을 이끌지 못해 아쉬움이 있고, 흥미 영역별 활동 진행 후 느끼고 개선해야겠다고 생각한 점, 자료에 대한 영아들의 왕성한 호기심을 적절히 받아주지 못한 것, 이런 것들을 활동으로 이끌지 못한 것 같다. 또한 영아와의 상호작용이 충분히 이루어지지 않은 점이 아쉬웠다. 흥미 영역별로 몇 번의 활동을 진행해 보고 그동안 선생님들의 상호작용을 관찰하면서 조금은 연습이 되었다고 생각했는데, 계획하지 않은 새로운 상황이 나타났을 때 이에 대처하는 측면이 아직 매우 부족한 것을 많이 느낄 수 있었다. 오늘 진행 중 가장 큰 실수는 내가 계획한 활동을 하고 있던 영아가 그 활동을 하다가 다른 활동으로 옮겨갔을 때 그 영아를 쫓아가며 상호작용하려한 점이다. 그래서 정작 내 활동에 참여하는 다른 영아들과 충분히 상호작용을 하지 못했다. 내가 만들었던 자료에 대한 집착으로부터 이런 행동이 나온 것 같다. 마치 교구가 영아의 흥미를 이끌어 내도록 행동한 것이다.		
지도교사 조언 및 평가	• 열심히 준비한 만큼 관심을 보인 영아와 활동을 진행하고 싶었을 것이라 생각합니다. • 다른 영역으로 이동하는 영아는 그 활동에 흥미를 잃었다기보다는 이미 자기 나름의 호기심이 충족된 것이라 생각되므로, 그리 마음을 쓰지 않으셔도 됩니다. 선생님 곁에서 활동에 몰입하고 있는 영아는 좀 더 상위 수준의 상호작용이 필요하거나, 새롭게 활동에 관심을 보이는 영아는 좀 더 흥미를 이끌어낼 수 있도록 해야 하기 때문에 이들에게 집중하여 상호작용해 주시는 것이 필요합니다.		

| 출처 | 한국보육진흥원(2013). 양성교육기관에서의 보육실습지도.

06 교재교구

● 표 3-19 ● 교재교구 제작계획서 예시

<table>
<tr><th>교구명</th><td>알록달록 색 가면</td><th>주제</th><td>어디 있나? 까꿍!</td></tr>
<tr><th>대상연령</th><td>만 0세</td><th>활동 영역</th><td>의사소통 · 사회관계</td></tr>
<tr><th>활동목표</th><td colspan="3">• 까꿍놀이를 즐긴다.
• 선생님과 함께하는 색깔놀이를 즐긴다.</td></tr>
<tr><th>교육과정
관련요소</th><td colspan="3">• 사회관계〉 나와 다른 사람의 감정 알기〉 다른 사람에게 주의 기울이기
• 자연탐구〉 과학적 탐구하기〉 물체와 물질 탐색하기</td></tr>
<tr><th>활동자료</th><td colspan="3">셀로판지, 코팅지, 펠트지, 가위</td></tr>
<tr><th>구분</th><th colspan="3">내용</th></tr>
<tr><td>제작방법</td><td colspan="3">① 셀로판지를 코팅한다.
② 코팅한 셀로판지를 동그란 모양으로 오린다.
③ 코팅한 셀로판지 테두리에 펠트지를 붙인다.
④ 셀로판지로 만든 가면 양 옆에 펠트지를 이용하여 손잡이를 만든다.</td></tr>
<tr><td>활용방법</td><td colspan="3">① 만들어진 색깔 가면을 교사와 함께 탐색한다.
• 여러 가지 가면들이 있어요. 어떤 가면들이 있는지 살펴볼까요?
• 토끼 가면, 곰돌이 가면 등이 있어요.
• 선생님이 이 가면을 쓰고 ○○를 보니 얼굴이 빨갛게 보여요.
• 여러 가지 색깔 가면들이 있어요.
② 영아의 얼굴에도 대어주며 영아가 색깔 가면을 통해 볼 수 있도록 한다.
• ○○도 가면을 써볼까요? 선생님 얼굴이 무슨 색깔로 보이나요?
③ 색깔 가면으로 얼굴을 가렸다가 벗으며 까꿍놀이를 한다.
• (가면으로 얼굴을 가려서) 곰돌이예요! 세상이 노랗게 보여요.
• (가면을 벗으면서) 까꿍! 선생님이였어요!</td></tr>
<tr><td>첨부 사진</td><td colspan="3"> 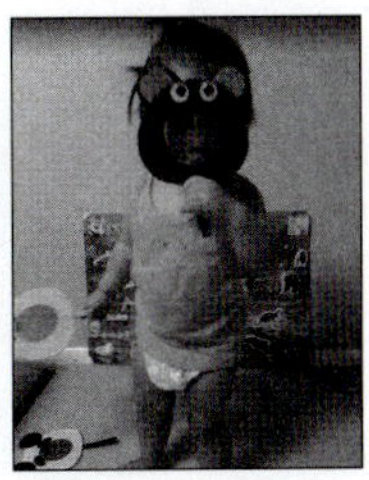</td></tr>
<tr><td>평가</td><td colspan="3">• 영아가 관심 있어 하는 동물을 중심으로 다양한 색깔의 셀로판지를 이용하여 만들어 제공하였더니 동물 모양을 보고 먼저 관심을 보이며 다가왔다. 또한 다양한 색깔의 셀로판지로 까꿍놀이를 하며 셀로판지를 통해 보이는 색깔과 색깔 가면 없이 본 색깔의 차이에 흥미로움을 느끼며 까꿍놀이가 이루어질 수 있었다.</td></tr>
</table>

| 출처 | 사랑어린이집(2018). 교재교구 제작 사례.

표 3-20 교재교구 제작계획서 예시

교구명	내 몸을 보호해요	주제	나와 가족-소중한 나
대상연령	만 4세	활동 영역	수 · 조작
활동목표	• 자신의 몸을 보호하는 물건에 관심을 갖는다. • 자신의 몸을 보호하는 물건의 이름과 사용하는 곳을 안다.		
누리과정 관련요소	• 사회관계〉 나를 알고 존중하기〉 나를 알고, 소중히 여기기 • 신체운동 · 건강〉 안전하게 생활하기〉 안전하게 놀이하기 • 자연탐구〉 수학적 탐구하기〉 공간과 도형의 기초개념 알아보기 • 자연탐구〉 과학적 탐구하기〉 간단한 도구와 기계 활동하기 • 신체운동 · 건강〉 신체조절과 기본운동하기〉 신체조절하기		
활동자료	보호 장비를 착용한 모습 사진, 보호 장비 사진, 보호 장비 그림자, 보호 장비 이름 카드		
구분	내용		
제작방법	① 보호 장비를 착용한 사진을 2장 출력한다. ② 한 장의 장비를 제공하고, 한 장은 그림자로 제공한다. ③ 한 장의 사진은 보호 장구 모양대로 검은 색지를 오려 사진에 붙인다. ④ 보호 장구 이름을 뽑아 코팅한 뒤 우드락 위에 오려 붙인다.		
활용방법	① 우리 몸을 보호하기 위해 사용해보았던 물건들(보호 장비)에 대해 이야기 나눈다. • 보호 장비를 사용해 본 적이 있나요? • 언제 보호 장비를 사용해 보았나요? • 보호 장비를 사용하니 어떤 느낌(기분)이 들었나요? • 보호 장비는 왜 사용해야 할까요? • 보호 장비를 사용하지 않고 자전거나 인라인 등을 타면 어떤 일이 생길 수 있을까요? ② 보호 장비 사진이나 실물을 보며 이야기 나눈다. • 이것의 이름은 무엇인가요? • 어디에 사용하는 것일까요? • 이것을 사용하면 어떤 점이 좋을까요? • 팔꿈치 보호대는 어떻게 착용해야 하는 할까요? • 헬멧은 어떻게 써야 할까요? • 보호 장비의 이름을 무엇일까요? ③ '내 몸을 보호해요' 활동을 한다. • 그림자판을 함께 볼까요? • 어떤 물건의 그림일까요? • 어떤 보호 장비 그림을 붙여야 할까요? ④ 활동 후 정리한다. • 내 몸을 보호하는 보호 장비는 무엇이 있었나요? • ○○가 알고 있는 보호 장비가 더 있나요? 무엇인가요?		
첨부 사진	 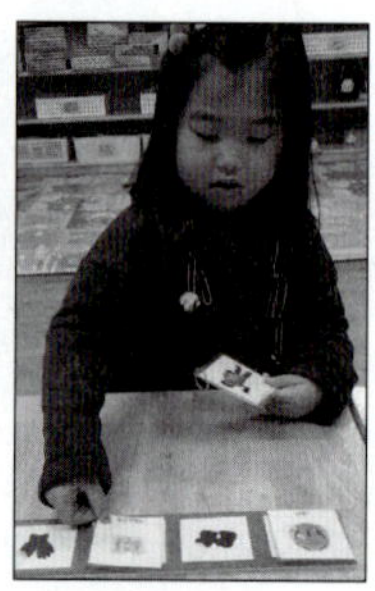		
평가	• 아이들이 실생활에서 많이 이용하고 있는 놀이를 친구의 얼굴로 준비된 교구를 이용하여 게임 방식으로 활동을 진행하니 아이들의 흥미와 관심을 더욱 크게 이끌 수 있었으며, 아이들이 가정에서 활동해 본 소감을 직접 전해주며 안전에 대해 자연스럽게 인지할 수 있었다.		

| 출처 | 사랑어린이집(2018). 교재교구 제작 사례.

Chapter 04

관찰

01 영유아 관찰의 이해

1) 아동 관찰의 목적 및 의의

관찰이란 사전적 의미로는 사물의 현상이나 동태 따위를 주의하여 잘 살펴보는 것을 말하며, 철학적 관점에서의 관찰은 인식의 기초로서 적극적인 의도를 가지고 살펴보는 것을 말한다. 아동 관찰은 아동의 행동을 객관적으로 파악하기 위해 주의 깊게 살펴보는 것을 의미하며 관찰하고 기술하는 것을 통해서 연령별 영유아들의 평균적인 발달 수준과 개인차를 알 수 있게 된다.

관찰은 일상생활 속에서의 자연스러운 행동을 연구하는 데 가장 적합한 방법이다. 넓은 의미에서의 관찰은 어떤 현상에 대한 객관적 자료를 수집하기 위한 절차이지만 좁은 의미에서의 관찰은 일상생활 속의 인간의 자연스러운 행동을 연구하되 연구자와 대상자 사이에 미리 특별한 장치를 계획하지 않고 관찰하면서 또는 관찰 직후에 기록하는 것을 전제로 하는 방법이다.

유아교육 보육용어 사전에서 관찰방법(김재은 · 김태련, 2009)은 관찰은 모든 연구의 출발이고 특히 인간 이해방법의 기초이다. 관찰은 일정한 목적이나 관점을 가지고 인간의 행동 여러 가지 심리적 현상, 언어적 보고 등을 연구자 자신이 직접 눈으로 보고, 귀로 듣고 해서 이해와 연구의 자료로 삼는 방법이다. 관찰법은 인간 이해의 가장 보편적인 방법이다. 관찰이 과학적 방법이 되기 위해서는 관찰하려는 대상 혹은 대상현상을 주관이나 편견을 섞지 않고, 주의 깊게 보고, 본 것을 기록하고 분석하는 것이 필요하다. 그리고 관찰 대상에 대해서 깊은 관심을 가지고 있어야 하고, 어느 정도의 통찰도 필요하다. 동시에 관찰의 한계도 인식해야 한다.

(1) 관찰방법의 장점

- 외부 자극과 거기에 대한 피관찰자의 반응을 직접 눈으로 확인하고 동시에 기록할 수 있다.
- 관찰 대상자의 연령, 신분, 성별과 관계없이 관찰할 수 있고 기록도 가능하다.
- 특별한 기구, 장치가 없이도 인간의 행동은 관찰할 수 있고, 피관찰자의 조건과 무관하게 할 수 있다.

(2) 관찰방법의 단점

- 자연적인 장면에서는 미리 의도된 행동을 관찰할 수 있는 것이 아니다.
- 인간의 행동을 장시간에 걸쳐서 추적하기 어렵다.
- 표현된 행동이 현상적으로 같다 하더라도 그 의미가 반드시 같다고 할 수 없다.
- 관찰자의 훈련이 필요하다.

유아교육적 환경에서 발생하는 여러 가지 행동상의 문제나 유아에 대한 이해를 높이기 위해서는 교사는 관심을 가지고 눈으로 확인하고 그 결과를 정확히 객관적으로 기록해 두는 것이 중요하다. 그 관찰된 경험적인 내용을 주관적으로 판단하지 말고 객관적인 의미를 찾아내도록 하며 그 결과를 유아의 지도를 위해서 효과적으로 활용하도록 노력해야 한다.

라이트(Wright)는 유아교육 현장에서 직접적인 관찰을 함으로써 교사가 도움을 받을 수 있는 내용은 다음과 같다고 하였다(이정환 · 박은혜, 1995).

① 유아가 각 발달 영역에서 어느 정도 발달하고 있는지를 알 수 있다.

② 자연스러운 상황 속에서 여러 번에 걸쳐 관찰된 유아들의 행동에서 유아 개개인의 독특한 개성을 발견할 수 있다.

③ 유아가 가지고 있는 문제점이 무엇인지 분석하고 진단해 볼 수 있는 기회가 된다.

④ 관찰에서 얻어진 자료는 교사가 환경을 구성하고 교수방법을 선택하고, 교육 프로그램을 개발하고 평가하는 모든 교육활동의 기초 자료가 된다.

⑤ 관찰에서 얻어진 모든 자료들은 학부모와의 정기적인 면담에서 중요한 자료가 된다. 원아를 위한 학부모 상담 시 그동안 실시한 관찰 자료를 토대로 하여 원아의 발달사항, 개별성, 문제점 등을 알려주면 교사가 짐작해서 말하는 것보다도 훨씬 더 신뢰성이 있으며 더 객관적이기 때문이다.

⑥ 관찰은 교사가 자신의 수업을 평가해 보는 기초를 제공해 줄 수 있다.

⑦ 여러 가지 관찰방법을 통하여 정기적으로 유아를 관찰했을 때 일정 기간이 지나면 관찰된 유아가 어떻게 성장해 왔는지를 알 수 있으며 유아의 전체적인 발달을 볼 수 있다.

⑧ 관찰의 결과를 토대로 교사들의 편견을 줄이고 객관적으로 유아를 볼 수 있게 해 준다.

⑨ 유아의 성장기록에 관한 자료는 프로그램의 효과를 나타내주는 중요한 증거 자료가 된다.

그러므로 관찰방법을 통해 얻어진 자료들은 유아를 전인적인 관점에서 볼 수 있을 뿐만 아니라 유아의 성장과 발달에 대한 정보를 제공해 줌으로써 발달에 적합한 활동을 계획하고 문제점을 밝혀내며 학부모에게 유아에 대한 필요한 정보를 줄 수 있다. 또한 관찰은 교사들의 교수학습방법에 대한 효과를 평가하고 수정할 수 있는 기초 자료를 마련해 주며 유아 교육의 질적 향상을 위해 프로그램과 환경을 평가할 수 있도록 교사를 도와주기 때문에 의의가 있다고 본다.

유치원 어린이집 통합 평가 지표(안) 1영역 보육과정 및 상호작용의 평가 지표 1-6 평가(보건복지부 · 한국보육진흥원, 2017)에 보면 다음과 같이 기록되어 있다.

1-6 평가

- 객관적이고 주기적인 영유아 및 보육과정 평가를 통해 영유아의 발달에 대한 이해가 가능하고, 교사의 교수방법 개선 및 보육의 효과 증진을 가져올 수 있으며, 부모면담 등에 활용 가능한 기초 자료를 마련할 수 있다. 이는 궁극적으로 보육의 질 향상에 기여한다.
- 모든 보육과정의 운영은 계획, 실행, 평가의 단계를 가지는 것이 바람직하며, 각 단계는 서로 유기적으로 연결되어 각 단계의 내용이 다음 단계에서 적절하게 반영될 수 있어야 한다. 이를 위해 영유아에 대한 평가와 보육과정에 대한 평가가 적절히 이루어져야 한다.

1-6-1	영유아의 행동을 객관적으로 관찰 · 기록한다.			
기록	• 놀이, 활동, 일상생활에서 개별 영유아의 반응과 행동을 객관적으로 관찰하여 기록한다. • 영유아의 반응과 행동에 대한 관찰 횟수가 일회성이 아니라 주기적으로 이루어진다. – 기록 확인 자료: 영유아 관찰 기록물 • 영유아의 변화과정을 파악할 수 있도록 관찰기록 외에 활동 결과물 등 추가적인 정보를 수집한다. – 기록 확인 자료: 영유아 관찰 기록물 외 수집 결과물 ※ 3개의 평가 수준(•)을 충족해야 Y로 평정			
평가방법	기록	충족 여부	□Y	□N

1-6-2	보육과정 목표와 내용을 준거로 영유아의 발달특성과 변화를 평가한다.			
기록	• 수집한 평가 자료를 활용하여 영유아의 발달특성과 변화의 정도를 기술하고 있다. • 평가 내용은 보육과정의 영역별 목표, 내용 범주 및 세부 내용을 기준으로 한다. • 영유아의 발달 변화의 정도를 연 2회 이상 기록한다. ※ 3개의 평가 기준(•)을 충족해야 Y로 평정			
평가방법	기록	충족 여부	□Y	□N

1-6-3	영유아 평가 결과를 보육과정 편성 및 운영에 반영하고, 부모면담의 자료로 활용한다.			
기록 교사면담	• 영유아의 평가 결과를 계획안 작성 시 수업 내용 선정, 환경 구성, 교수전략, 상호작용방법 등에 반영한 근거가 있다. – 기록 확인 자료: 보육일지, 월간 · 주간 · 일일계획안, 영유아 평가 기록물 – 면담 내용 예시 Q 계획안 작성 시 영유아에 대한 전반적인 평가 결과를 어떻게 활용하고 있는가? • 영유아 평가 결과에 대해 부모와 의사소통한 자료(근거)가 있다. – 기록 확인 자료: 부모면담 실시기록 ※ 2개의 평가 기준(•)을 충족해야 Y로 평정			
평가방법	기록	충족 여부	□Y	□N

1-6-4	보육과정 운영에 대한 평가를 실시하고, 그 결과를 다음 계획안에 반영한다.			
기록	• 보육과정 운영에 대한 주기적인 평가를 실시하고 있다. – 기록 확인 자료: 보육일지, 월간 · 주간 · 일일계획안 • 보육과정 운영에 대한 평가 결과를 다음 계획안 작성에 반영하고 있다. – 기록 확인 자료: 보육일지, 연간 · 월간 · 주간 · 일일계획안 ※ 2개의 평가 기준(•)을 충족해야 Y로 평정			
평가방법	기록	충족 여부	□Y	□N

이와 같이 유아관찰평가 기록물은 유아교육기관이 평가를 받는 부분에 있어서도 중요한 의의가 있다.

2) 관찰을 위한 보육교사의 태도

① 관찰 시 영유아들이 놀이활동에 방해 받지 않도록 주의해야 한다. 목적에 따라 다르겠지만 대개 영유아들이 놀이활동을 할 때 많은 정보를 얻을 수 있기 때문에 영유아들이 자유롭게 놀이하는 상태에서 관찰할 수 있도록 한다.

② 영유아에 대한 주관적 판단보다는 객관성을 유지하는 것이 요구된다. 관찰과 평가 시 교사의 편견을 배제하도록 한다.

③ 1회 관찰로 영유아를 판단하기보다는 다양한 관찰방법을 사용하여 체계적이고 지속적으로 관찰하며 영유아 개인의 발달적 근거에 맞게 이해할 수 있도록 한다.

④ 관찰을 하면서 알게 되는 영유아나 영유아의 가족과 관련된 모든 정보들이 기관 내 보육교직원 사이에 가십거리가 되거나 외부에 유출되지 않도록 비밀을 유지해야 한다.

⑤ 영유아 관찰에 대한 평가는 영유아의 발달에 대한 지식과 이해에 기초하므로 영유아의 발달을 이해하도록 끊임없이 연구하고 노력해야 한다.

02 교사와 유아 간 상호작용 관찰

1) 교사와 유아 간 상호작용이 지니는 중요성

교사와 유아 간 상호작용은 질 높은 교육을 위한 필수적인 수단이며 상호작용에서의 가장 중요한 요인은 교사이며 교사 역할의 핵심이라고 할 수 있다. 교사가 바람직한 상호작용할 때 유아는 정신적 · 정서적 · 심리적으로 안정감을 느끼고 자연스러운 발달을 이루어간다.

유아가 보이는 발달과 학습의 효과는 기존의 학습 원리에 입각한 교사의 교수역할 수행에 의해서만 이루어지는 것이 아니며, 교사와 유아 간의 일상적인 상호작용을 통해서도 다양한 학습이 가능하다. 특히 영유아의 발달적 특성과 흥미 등을 고려하여 놀이 중심, 생활 중심의 교수학습이 이루어지도록 하기 위해서는 비형식적으로 발생하는 교사와 영유아의 상호작용이 중요하다. 비형식적으로 진행되는 일상적인 상호작용 속에서 영유아는 다양한 개념과 지식을 학습할 수 있다.

2) 놀이활동에서의 교사 역할

하루일과 중 자유선택활동을 포함한 놀이활동 시간에 유아의 놀이를 촉진하는 교사의 역할은 매우 중요하다. 교사는 유아의 놀이를 관찰하고 유아 개인의 놀이 수준과 발달을 파악하며 다양한 관찰방법을 통해 유아의 놀이와 놀잇감 선호도, 놀이 수준과 주로 함께 노는 친구 등을 파악한다. 또한 놀이의 진행과 상황에 따라 교사 자신의 개입을 결정할 수 있다. 다양한 놀잇감을 탐색하고 구성할 수 있도록 충분한 놀잇감과 시간을 제공하고 생활 주제와 관련한 놀잇감과 자료를 주기적으로 교체해 준다. 이를 통해 유아는 자신이 알고 있는 것을 놀이를 통하여 표현하고 주제활동에 적극적으로 탐색하고 참여할 수 있게 된다.

유아가 놀이활동을 활발하게 하고 있을 때 교사의 섣부른 참여는 오히려 유아의 놀이 촉진을 방해할 수 있으므로 신중하게 생각하고 적절하게 지원해 준다. 교사는 놀이상황을 관찰하면서 유아의 놀이를 통해 학습을 위한 결정적인 순간이 일어난다거나 놀이의 난이도에 따라 지원이 필요할 때는 적극 참여하여 유아의 놀이가 확장될 수 있도록 한다. 교사는 최소한의 개입에서 최대한의 개입까지 유아의 놀이 상황을 관찰하여 적절하게 참여하고 상호작용하는 것이 필요하다.

- 비참여자: 영유아는 놀이에 어떠한 관심도 보이지 않고 참여하지 않으며 무시하는 개입 유형이지만 놀이와는 전혀 상관없는 개인적인 업무를 수행하는 것을 의미하는 것은 아니다.
- 방관자: 영유아의 놀이를 가까운 거리에서 지켜보면서 미소 지어 주거나 고개를 끄덕이는 등의 비언어적 격려를 통해 놀이에 대한 관심을 표현해 주는 것을 말한다.
- 무대 관리자: 여전히 영유아의 놀이에 직접 참여하지는 않지만 영유아의 놀이 준비를 보다 적극적으로 돕고 지원해 주는 것을 말한다.
- 공동 놀이자: 영유아의 놀이 파트너가 되어 적극적으로 놀이에 참여하는 것을 말한다.
- 놀이 지도자: 영유아의 놀이에 적극적으로 참여하여 주도권을 가지고 놀이를 이끌어 나가며 확장시켜 주는 것으로 새로운 놀이를 제안하거나 진행되고 있는 놀이 에피소드를 확장시켜 주기 위해 아이디어를 제시하는 것을 말한다.
- 감독자 및 방향 전환자: 성인이 영유아의 놀이를 통제하고 놀이 시 영유아가 해야 할 것으로 말해 주거나 놀이와 상관없이 영유아의 관심을 학습 목적으로 전환시키는 것을 말한다(원계선 외, 2017).

3) 관찰자(실습생)의 역할과 태도

유아교육기관에서 이루어지는 교수학습활동을 관찰하고 기록한다.

관찰실습생의 바람직한 태도로는 첫째, 용모는 항상 단정하고 청결해야 하며 편안한 복장을 하며 정해진 시간 5분 전에 입실하여 준비할 수 있도록 한다. 둘째, 휴대전화는 사용하지 않고 전원을 끄거나 매너모드 상태로 전환한다. 셋째, 필기 도구와 기록용지는 항상 휴대하고 허락 없이는 사진촬영은 하지 않는다. 넷째, 항상 밝고 부드러운 태도로 대하고 유아교사로서 적절한 언어를 사용한다.

4) 관찰의 윤리적 문제(원계선 외, 2017)

유아는 자신의 권리를 스스로 옹호할 힘이 부족하기 때문에 관찰에서 윤리적 문제를 세심하게 살펴보아야 한다. 관찰을 통해 연구하고자 하는 연구자의 경우에 반드시 고려해야 할 윤리적 문제는 기관과 유아에 대한 비밀 유지 문제, 정규 교육과정 운영 침해 및 유아의 권리 침해 문제를 들 수 있다.

(1) 비밀 유지의 문제

- 기관이나 유아에 대해 알게 된 사실을 외부에 유출하지 않아야 한다.
- 기관 내부 및 외부 사진이나 유아의 활동 사진을 허락 없이 촬영하지 않고 촬영한 사진을 외부로 유출하지 않는다.

(2) 관찰 대상의 권리 침해 문제

- 유아교육기관의 정규 교육과정 운영을 심각하게 침해하는 관찰을 해서는 안 된다.
- 자유선택활동에 대한 관찰을 수행할 경우에 유아의 놀이에 불편을 끼치는 일을 삼가해야 한다.

5) 상호작용 관찰기록 형식의 예

교사와 유아 간 상호작용 관찰은 영유아의 등원에서부터 하원할 때까지의 하루일과 중 언제든지 상호작용이 일어나는 순간에 할 수 있다. 등 · 하원 지도 시, 자유선택활동, 이야기나누기 시간, 음률활동, 동화 이야기 듣기, 신체활동 시간, 미술활동 시간, 요리활동 시간, 급 · 간식 시간 등 관찰자(실습생)가 관찰을 하고자 하는 활동에서 관찰을 할 수 있다. 여기에서는 자유선택활동과 이야기나누기 시간에서의 관찰에 관해 살펴본다.

(1) 자유선택활동에서의 관찰

자유선택활동 시간에 교사는 유아의 놀이에 적절하게 개입 또는 관찰, 활발한 상호작용을 하며 유아의 놀이를 촉진한다. 교사는 각 영역에 제공한 새로운 놀잇감을 소개하고 놀이에 참여하지 못하고 배회하는 유아가 없는지 관찰한다. 또한 유아의 놀이가 확장될 수 있도록 다양한 방법으로 상호작용한다.

(2) 자유선택활동 관찰기록지

자유선택활동에 교사의 개입이 있을 때 교사와 유아의 상호작용을 중심으로 기록한다.

●표 4-1● 자유선택활동 관찰기록지 예시

관찰 학급	반(만 세)	관찰일	년 월 일
관찰자		관찰 시간	시 분~ 시 분까지
영역		놀잇감	
생활 주제			
관찰 내용*			
평가			

* 관찰 내용은 서술식 현재형으로 기록하고 직접화법을 사용한다. 평가란에는 만약 내가 교사라면 어떻게 개입할 수 있는지 기록한다.

(3) 이야기나누기 시간의 관찰

이야기나누기는 교사가 유아와 함께 정보나누기, 경험 이야기, 생각나누기 등을 하는 활동이다. 이야기나누기를 통해 유아는 다른 사람의 이야기를 경청하는 태도를 기르고 자신의 생각이나 느낌, 경험 말하기 등 의사소통 능력을 기르게 되며 지식을 확장하게 된다. 이야기나누기활동은 하루일과 소개하기, 날씨 및 날짜 알아보기, 친구의 출결 사항, 새로운 교구와 활동방법 소개하기, 자유선택활동 계획 및 평가하기, 사회의 이슈, 자신의 경험 발표하기, 행사나 주제와 관련된 내용 발표 및 듣기, 교사가 전하고 싶은 개념이나 설명이 필요한 내용 등 다양하게 접근할 수 있다. 이야기나누기 시간에 유의해야 할 점은 교사가 일방적으로 많은 지식을 전달하는 시간이 아니라 유아가 이미 경험하여 알고 있는 것을 표현할 수 있도록 하며 주제에 대해 관심을 가질 수 있도록 한다. 효과적인 이야기나누기에서 교사는 수용적인 분위기를 조성하고 다양한 질문과 의견을 적절히 제공하며 유아가 생각할 수 있는 충분한 시간을 제공한다.

(4) 이야기나누기활동 관찰 및 기록

이야기나누기활동의 유형에 초점을 맞춰 교사와 유아의 행동과 상호작용을 관찰하고 기록한다.

●표 4-2● 이야기나누기활동 관찰기록지 예시

관찰 학급	반(만 세)	관찰일	년 월 일
관찰자		관찰 시간	시 분~ 시 분까지
영역		놀잇감	
활동명		유형	대집단, 소집단, 개인
생활 주제			
관찰 내용*			
평가			

* 관찰 내용은 서술식 현재형으로 기록하고 직접화법을 사용한다. 평가란에는 만약 내가 교사라면 어떻게 개입할 수 있는지 기록한다.

➔ 도입 시 유아들의 관심과 흥미를 유도할 때 효과적이었던 방법에 대해 v 표시한다.

번호	흥미 유발방법	관찰결과
1	• 수수께끼 풀기(궁금이 상자)	
2	• 동화 겉표지 보고 내용 유추하기	
3	• 자료 제시(사진, 실물, 그림 자료, 영상 등)	
4	• 전이활동을 위한 노래 및 손인형	
5	• 손유희	
6	• 부분 보고 전체 상상하기	
7	• 사회 현상 및 경험 회상하기	
8	• 주제에 관한 질문하기	
9	• 기타( )	

➭ 전개 시 기억에 남는 의미 있는 진행방법에 대해 v 표시한다.

번호	흥미 유발방법	관찰결과
1	• 유아들의 다양한 반응을 유도하기	
2	• 발문한 후 충분한 시간 주기	
3	• 이야기나누기에 소극적인 유아를 격려하기	
4	• 유아의 부적절한 반응에 대해 효과적으로 대응하기	
5	• 유아들의 적절한 대답이나 행동에 대해 격려하기	
6	• 기타( )	

➭ 마무리 단계 시 교사의 역할에 대해 v 표시한다.

번호	흥미 유발방법	관찰결과
1	• 활동의 목표와 관련된 내용을 종합하고 다시 정리하여 알려주기	
2	• 활동 후 새롭게 알게 된 점에 대해 이야기나누기	
3	• 어려운 점, 좋은 점 등에 대해 이야기나누기	
4	• 다음 활동에 대해 알려주기	
5	• 기타( )	

➭ 관찰 시 어렵거나 궁금한 점 혹은 기억에 남는 장면이 있다면(예 만약에 나의 이야기에 집중하지 않은 유아, 예상하지 못한 답변이 나올 때 등) 기록해 보세요.

03 관찰의 유형

관찰방법은 아동연구에 있어서 가장 오래된 역사를 가진 방법이며 연구의 기본 수단이라고 할 수 있다. 아동에 대한 연구는 관찰방법에 많이 의존하게 되는데 그 이유는 아동은 스스로 자기의 생각이나 느낌을 제대로 표현할 수 없기 때문에 질문지나 검사 등 다른 방법으로는 필요한 정보를 얻기가 쉽지 않기 때문이다.

모든 관찰이 연구의 방법으로 사용되는 것은 아니며 관찰이 연구의 도구로 활용되기 위해서는 갖추어야 할 조건이 있다. 관찰은 우발적인 관찰이 되기보다는 사전에 면밀히 계획된 관찰이어야 하며 관찰 절차를 기록하여 의미 있는 분석이 가능하도록 해야 한다.

1) 관찰법의 분류

관찰은 관찰 장면에 가해지는 통제의 유무에 따라 자연적 관찰과 통제적 관찰, 참여관찰과 비참여 관찰로 나누어진다.

(1) 자연적 관찰과 통제적 관찰

① 자연적 관찰

자연적 관찰은 관찰 상황을 인위적으로 조작하거나 특별한 자극을 주는 일 없이 자연스러운 상황에서 관찰이 이루어지며 관찰 상황에서 일어나는 다양한 현상을 아무 제한 없이 그대로 관찰하는 방법이다. 이 방법은 자칫 잘못하면 관찰의 신뢰도가 떨어질 염려가 있으므로 관찰자의 훈련이 필요하고 피관찰자에게 접근하기가 어려운 문제점이 있다.

② 통제적 관찰

통제적 관찰은 보통 실험적 관찰법이라고도 하는데 이 방법은 관찰 장면에서 일종의 통제가 가해지는 관찰이다. 어떤 행동을 발생시킬 특정한 환경적 조건을 설정한 후 필요한 동일 행동을 반복시켜 정확한 관찰을 되풀이할 수 있게 하는 것이다. 이 방법은 독립변인을 통제할 수 있다는 인위적 조건 때문에 종속변인으로서의 피관찰자의 행동을 분석하기 쉬우며 실험 전후의 결과를 비교할 수 있다는 장점이 있다. 반면에 관찰조건을 통제한다는 것과 통제조건의 일반화 범위가 제한된다는 단점이 있다.

(2) 참여 관찰과 비참여 관찰

관찰자가 대상 집단의 일원으로 '현장에 참여하는가?', '현장에 참여하지 않는가?'에 따라 참여 관찰과 비참여 관찰로 나눈다.

① 참여 관찰

관찰자가 피관찰자와 함께 생활하면서 피관찰자의 행동을 관찰하는 것을 말한다. 참여 관찰을 할 경우에는 피관찰자가 의식하지 못한 상태에서 관찰하는 것이 최상의 방법이지만, 이것이 불가능한 경우에는 처음부터 관찰자임을 알리고 피관찰자와 같이 생활하면서 그들의 행동을 알아본다. 관찰자의 신분을 감출 때에는 관찰자임이 드러날 경우에 생길지도 모르는 여러 가지 불안이 있으며 관찰자의 신분을 알리고 관찰하는 경우에는 피관찰자가 얼마나 받아들이느냐가 문제가 된다. 왜냐하면 피관찰자가 관찰자를 받아들이는 정도에 따라 관찰자의 존재가 피관찰자의 행동에 영향을 주는 정도가 달라지기 때문이다.

참여 관찰법은 이러한 방법을 통하여 심층적이고 포괄적인 연구를 할 수 있다는 점과 평소에는 관찰할 수 없는 특수한 행동에 관한 자료를 수집할 수 있다는 장점이 있다. 반면에 관찰자에게 많은 인내와 용기를 필요로 하며, 감정적 요인의 영향을 받기 쉽고, 경우에 따라서는 피관찰자가 관찰자를 의식한 나머지 일상 행동과는 다른 독특한 행동을 할 우려가 있다는 단점이 있다(황성원 외, 2014).

② 비참여 관찰

비참여 관찰은 말 뜻 그대로 관찰자가 현장에 있지만 그 장면에서 일어나는 활동에 전혀 개입하지 않고 관찰하는 것을 말한다. 대부분의 관찰은 비참여 관찰로 이루어지며 이것은 통제적 관찰일 수도 있고 자연적 관찰일 수도 있다. 가장 바람직한 비참여 관찰의 예는 일방경(one-way mirror)을 통해서 이루어질 때라고 할 수 있으며, 이 관찰의 장점은 관찰을 조직적이고 계획적으로 할 수 있다는 점이다. 참여 관찰에서보다 관찰의 기회가 적고 정보는 제한되지만 연구자가 객관성을 유지하기에 더 쉽다.

2) 관찰 후 활동

영유아 행동 관찰의 목적은 교사가 영유아의 개별적 발달 특성을 이해하여 각각 영유아의 발달 수준에 적절한 교수 전략을 제공하는 것이다. 또한 영유아의 부모에게 발달 정보를 제공함으로써 부모로 하여금 영유아의 발달 특성을 바르게 이해하고 양육할 수 있도록 하는 것이다. 그러므로 교사는 영유아를 관찰한 후 객관적인 기록을 하고 발달 단계에 맞게 평가를 하며 이를 보육과정에 반영하여 교수할 수 있도록 한다.

3) 관찰의 방법과 기록

아동을 대상으로 하는 관찰의 방법과 그 결과를 기록하는 방법에는 여러 가지가 있다. 크게 분류하자면 서술식(narrative type), 행동목록(checklist type), 평정척도(rating scale)의 세 가지로 나눌 수 있다. 서술식 기록에는 일화기록, 표본식 기록, 사건표집 등이 있으며 이 외에도 일정한 시간 간격을 두고 일정한 시간 단위씩 측정하여 관찰하는 시간표집법이 있다. 여기서는 유아교육기관에서 비교적 자주 쓰이는 일화기록, 표본식 기록, 평가인증에서의 관찰기록 양식을 중심으로 살펴보고자 한다.

(1) 일화기록

일화기록은 한 개인의 특성을 이해하기 위하여 아동의 사회 · 정서적 특성이나 한 집단 내에서 인간관계를 연구할 때 유용하게 사용할 수 있는 방법이며, 한 가지 행동이나 상황에 초점을 맞추어 관찰하고 기록하는 방법이다. 아동의 문제 행동을 파악하는 데 일화기록의 결과는 좋은 참고 자료가 될 수 있으며 현장에서 가장 많이 사용되고 있는 관찰방법 중의 하나이고 교사가 아동을 이해하고 그들의 발달을 이해하는 데 중요한 역할을 한다.

일화기록은 표본식 기록법과 비교하여 시간이 많이 소요되지 않는다는 장점이 있는 반면에 시간이 지난 후에 기록하게 될 경우 관찰자의 편견이 개입될 가능성이 있으며 표본기록에 비교하여 상황적 묘사 부분이 적기 때문에 해석할 때 오류를 범할 수 있다.

일화기록을 할 때에는 다음과 같은 점에 유의해야 한다(황성원 외, 2014).

첫째, 어떤 행동 또는 사건이 언제, 어떤 상황에서 발생되었는지를 사실적으로 기술한다. 따라서 일화가 발생한 후 바로 기록해 두는 것이 좋다. 중심인물의 특징적인 언행을 기록하고, 그 상황에서 있었던 다른 사람들의 반응도 함께 기록한다. 대화의 명확한 의미를 보존하기 위하여 피관찰자가 사용한 용어를 그대로 기록해 둔다.

둘째, 객관적 사실과 이에 관한 관찰자의 해석이나 처리 방안을 명확히 구분하여 기록한다. 구체적이고 특수한 사건을 기록하고, 일반적이거나 평가적인 서술은 피하는 것이 좋다. 일화기록의 가치는 사건을 사실적으로 기록해 두는 데 있다고 할 것이다. 실제로 발생한 사실의 기록과 관찰자의 의견이나 해석에 관한 내용을 서로 구별되게 기록하여 이후에 혼동되지 않도록 해야 한다.

셋째, 여러 시기에 일어난 서로 다른 일화들을 총괄적으로 기록하지 말고 각각의 일화를 독립적으로 기록하도록 한다. 그리고 일화는 그것이 일어난 순서대로 기록하는 것이 바람직하다. 일화기록은 독립적으로 기록하도록 한다. 그것이 일어난 순서대로 기록하는 것이 바람직하다. 일화기록은 계속적인 기록이 보존될 때에만 진단적 가치가 있으므로 동일한 피관찰자에 대한 장기간의 누가적 기록을 보존하도록 힘써야 한다.

일화기록(1)

관찰 유아	지○○	생년월일	20○○. ○. ○.
성별	여	관찰자	유○○
관찰일자	20○○. ○. ○.	관찰 시간	오전 11:08~11:15
관찰일 현재 유아 연령	2년 3월	관찰 장면	자유선택활동 중 역할 영역

기록

○○이는 역할 영역에 가서 미용놀이를 가져와 놀이한다. 놀이하면서 옆에 △△이가 드라이기를 가지고 머리에 올려놓자 ○○이도 △△이를 계속 쳐다보며 드라이기를 머리 위에 올려놓는다.
○○이는 드라이기의 버튼을 3번 딸깍 소리 내며 누르다가 △△이가 ○○이의 드라이기를 뺏는 가운데 ○○이가 이마를 부딪치자 ○○이는 이마를 문지르며 운다.
교사는 △△이에게 "○○이 드라이기 뺏어가서 ○○이가 다쳤네. ○○이한테 '미안해!' 해주세요." 하니까 △△이는 ○○이 이마를 "호~!" 하며 이마를 쓰다듬어준다.
교사는 ○○이에게 "괜찮아요?" 물어보니 ○○이는 대답을 하지 않고 고개를 두 번 끄덕여주었다.
그런 ○○이는 옆에 △△이가 거울을 보고 있으니 "나 나!" 하면서 지원이 것을 손 내밀어 달라고 하지만 △△이는 싫다고 몸을 왼쪽으로 돌린다.
교사는 △△이에게 "△△이 거울 다 보고 ○○이 주세요." 하니까 △△이는 "응응!" 하면서 다시 거울을 본다.
교사는 ○○이에게 다른 놀잇감을 보여주며 "이거는 칙칙 소리 내면서 뿌리는 거예요." 하니까 ○○이는 교사의 행동을 따라하며 "칙칙!" 소리 내면서 몸에 뿌리는 행동을 했다.
○○이가 다시 드라이기를 집어 들자 교사는 ○○이에게 "윙윙!" 소리를 내주니 ○○이는 웃으면서 "윙윙!"이라고 언어표현을 한다.
그러자 친구들이 쇼핑카트를 끌며 교사에게 다가오자 ○○이도 미용놀이를 멈추고 쇼핑카트를 가지러 간다.

발달 영역	사회성 발달, 정서 발달

요약

- 놀잇감으로 인한 다툼이나 문제 상황이 생기면 울어버린다.
- 다른 사람의 행동을 모방한다.
- 도움을 받기 위해 교사를 쳐다본다.
- 자신의 욕구와 감정을 나타낸다.
- 행동과 말로 정서를 표현한다.

교수계획	• 문제 상황이 발생했을 때 자신의 욕구를 말로 표현할 수 있도록 지도해야겠다.

일화기록(II)

관찰 유아	정○○	생년월일	20○○. ○. ○.
성별	여	관찰자	김○○
관찰일자	2018. 4. 5.	관찰 시간	오전 9:20~9:30
관찰일 현재 유아 연령	4년 월	관찰 장면	오전 자유선택활동 중 역할 영역, 쌓기 영역

기록

오전 자유선택활동 중 ○○이는 △△이와 ◇◇이와 함께 역할 영역에서 음식 모형과 식탁 모양 장난감을 꺼내 소꿉놀이를 하고 있다. "얘들아~, 엄마가 맛있는 밥 만들었어요."

엄마역할을 수행하고 있는 ◇◇이가 ○○이와 △△이에게 음식 모형으로 만든 밥을 먹이는 시늉을 한다.

"냠냠냠~, 아! 맛있다."

○○이가 받아먹는 시늉을 하고 말한다.

"진짜 맛있다."

△△이도 ○○이와 같이 받아먹는 시늉을 하고 ○○이를 보며 말한다.

"이제 엄마는 일하고 올게."

◇◇이가 일어나 가방을 메며 ○○이와 △△이에게 말하자 바로 옆 쌓기 영역에서 자석 블록으로 놀이하고 있는 ♣♣이가 울기 시작한다.

"엄마! 엄마!" 하며 눈물을 닦는다. ♣♣이가 우는 모습을 본 ○○이는 눈이 빨개지며 눈물이 맺히기 시작한다.

"♣♣아! 엄마 많이 보고 싶어?"

○○이가 ♣♣이에게 묻는다. ♣♣이는 고개를 끄덕이며 "엄마 보고 싶어."라고 대답한다.

"엄마는 우리가 재밌게 놀고 있으면 밥 먹고 빨리 오실거야. 울지마, 뚝!"

○○이가 ♣♣이에게 말하며 ♣♣이의 어깨를 토닥인다. "뚝!"

♣♣이가 눈물을 닦으며 대답한다.

발달 영역	사회적 · 정서 발달

요약

- ○○이는 친구가 슬퍼하거나 울면 자신도 같은 감정을 가진다.
- ○○이는 친구가 울면 신체적인 표현이나 접촉을 통해 위로하려고 한다.

교수계획	• ○○이는 친구의 정서를 공감하며 위로할 수 있다. 그러므로 위로하고 배려하는 모습을 또래 친구들이 모방할 수 있도록 놀이계획을 세우고 놀이할 수 있도록 해야겠다.

일화기록(III)

<table>
<tr><td>관찰 유아</td><td>최○○</td><td>생년월일</td><td>20○○. ○. ○.</td></tr>
<tr><td>성별</td><td>여</td><td>관찰자</td><td>유○○</td></tr>
<tr><td>관찰일자</td><td>2018. 4. 5.</td><td>관찰 시간</td><td>오후 13:40~13:50</td></tr>
<tr><td>관찰일 현재 유아 연령</td><td>5년 1개월</td><td>관찰 장면</td><td>자유선택활동 중 역할 영역</td></tr>
<tr><td colspan="4">기록</td></tr>
<tr><td colspan="4">○○이가 음률 영역에서 마이크 놀잇감을 들고 "야야야야~!"라고 노랫소리를 내면서 양팔을 번갈아 가며 춤을 춘다.
교사는 ○○이가 춤을 추는 모습을 보고 "우리 ○○이 춤을 엄청 잘 추네요."라고 이야기하자 ○○이는 크게 웃은 뒤에 다시 양팔을 번갈아 가며 춤추는 것을 보여준다. 그리고 교사에게 다가와 안긴 후에 "이거 보세요."라고 말하고, 허리에서부터 머리까지 움직이며 웨이브를 한다.
교사가 ○○이를 보고 웃자 "저 웨이브 잘 하지요. 엄마한테 배웠어요."라고 이야기한다.
교사가 ○○이에게 "○○이 발레 학원도 다녀서 발레도 잘 하잖아요."라고 말하니 △△이가 "맞아요. 저 발레 되게 잘해요. 이거 보세요."라고 이야기하며 발을 교차시킨 상태로 무릎을 구부렸다가 피며 점프를 하고 앞으로 나아간다.
교사는 "○○이 발레 정말 잘하는구나. 선생님은 깜짝 놀랐어요."라고 이야기하니 ○○이가 "그리고 저 쁘띠도 잘해요."라고 이야기하며 자리에 앉아 다리 찢기를 하고 팔 동작을 한다.
△△이가 발레학원을 같이 다니는 □□이에게 "□□아! 우리 발레 대회 나가서 한 거 선생님한테 보여주자."라고 말한다. □□이는 고개를 끄덕이며 ○○이 옆에 와서 같은 동작을 한다.
○○이가 "선생님 그리고 이것도 보세요."라고 말하며 "워아, 워아, 워아 이즈 베이베"라고 가요 노래를 부르며 어깨를 들썩인다.</td></tr>
<tr><td>발달 영역</td><td colspan="3">예술 발달, 신체 발달</td></tr>
<tr><td colspan="4">요약</td></tr>
<tr><td colspan="4">• ○○이는 자신이 배웠던 발레동작을 움직임과 춤으로 표현할 수 있다.
• 동작을 할 때 흔들림 없이 균형 있는 모습으로 자신감 있게 표현할 수 있다.</td></tr>
<tr><td>교수계획</td><td colspan="3">• ○○이에게 친구들 앞에서 율동을 할 수 있는 기회를 제공하여 자존감을 높여주고 ○○이가 더 잘 할 수 있도록 독려해야겠다.</td></tr>
</table>

(2) 표본식 기록

표본식 기록은 관찰자가 미리 정해 놓은 시간이나 활동이 끝날 때까지 관찰 대상이 한 말과 행동을 보다 자세하게 순서대로 기술하는 관찰방법이다. 표본식 기록은 서술 형식에 있어서 일화기록과 비슷하지만 관찰되는 모든 행동을 비디오를 보듯 자세하게 기록한다는 점에서 일화기록과 차이가 있다.

표본식 기록은 관찰 대상에 대한 자세한 정보를 습득할 수 있어 다른 교사가 그 장면을 이해하는 데 어떤 관찰기록보다 더 쉽게 이해하고 더 많은 정보를 수집할 수 있으며, 특별한 준비물이 필요하지 않다는 장점이 있다. 반면에 기록과 평가에 시간이 많이 소요되고 관찰자의 주관적 해석과 추론으로 흐를 수 있으며 한 번에 적은 수의 인원만 관찰할 수밖에 없다는 단점이 있다.

표본식 기록의 관찰 양식의 작성요령은 다음과 같다(김병선 · 이윤옥, 1998).

첫째, 관찰지에 관찰날짜, 관찰 시간, 관찰 유아, 관찰자의 이름, 관찰 유아의 생년월일, 관찰일 현재 유아의 연령, 관찰 유아의 성별 등을 미리 적어 놓는다.

둘째, 관찰 유아의 행동이 관찰된 장소, 관찰 장면을 꼭 적는다.

셋째, 1회의 관찰은 보통 10분 내외가 적당하며 30분을 초과하지 않도록 한다. 모든 행동을 전체적으로 기록한다. 즉, 사건이 일어난 순서대로 행동이 출현된 순서대로 객관적으로 기록한다.

넷째, 관찰 대상 유아의 말과 행동을 있는 그대로 일상적인 용어를 사용하여 기록한다. 객관적인 사실만 기록하고 관찰자의 해석이나 주관적인 판단 또는 추론을 포함시키지 않는다. 꼭 필요할 경우에는 관찰 기록지의 오른쪽 한 면을 이용하여 활동에 대한 보충 설명이나 관찰자의 해석을 별도로 적어서 상황을 이해하는 데 도움이 되도록 한다.

다섯째, 관찰 대상 유아의 말과 행동뿐만 아니라 그 유아와 상호작용을 하고 있는 사람들(예 다른 유아, 교사, 학부모, 보조교사)의 말과 행동도 기록한다.

여섯째, 사건이 일어난 순서대로 적는다.

일곱째, 표본식 기록은 사건이 일어나고 있는 현장에서 기록하는 것이므로 현재형으로 기록하고 직접화법을 이용하여 유아들의 대화를 그대로 기록한다. 관찰 대상 유아가 한 말은 인용부호(“ ”) 속에 넣어서 기록한다.

여덟째, 유아들의 행동 지속 시간이나 관찰 장면이 바뀔 때마다 시간 표시를 해둔다. 왼쪽 여백을 이용하여 표시한다. 이것은 유아가 어떤 활동에 관심을 보이고 주의 집중 시간은 어느 정도 되는가를 알아보는 데 유용한 자료가 된다.

아홉째, 관찰 대상 유아들의 행동을 긍정적으로 기술한다. 예를 들면, 이런 말을 하지 않았다고 부정적으로 기술하는 것보다는 이런이런 말을 했다라고 긍정적으로 표현하도록 한다.

열째, 표본식 기록 관찰 양식지 마지막에 발달 영역별로 간단하게 요약을 한다.

표본식 기술 관찰기록(I)

관찰 유아	김○○	생년월일	20○○. 4. 4.
성별	남	관찰자	정○○
관찰일자	2018. 3. 12.	관찰 시간	오후 12:45~13:03
관찰일 현재 유아 연령	5년 11월	관찰 장면	자유선택활동 중 쌓기 영역

시간	기록	주석
12:45	○○이가 자석 블록으로 비행기 모양을 만들어 오른손으로 들고 있다. △△를 보며 "얘도 하늘을 날 수 있어. 봐봐."라고 한다. "안 돼, 푸슈슉. 납니다. 납니다. 에에에엑~, 땅에서 하루종일 이렇게 하면 날아가지. 으악~, 푸욱." 하며 왼손으로 비행기 모양 자석을 들었다가 오른손으로 블록을 옮겨 잡고, 끈이 달려있는 자석을 왼손으로 잡아 비행기 모양 자석 블록에 끼우고 두 손으로 "으아아악!" 하며 머리 위로 든다. ○○이가 "으아아악, 퓨욱." 하며 웃는다. ○○이가 앉아 있는 곳에서 뒤로 돌아 오른손으로 교구장을 잡고 왼손으로 자석 블록 하나를 잡는다. 오른손으로 비행기 모양 자석을 머리 오른쪽 옆으로 들고, 왼손으로 블록을 하나 잡아 비행기 모양 블록에 이어 붙인다.	
12:50	○○이가 "푸슉!" 하며, △△가 들고 있는 블록과 ○○이의 비행기 모양 블록을 한 번 부딪힌다. ○○이가 무릎을 꿇고 블록 하나를 오른손으로 들어 왼손에 들고 있는 블록에 이어 붙인다. △△가 들고 있던 블록으로 ○○이의 블록에 부딪히자 ○○이가 "근데 계속 날아가지." 하며 "야! 그거 거꾸로 했어." 한다. ○○이가 왼손으로 비행기 모양 블록을 들어 머리 위로 올린 후 내려놓았다가 일어나서 "잉~ 푹!" 하면서 왼손으로 블록을 들고 일어나 "이얍. 야~ 하지마. 근데 얘가 더 빠르다. 퓨악!" 한다. ○○이가 두 손으로 블록을 들어 머리 위로 올렸다 내렸다 4번을 반복한다. ○○이가 무릎을 꿇은 상태로 웃으며 △△에게 "니꺼냐?"라고 한다. ○○이가 주위를 4초간 왼쪽 오른쪽을 응시하며 네 번 반복한다. ○○이가 오른손에 들고 있던 블록을 입에 대고 "아아!" 한다.	• 놀이상황: ○○이와 △△가 쌓기 영역에서 자석 블록으로 만들기를 하고 있다. • 놀이친구: 김△△ • 놀이교구: 자석 블록 
12:55	○○이가 둥근 기둥 3개, 반원 2개를 이어 붙인다. △△가 블록으로 ○○이가 만든 블록을 누르자 "야아아~!" 하면서 블록을 가지고 온다. "빠빠빠빠, 빠빠." 하고 노래를 부른다. ○○이가 왼손으로 블록을 들고 블록통을 4초간 응시한다. ○○이가 만들어 놓았던 비행기 모양 블록을 왼손으로 들어 머리 위로 올려서 비행기가 나는 것처럼 한다. ○○이가 △△를 보며, "아까 이 로켓이 이겼다. 봐봐, 여기 봐봐, 푸슉!" 하며 왼손으로 블록을 잡고 머리 위로 블록을 올리고 오른손으로 블록을 이어 붙인다.	
13:00	○○이가 일어나서 "푸슉~!" 하며 하나씩 블록을 떼어내다가 긴 기둥 블록을 오른손으로 잡아 왼손에 들고 있던 블록에 붙인다. ○○이가 세모 블록이 위에 붙이고, 긴 원기둥 두 개를 세모 블록 아래에 오른손으로 이어 붙여 만든다. ○○이가 긴 원기둥 블록 두 개를 양손으로 잡고, 왼쪽 오른쪽을 번갈아 움직이면서 걸어가는 시늉을 3번 반복 후에 블록을 블록통에 하나씩 떼어 정리를 한다.	
13:03	○○이가 정리음악이 나오자, 긴 기둥 블록 세 개를 이어붙이다가 박스에 넣어 정리한다. 옆에 있는 둥근 나무기둥을 두 번 굴려보다 나무 블록을 정리하고 왼손, 오른손으로 바지를 치켜 올린 뒤 영역에서 일어난다.	

요약

- ○○이는 친구와 협동하여 놀이할 수 있다.
- ○○이는 3차원의 블록 구조물을 만들 수 있다.

교수계획	• ○○이가 좀 더 수준 높은 구조물을 만들 수 있도록 다양한 종류의 블록을 제공하여 적극적인 블록활동을 할 수 있도록 해야겠다.

표본식 기술 관찰기록(II)

관찰 유아	최○○	생년월일	20○○. 8. 3.
성별	남	관찰자	김○○
관찰일자	2018. 3. 29.	관찰 시간	오전 09:33~09:45
관찰일 현재 유아 연령	3년 7월	관찰 장면	자유선택활동 중 음률, 역할, 언어, 수 · 조작 영역

시간	기록	주석
09:33	○○이가 조작 영역의 패턴 교구를 들고 일어서니 △△가 같이 하자며 뒤를 따라간다. ○○이는 혼자할 거라며 △△를 피해 동그라미 책상을 빙글빙글 돈다. 교사가 넘어질 수 있고 친구들도 다칠 수 있다고 이야기하니 멈추고 동그라미 책상에 앉는다. 패턴꽂이에 색깔별로 차례차례 놀이 카드를 꽂는다. 패턴 카드가 남으니 옆에 있던 □□이에게 "□□아, 너 이거 해."라고 말하고 건네준다. 다시 수 · 조작 영역으로 가서 고리 끼우기 교구를 가져와서 책상에 앉아 5개의 끼우기 기둥에 빨강, 파랑, 노랑, 초록, 주황의 고리를 섞어서 바깥쪽의 기둥에 기둥이 보이지 않을 만큼 고리를 끼운다. 두 개의 바깥쪽 기둥에 고리를 가득 끼우고도 고리가 남는 걸 보고 안쪽의 기둥에도 고리를 끼운다. 모든 고리가 끼워지고 두 개의 기둥이 남는 걸 3초간 바라보고 파랑 고리를 빼서 빈 기둥에 꽂고 더 이상의 남는 기둥이 없자 색이 섞인 고리를 다 빼서 노랑, 초록색을 구분하여 기둥에 고리를 끼우고 빨강, 주황은 하나의 기둥에 끼운다. 기둥이 하나 남는 걸 보고 구분하여 꽂은 고리를 보고 빨강, 주황을 나눠서 꽂는다. 5개의 기둥에 모든 고리가 끼워진 걸 확인하고 손뼉을 친다.	• 놀이상황: ○○이가 등원하여 어떤 놀잇감으로 놀이할 것인지 탐색하는 상황 • 놀이 친구: 박★★ • 교실 내 친구들: 김□□, 박♥♥, 김◆◆ • 놀잇감    
09:38	색깔별로 구분하여 꽂은 고리 끼우기 교구를 책상에 그대로 두고 쌓기 영역에서 목각 블록놀이를 하는 ♥♥에게 가서 "나도 할래."라고 말하고 ♥♥의 맞은 편에 앉는다. ♥♥가 쌓은 탑에 자신이 선택한 목각 블록을 얹고 무너지지 않도록 양손으로 블록을 반듯하게 놓는다. 가느다랗고 긴 막대 블록을 세로로 얹고 그 위에 육각기둥의 목각 블록을 얹으며 "짜잔~!" 하고 손을 놓았는데 탑이 와르르 무너지자 "야아!" 소리를 지르며 나머지 탑도 두 손으로 흩트리고 블록상자를 머리에 뒤집어 머리에 대고 바닥으로 던진다. 다시 ♥♥랑 직육면체 블록들만 골라 탑을 쌓고 ♥♥가 무너트리자 "야!" 하더니 일어나 블록상자의 삽입된 성을 보면서 같은 모양의 블록을 찾아본다. 찾은 블록을 블록상자에 대어보며 똑같은 모양인지 확인한다. ◆◆가 ♥♥ 옆에 와서 앉으니 "너는 맨날맨날 민주만 좋아하냐?"라고 말하고 다른 영역으로 이동한다.	
09:42	○○이가 영역마다 돌면서 친구의 놀이를 살펴보고 네모 책상에서 공룡놀이를 하고 있는 친구의 옆에 앉는다. 책상에 놓인 공룡을 들고 □□이의 공룡을 공격하고 "야! 왜 내꺼 해?"라고 말하고 □□이가 이동하자 책상에 엎드려 공룡에 머리를 숙여 친구들을 10초간 관찰한다. 혼자 공룡을 책상의 틈에 끼우고 놀다가 공룡놀이를 하는 ★★이 옆으로 가서 서로 공룡을 바꿔 놀이한다. 공룡 발에 레고 블록을 태우고 "스케이트 타는 거야."라며 앞뒤로 움직인다. ★★이의 공룡을 공격하고 레고 블록으로 만든 자동차를 공룡으로 때려 분리시킨 후 공룡을 눕힌다. ○○이가 분리시킨 레고 블록을 모아 조립하다 레고 블록 바구니를 가져와 울타리도 끼우고 나무도 끼우더니 "공룡이 배고파서 나뭇잎을 먹어야 해."라며 나무에 공룡을 대준다.	

요약
• 블록 탑 쌓기를 할 때 중심을 잃지 않도록 두 손으로 사용해 균형을 잡을 수 있다. • 사물을 비교하고 같은 색끼리 분류할 수 있다. • 주위 환경에 호기심과 관심을 보이며 자연스럽게 친구와 함께 연합놀이를 한다. • 자신의 정서와 느낌을 소리를 지르는 등의 행동으로 표현한다.

교수계획	• 기분이 상했을 때 자신의 부정적인 정서를 긍정적으로 표현할 수 있도록 지도해야겠다(동화, 이야기나누기 시간에 할 수 있도록 계획한다.).

(3) 평가인증 문서 양식 중 관찰기록 양식 예시

영유아 관찰 및 부모면담

결재	담임	원장

1 영유아 관찰 및 평가*

○○반		이름		생년월일	
구분	표준보육과정(누리과정) 관련 영역	관찰 내용			
3월	• 기본생활 영역 • 신체운동 영역				
4월	• 의사소통 영역 • 사회관계 영역				
5월	• 예술경험 영역 • 자연탐구 영역				
⋮					
영유아 발달 평가**					

※ 표준보육과정(6개 영역), 누리과정(5개 영역)의 내용을 골고루 포함하여 작성하고 지속적으로 관리

* 영유아별로 마련

** 영유아 발달 평가는 관찰기록, 활동결과물 등 영유아의 발달 변화를 파악할 수 있는 자료를 활용하여 종합적으로 평가

2 부모 개별면담

일시	20○○. 4. 2.	대상	○○○ 어머니	면담자	○○○ 교사
부모의견					
교사의견					
총평					

※ 부모면담기록은 어린이집의 상황에 따라 연간 횟수, 시기(예 상, 하반기)를 정하여 지속적으로 관리

TIP

- 영유아별로 일상적 양육, 기본생활습관, 실내 · 외 놀이 및 보육활동을 관찰하여 기록하며, 관찰 내용은 표준보육과정 영역 중 한두 영역에 치우치지 않도록 고르게 기록
- 영유아 관찰은 주기적으로 실시하고 개별 면담 시 기초 자료로 활용하여 영유아 지도에 반영
- 영유아 발달 평가는 연 2회 이상 실시
- 부모와의 개별면담은 누적된 영유아에 대한 관찰 결과를 토대로 발달적 변화와 지도방법을 중심으로 면담하고 기록

| 출처 | 보건복지부(2018). 보육사업안내 부록. 일부 수정.

평가인증 문서 양식 중에서 관찰기록 양식의 예시를 살펴보면 관찰기록 연간계획안을 작성한 후 월별로 각 영역을 골고루 관찰하도록 권고하고 있다. 영아는 6개 영역을 골고루 포함하여 월 2회 관찰, 유아는 5개 영역을 골고루 포함하여 월 1회 관찰이 필수 항목이다.

예를 들어, 유아인 경우 3월에 신체운동 영역에서의 활동을 관찰했다면 4월에는 의사소통 영역에서 활동하는 내용을 관찰하고 5월에는 사회관계 영역에서 활동하는 내용을 관찰한다. 6월에는 예술경험 영역에서 활동하는 모습을 관찰하고 7월에는 자연탐구 영역에서 활동하는 모습을 관찰하고 모든 기록은 일화기록과 같은 서술식으로 한다. 영유아를 관찰한 내용은 부모면담 시에 활용할 수 있도록 한다.

Chapter 05

보육실습 평가

보육실습생이 실습을 성공적으로 운영하려면 최종적인 평가의 과정을 세밀하게 준비해야 한다. 일반적으로 평가를 보육실습의 마지막 단계로 생각하지만 사실상 보육실습의 목적과 목표설정, 보육실습의 계획과 운영, 보육실습 평가 단계마다 평가활동은 지속적으로 실시하며, 이러한 결과들이 모여 최종적으로 보육실습 평가로 이루어지고 있다.

보육실습 평가는 실습생들이 양성교육기관과 대학(교)에서 이미 습득한 지식, 기술, 태도를 보육현장에 얼마나 적용할 수 있는지를 객관적으로 파악하기 위한 활동이다. 이러한 평가는 실습생들에게 보육교사에 대한 기본 자질과 역할을 미리 확인하는 기회를 제공함과 동시에 영유아보육의 역량을 증진하도록 해준다. 실습기관(어린이집)의 원장 및 교직원은 실습생이 보육현장실습에서 수행하는 실습의 과정을 지도 관리하며, 보육실습생은 반성적인 사고를 통해 성공적이고 효과적인 보육실습을 수행할 수 있는 개선 방안을 모색하는 데 도움이 되어 전문적인 자질을 기르고 성장시키기 위해 보육실습생 자신에 대해 평가하는 활동이 될 것이다.

한국보육진흥원에서 보육실습기관의 실습 평가를 돕기 위하여 제공한 '양성교육기관에서의 보육실습지도' 및 '어린이집에서의 보육실습지도'에서 보육실습 평가와 관련된 보육실습관계자들의 역할을 정리하여 | 표 5-1 | 과 같다.

●표 5-1● 보육실습 평가 준비사항

구분	보육실습 평가에 대한 관계자의 역할 분담			
	교수 및 양성교육기관	보육실습생	지도교사	원장
내용	• 보육실습기관과의 유기적 협조 • 보육실습기관 공문 제출 • 보육실습 서류 목록 제공 • 보육실습일지 양식 개발 • 실습평가회의 개최 및 주도 • 보육실습기관 방문 • 보육실습기관 원장과의 협의 • 보육실습기관 방문 결과 보고서 작성	• 성실한 실습 태도 • 보육교사 직무 이해 • 계획안과 실습일지 작성과 수행 • 질적 상호작용 실습 • 교재교구 제작 • 보육 환경 구성 • 실습 지도교사의 피드백 수렴 • 보육실습일지 작성과 제출 • 보육활동계획안 작성 • 실습평가회의 참석 • 실습 전반에 대한 반성적 사고 • 실습 지도교사와의 지속적 협의	• 실습생 태도 관찰 • 실습 단계별 지도 • 보육계획안 수정 • 실습생활동 평가 • 보육실습 결과보고서	• 보육실습 방향 제시 • 보육실습과정 관리 • 지도교사와 실습생 심리적 · 행정적 지원 • 보육일지 작성 점검 • 보육실습 전체 평가
서류 준비물	• 보육실습일지 양식 • 보육실습 요청 공문 • 보육실습 평가서 • 보육실습기관 방문 계획서 • 보육실습기관 방문 결과보고서	• 보육실습일지 • 영역/ 반일/ 일일계획안 • 보육활동계획안 • 교재교구 제작서 • 보육실습 자기 평가표	• 보육실습일지 • 출근부 • 보육계획안 • 보육실습 평가서	• 보육실습일지 • 출근부 • 보육실습확인서 • 보육실습 평가서

| 출처 | 한국보육진흥원(2013). 양성교육기관에서의 보육실습지도 및 어린이집에서의 보육실습지도.

01 보육실습 평가의 목적과 목표

보육실습 평가는 두 가지 입장에서 접근할 수 있다. 보육실습기관의 원장 입장에서 보육실습의 수행 정도를 파악할 수 있는 실습생 관리의 기능이 있으며, 실습 지도교사는 실습생이 매일 어떠한 태도로 실습에 임하는지, 어떻게 준비하여 일일보육을 실천하는지를 지켜보며 구체적이고 실제적인 지도를 해줄 수 있다. 마지막으로 보육실습은 실습생에게 보육교사의 전문성 확보를 위해 필수적으로 이수해야 하는 교과인 동시에 자신의 보육 역량에 대한 이해를 높이는 자기 평가의 기능이 있다.

보육실습 평가는 다음과 같은 목적과 목표를 갖는다.

1) 보육실습 평가의 목적

이론과 실습을 겸비하여 영유아에 대한 심화된 이해를 돕고, 보육실습의 진행 정도를 파악하여 실습의 질을 진단, 실습생의 보육역량을 강화하여 전문성 확보, 예비보육교사의 발달과정을 이해하며 반성적 사고를 촉진, 보육교사의 역할 수행에 대해 긍정적 태도를 가지는 것을 평가의 목적으로 둔다.

2) 보육실습 평가의 목표

보육실습의 목표달성 여부를 확인하고, 실습생의 보육실습 성취도를 구체화하며, 실습생에게 보육교사로서의 향후 진로에 도움을 주고, 실습생에게 보육교사로서의 역량 여부에 대한 자기 이해를 도우며, 보육실습 결과를 확인하여 보완점을 파악하고, 국가자격증 부여의 조건인 학과목 이수 인정의 근거 자료가 되도록 하는 데 목표를 두고 있다.

02 보육실습의 평가방법

보육실습생을 체계적으로 평가하기 위해서 실습의 모든 과정에서 대한 평가가 이루어져야 하며, 실습생과 실습 지도교사가 평가방법 및 평가 내용에 대해 동의하였을 때, 보육실습은 가장 큰 효과를 거둘 것이다. 실습생이 보육실습을 통해 예비보육교사로서의 역할수행에 얼마나 친숙해졌고 직무에 적응하였는지에 초점을 맞추어 평가하도록 한다. 보육실습 평가 영역과 내용, 보육실습 평가 시 유의사항, 대학(교) 및 양성교육기관에서의 평가를 중심으로 보육실습의 평가를 살펴보면 다음과 같다.

1) 영역과 내용

보육실습의 평가는 다음에 제시한 평가의 영역과 내용에 따른 배점표에 기준하여 공정성과 형평성, 객관성을 유지하면서 엄정하게 진행해야 한다. 보육실습 지도교사 개

인이 평가하는 영역은 실습생이 제출한 객관적인 자료와 실습의 수행 정도에 기초하여 신뢰롭고 타당한 평가가 되도록 한다. 보육실습생에 대한 평가표는 5개 영역으로 구성되어 있으며 각 영역별 평가 내용과 배점 기준은 | 표 5-2 | 와 같다.

표 5-2 각 영역별 평가 내용과 배점 기준

<table>
<tr><th>평가 영역</th><th colspan="2">평가 내용</th><th>세부배점</th><th>배점</th></tr>
<tr><td rowspan="4">근무태도와 자질 (20점)</td><td>근무사항</td><td>• 출석, 결석, 지각, 조퇴 등</td><td>5</td><td></td></tr>
<tr><td>태도</td><td>• 성실성, 근면성, 친절, 적극성, 복장 및 용모, 예절</td><td>5</td><td></td></tr>
<tr><td>자질</td><td>• 영유아 존중, 책임감, 인성, 열의</td><td>5</td><td></td></tr>
<tr><td>관계형성</td><td>• 실습 지도교사와의 관계
• 동료실습생과의 관계</td><td>5</td><td></td></tr>
<tr><td rowspan="2">보육활동 계획과 실행 (30점)</td><td>보육활동 계획</td><td>• 영역별, 반일(일일) 보육활동계획의 적합성과 충실한 준비</td><td>15</td><td></td></tr>
<tr><td>보육활동 실행</td><td>• 영역별, 반일(일일) 보육활동의 효과적이고 적절한 실행 정도</td><td>15</td><td></td></tr>
<tr><td rowspan="3">예비 보육교사로서 역할 수행 (30점)</td><td colspan="2">• 영유아 행동 및 놀이 관찰, 보육 환경 관찰</td><td>5</td><td></td></tr>
<tr><td colspan="2">• 보육일과 진행 보조 및 일상생활지도</td><td>10</td><td></td></tr>
<tr><td colspan="2">• 영유아 상호작용과 놀이 참여</td><td>15</td><td></td></tr>
<tr><td>보육실습일지 작성(10점)</td><td colspan="2">• 구체적이고 충실한 보육실습일지 작성과 일일자기 평가 및 지도교사 평가 반영</td><td>10</td><td></td></tr>
<tr><td>총평(100점)</td><td colspan="2">• 실습 기간 동안 예비보육교사로서 향상 정도</td><td>10</td><td></td></tr>
<tr><td colspan="3">총 실습점수</td><td colspan="2">100</td></tr>
</table>

| 출처 | 한국보육진흥원(2018). 양성교육기관에서의 보육실습지도.

2) 보육실습 평가 시 유의 사항

- 보육실습 기간 동안 실습생을 주의 깊게 지속적으로 관찰하며 사실을 정확히 기록하고, 평가기록 내용을 보관한다.
- 보관한 평가 자료를 충실히 검토하여 신뢰롭고 타당한 평가를 한다.
- 인간적인 감정 및 개인적 느낌에 근거하여 평가하지 않도록 주의하며 공정하고 객관적인 기준에 따라 평가한다.

- 보육실습 시작할 때부터 마치는 순간까지 지속적으로 평가가 이루어지도록 한다. 실습일지를 처음부터 다시 읽어 보거나, 보육활동의 계획과 수행 자료를 점검해 보며, 일상생활지도를 하는 것을 규칙적으로 관찰하는 등 다양한 측면을 고려하여 평가한다.
- 보육실습 평가를 빌미로 실습계획에도 없는 교재교구를 더 만들게 하거나 보육실습 이외의 기간에 출근하여 어린이집 행사를 돕도록 하는 등 실습 평가를 다른 목적으로 이용하지 않는다.
- 보육교사 양성기관의 지도교수가 실습기관을 방문할 시, 실습생에 대한 전반적인 평가 의견을 안내하여 양성교육기관의 교사교육에 기초 자료를 제공할 수 있다.

03 보육교직원의 평가

1) 실습기관장의 평가

- 보육실습기관의 원장은 보육실습생과 실습 지도교사의 보육실습지도에 대해 객관적 평가를 하고 바람직한 보육실습의 방향을 제시한다.
- 원장은 보육실습지도가 적합하게 이루어지고 있는지 보육실습의 전 과정을 관리 및 감독한다.
- 원장은 보육실습 지도교사가 열의를 가지고 보육실습생을 지도할 수 있도록 실습 지도교사를 지지해 주며 업무상 어려운 점을 파악하여 조언해 준다.
- 보육실습일지 점검이나 보육실습생과의 면담을 통해 실습생의 어려움을 경청하고 해결방안을 찾도록 도와준다.
- 원장은 보육실습 지도교사와의 협의를 통해 보육실습에 대해 전반적인 평가를 한다.

2) 보육실습 지도교사의 평가

- 지도교사는 실습생의 행동과 태도를 관찰하여 기록 및 평가하고 예비보육교사로서의 역할 수행을 잘할 수 있도록 지도한다.
- 실습생의 바른 언어 사용, 영유아를 존중하는 태도, 성실성, 책임감 등을 관찰하여 미숙한 점과 부족한 점을 평가하고 성심껏 조언한다.
- 지도교사의 객관적인 평가를 통해 실습생의 자기 반성적 사고에 도움을 줄 수 있는 합리적인 평가가 이루어지도록 한다.
- 보육실습을 시작할 때부터 마칠 때까지 다양한 영역을 포함하여 꾸준하여 지속적인 평가가 이루어지도록 한다.

이상 보육실습기관에서는 실습생의 보육실습 전 과정을 철저히 지도 및 관리, 감독하고 실습 평가와 관련된 다음의 서류를 작성한 후 보육실습 종료 후 양성교육기관에 송부한다.

양성교육기관에 함께 송부해야 할 서류는 다음과 같다. 어린이집지원 시스템을 통하여 보육실습확인서를 출력하여 보육실습 평가서와 함께 양성기관에 제출한다(단, 유치원은 서식 참조).

- 보육실습확인서 (부록 6, p. 281) 참조
- 보육실습 평가서 (부록 7, p. 283) 참조

04 실습생의 자기 평가

보육실습생의 자기 평가는 자신의 보육실습 과정과 결과를 통해 실습을 어느 정도 성공적으로 수행하였는지를 스스로 객관적으로 평가하여 보육교사에게 요구되는 태도, 자질, 능력 측면에서 스스로를 이해하고 파악하기 위하여 필요하다. 또한 보육실습의 자기 평가는 예비보육교사에게 자기반성의 시간을 제공해 줄 뿐만 아니라 보다 더 나은 보육교사로서의 생활을 설계하게 해주는 것이다(김현미 외, 2017).

유의사항은 다음과 같다.

- 보육실습생은 제반 보육활동계획에 대하여 스스로 평가하여야 한다.
- 보육실습생은 영유아들을 직접 지도한 보육활동 결과를 평가하여 자신의 지도법을 발전시켜야 한다.
- 다른 보육실습생의 보육활동 실습 장면을 관찰하고 보육실습생 서로가 평가하는 시간을 가져야 한다.
- 보육실습 시 잘못된 점은 스스로 인정하고 수정하고자 하는 마음 자세를 가져야 한다.
- 실습생은 6주 동안 보육실습기관의 원장이나 지도교사에게 지속적으로 평가를 받는다.

실습생은 실습을 통해 평가의 대상이기도 하면서 자신을 스스로 평가해 볼 수 있는 기회를 갖기도 한다. 실습생이 스스로 하는 자기 평가는 보육실습의 과정과 결과에 기초하여 자신을 객관적으로 평가하는 것이며, 보육교사로서 특별히 요구되는 태도, 자질, 역할, 능력 면에서 자신을 파악할 수 있다.

보육실습의 주체는 실습생 자신이므로 이러한 실습의 기회가 자신의 역량을 발견하는 데 도움을 주는 중요한 계기로 삼아야 한다. 그러므로 항상 연구하는 자세로 보육실습에 임해야 하고 실습을 완료하는 단계에 이르면 자신을 스스로 평가하고 진단하는 시간이 반드시 필요하다.

자기 평가의 결과에 기초하여 추후 자신에게 부족한 점을 이론과 실제 교과목 수강을 통해 향상시킬 수 있고, 가능하다면 다양한 현장에서 여러 경험을 추가하여 성공적인 보육교사로서의 진로에 한걸음 더 나아갈 수 있다(한국보육진흥원, 2017).

보육실습생은 보육실습의 과정과 결과를 다음과 같이 다양한 방법으로 평가해 볼 수 있다.

- 보육실습 종료 후 보육실습 소감기록
- 보육일지 상에서 매일의 자기 평가 작성기록
- 보육실습생의 자기 평가표 실시(부록 17, p. 294 참조)

05 보육실습 평가회

보육실습생들이 보육실습을 마친 후 지도교수와 보육실습생들 보육실습 평가회를 개최한다. 평가회는 실습생 모두가 한자리에 모여 실습기관의 환경과 시설 특성, 보육프로그램 운영의 특성, 보육실습 시 어려웠던 점, 보육실습일지 작성, 보육실습 전 · 후의 변화, 보육실습 운영, 원장과 실습 지도교사와의 인간관계, 동료 실습생과의 관계 등을 중점적으로 논의한다.

이 평가회를 통해 보육실습에 대한 구체적이고 실제적인 문제점을 찾아 보육실습을 개선하는 방안을 모색한다. 이때 실습생을 지도하였던 교사나 원장을 초대하여 보육실습기관의 측면에서 바라본 실습 평가 내용을 듣는 기회를 갖는 것도 바람직하다.

실습 평가회를 진행할 때 보육실습생이 주의할 점을 기술하면 다음과 같다.

첫째, 보육실습 시 보육실습기관이나 실습 지도교사의 잘못된 점을 논의하는 시간이 아님을 염두에 두고, 현장에서 이론을 접목한 점, 지도교사의 적절한 조언이나 평가, 현장에서 배울 점 등에 대해 실습생으로서 자신을 평가한다.

둘째, 어떤 지속적인 개선 노력을 통해 보육교사로서의 전문성을 확보할 수 있는지 다각적인 해결방안에 중점을 두고 다른 학생과 열린 마음으로 의견을 나눈다.

셋째, 6주 동안 진행된 보육실습의 내용에 중점을 두어 예비교사로서 성장할 수 있는 자신의 장점과 단점을 평가해 본다.

넷째, 영유아를 상세히 관찰하고 직접 지도한 보육활동의 경험을 바탕으로 자신의 지도법을 회상하여 다른 학생들과 비교해 본다.

다섯째, 동료학생들의 실습일지를 서로 나누어 읽고 서로에게 조언을 주는 상호 보완적 평가의 시간을 갖는다.

여섯째, 실습에서 드러난 문제에 대해서는 개인적이나 지도교사와의 관계 차원에서 그 문제의 원인을 찾기보다는 다각적인 차원에서 원인과 해결책을 찾아보도록 한다. 즉 자기 자신, 보육실습기관, 양성교육기관, 부모, 국가 정책이 이러한 문제에 대해 어떻게 해결책을 찾아야 하는가를 논의해 본다.

06 대학(교) 및 양성교육기관에서의 평가

보육교사 양성교육기관에서 보육실습기관과 동일한 평가 기준을 사용할 수 있으나 다양한 평가 도구나 준거를 활용하여 종합적인 평가를 실시하는 것이 바람직하다. 양성교육기관은 보육실습생의 보육실습 결과를 최종적으로 평가한다.

1) 평가 내용

첫째, 보육실습기관에서 송부된 보육실습 평가서

둘째, 작성이 완료된 보육실습일지

셋째, 보육실습생이 제출한 각종 자료(예 포트폴리오, 사진 자료, 보육계획안 등)

넷째, 보육실습생의 자기 평가표

다섯째, 지도교수와의 면담

여섯째, 실습 평가회 참여 정도

2) 평가방법

보육교사 대학(교) 및 양성교육기관은 보육실습기관에서 평가하여 송부한 보육실습 평가서와 실습기관 방문을 통해 확보한 원장과의 면담 자료, 실습기관의 현황과 실태, 실습생의 관찰기록, 실습생이 작성 완료한 보육실습일지, 보육활동계획안, 교구제작계획안, 사전 자료 등과 같은 각종 자료 등에 근거하여 종합적으로 평가한다.

보육실습기관에서 송부된 보육실습 평가표의 평가 내용에 대해서는 학생들과 함께 공유할 수 있다. 평가 총 점수보다는 영역별로 자신이 예상하는 실습 평가 정도와 지도교사가 평가한 내용을 비교하여 보육실습 수행 정도를 구체적으로 파악할 수 있다.

Chapter 06

누리과정 및 표준보육과정을 위한 교수학습 실제

01 누리과정 영역별 및 교수학습방법

1) 유아교육을 위한 국가 수준의 영역별 목표 및 내용

(1) 누리과정 구성 방향

3-5세 연령별 누리과정의 구성 방향은 「유아교육법」 제13조 제2항에 의거하여 유치원 교육과정인 누리과정의 내용은 다음과 같다(「3-5세 연령별 누리과정」 고시문(2012. 7.)의 내용 재구성).

① 질서, 배려, 협력 등 기본생활습관과 바른 인성을 기르는 데 중점을 두어 구성한다.
② 자율성과 창의성을 기르는 데 중점을 두고, 전인발달을 이루도록 구성한다.
③ 사람과 자연을 존중하고, 우리 문화를 이해하는 데 중점을 두어 구성한다.
④ 만 3~5세아의 발달 특성을 고려하여 연령별로 구성한다.
⑤ 신체운동 · 건강, 의사소통, 사회관계, 예술경험, 자연탐구의 5개 영역을 중심으로 구성한다.
⑥ 초등학교 교육과정과 0-2세 표준보육과정의 연계성을 고려하여 구성한다.

(2) 누리과정의 목적과 목표

1 누리과정의 목적

누리과정은 만 3~5세 유아의 심신의 건강과 조화로운 발달을 도와 민주시민의 기초를 형성하는 것을 목적으로 한다.

2 누리과정의 목표

가. 기본 운동 능력과 건강하고 안전한 생활 습관을 기른다.
나. 일상생활에 필요한 의사소통 능력과 바른 언어 사용 습관을 기른다.
다. 자신을 존중하고 다른 사람과 더불어 생활하는 능력과 태도를 기른다.
라. 아름다움에 관심을 가지고 예술경험을 즐기며, 창의적으로 표현하는 능력을 기른다.
마. 호기심을 가지고 주변세계를 탐구하며, 일상생활에서 수학적 · 과학적으로 생각하는 능력과 태도를 기른다.

3 누리과정의 교수학습방법

가. 놀이를 중심으로 교수학습활동이 이루어지도록 한다.

나. 유아의 흥미를 중심으로 활동을 선택하고 지속할 수 있도록 한다.

다. 유아의 생활 속 경험을 소재로 하여 지식, 기능, 태도 및 가치를 습득하도록 한다.

라. 유아와 교사, 유아와 유아, 유아와 환경 간에 능동적인 상호작용이 이루어지도록 한다.

마. 주제를 중심으로 여러 활동이 통합적으로 이루어지도록 한다.

바. 실내 · 실외활동, 정적 · 동적활동, 대 · 소집단활동 및 개별활동, 휴식 등이 균형 있게 이루어지도록 한다.

사. 유아의 관심과 흥미, 발달이나 환경 특성 등을 고려하여 개별유아에게 적합한 방식으로 학습하도록 한다.

4 3-5세 연령별 누리과정의 영역별 목표와 내용

이상과 같은 구성 방향, 목적 및 목표 하에 제시되어 있는 3-5세 연령별 누리과정은 총 5개 영역으로 구성되어 있으며, 20개의 내용 범주를 포함한다. 각 영역별 세부 내용은 만 3세, 4세, 5세 수준으로 세분화되어 있다.

① 신체운동 · 건강 영역

신체운동 · 건강 영역은 다양한 신체활동을 통하여 자신의 신체에 대한 긍정적 인식 및 일상생활에 필요한 기본 운동 능력을 습득하게 함으로써 유아 자신의 행복한 삶을 위한 영역이다.

이 영역은 신체 인식하기, 신체조절과 기본 운동하기, 신체활동에 참여하기, 건강하게 생활하기, 안전하게 생활하기의 다섯 가지 내용 범주로 구성된다. 신체운동 · 건강 영역의 목표와 연령별 내용 범주를 전체적으로 제시해 보면 다음과 같다.

신체운동 · 건강 영역의 목표
1. 감각능력을 기르고, 자신의 신체를 긍정적으로 인식한다. 2. 신체를 조절하고 기본 운동 능력을 기른다. 3. 신체활동에 즐겁게 참여한다. 4. 건강한 생활 습관을 기른다. 5. 안전한 생활 습관을 기른다.

<table>
<tr><th colspan="5">신체운동 · 건강 영역의 내용 범주</th></tr>
<tr><th>내용 범주</th><th>내용</th><th>3세</th><th>4세</th><th>5세</th></tr>
<tr><td rowspan="4">신체 인식하기</td><td rowspan="2">감각능력 기르고 활용하기</td><td>감각적 차이를 경험한다.</td><td>감각으로 대상이나 사물의 특성과 차이를 구분한다.</td><td>감각기관을 인식하고, 활용해 본다.</td></tr>
<tr><td>감각적 차이를 구분한다.</td><td colspan="2">여러 감각기관을 협응하여 활용한다.</td></tr>
<tr><td rowspan="2">신체를 인식하고 움직이기</td><td>신체 각 부분의 명칭을 알고, 움직임에 관심을 갖는다.</td><td>신체 각 부분의 특성을 이해하고 활용하여 움직인다.</td><td></td></tr>
<tr><td colspan="3">자신의 신체를 긍정적으로 인식하고 움직인다.</td></tr>
<tr><td rowspan="7">신체조절과 기본 운동 하기</td><td rowspan="5">신체조절하기</td><td>신체균형을 유지해 본다.</td><td colspan="2">다양한 자세와 움직임에서 신체균형을 유지한다.</td></tr>
<tr><td>공간, 힘, 시간 등의 움직임 요소를 경험한다.</td><td colspan="2">공간, 힘, 시간 등의 움직임 요소를 활용하여 움직인다.</td></tr>
<tr><td>신체 각 부분의 움직임을 조절해 본다.</td><td colspan="2">신체 각 부분을 협응하여 움직임을 조절한다.</td></tr>
<tr><td colspan="3">눈과 손을 협응하여 소근육을 조절해 본다.</td></tr>
<tr><td></td><td></td><td>도구를 활용하여 여러 가지 조작운동을 한다.</td></tr>
<tr><td rowspan="2">기본 운동하기</td><td>걷기, 달리기 등 이동운동을 한다.</td><td colspan="2">걷기, 달리기, 뛰기 등 다양한 이동운동을 한다.</td></tr>
<tr><td>제자리에서 몸을 움직여 본다.</td><td colspan="2">제자리에서 몸을 다양하게 움직인다.</td></tr>
<tr><td rowspan="5">신체활동에 참여하기</td><td rowspan="3">자발적으로 신체활동에 참여하기</td><td>신체활동에 자발적으로 참여한다.</td><td colspan="2">신체활동에 자발적이고 지속적으로 참여한다.</td></tr>
<tr><td colspan="3">다른 사람과 함께 하는 신체활동에 참여한다.</td></tr>
<tr><td></td><td>자신과 다른 사람의 운동능력의 차이에 관심을 갖는다.</td><td>자신과 다른 사람의 운동 능력의 차이를 이해한다.</td></tr>
<tr><td>바깥에서 신체활동하기</td><td colspan="3">규칙적으로 바깥에서 신체활동을 한다.</td></tr>
<tr><td>기구를 이용하여 신체활동하기</td><td colspan="3">여러 가지 기구를 이용하여 신체활동을 한다.</td></tr>
<tr><td rowspan="5">건강하게 생활하기</td><td rowspan="2">몸과 주변을 깨끗이 하기</td><td colspan="2">손과 이를 깨끗이 하는 방법을 알고 실천한다.</td><td>스스로 몸을 깨끗이 하는 습관을 기른다.</td></tr>
<tr><td>주변을 깨끗이 한다.</td><td colspan="2">주변을 깨끗이 하는 습관을 기른다.</td></tr>
<tr><td rowspan="3">바른 식생활하기</td><td colspan="2">음식을 골고루 먹는다.</td><td>적당량의 음식을 골고루 먹는다.</td></tr>
<tr><td>몸에 좋은 음식에 관심을 갖는다.</td><td>몸에 좋은 음식을 알아 본다.</td><td>몸에 좋은 음식을 선택할 수 있다.</td></tr>
<tr><td>바른 태도로 식사한다.</td><td colspan="2">음식을 소중히 여기고 식사예절을 지킨다.</td></tr>
</table>

<table>
<tr><th colspan="5">신체운동 · 건강 영역의 내용 범주</th></tr>
<tr><th>내용 범주</th><th>내용</th><th>3세</th><th>4세</th><th>5세</th></tr>
<tr><td rowspan="5">건강하게
생활하기
(계속)</td><td rowspan="3">건강한 일상생활하기</td><td colspan="3">규칙적으로 잠을 자고, 적당한 휴식을 취한다.</td></tr>
<tr><td colspan="3">하루일과에 즐겁게 참여한다.</td></tr>
<tr><td>스스로 화장실에서 배변한다.</td><td>바른 배변습관을 가진다.</td><td>규칙적인 배변습관을 가진다.</td></tr>
<tr><td rowspan="2">질병 예방하기</td><td>질병의 위험을 알고 주의한다.</td><td colspan="2">질병을 예방하는 방법을 알고 실천한다.</td></tr>
<tr><td>날씨에 맞게 옷을 입는다.</td><td colspan="2">날씨와 상황에 알맞게 옷을 입는다.</td></tr>
<tr><td rowspan="7">안전하게
생활하기</td><td rowspan="3">안전하게 놀이하기</td><td colspan="2">놀이기구나 놀잇감, 도구를 안전하게 사용한다.</td><td>놀이기구나 놀잇감, 도구의 바른 사용법을 알고 안전하게 사용한다.</td></tr>
<tr><td>안전한 놀이장소를 안다.</td><td colspan="2">안전한 장소를 알고 안전하게 놀이한다.</td></tr>
<tr><td>TV, 인터넷, 통신기기 등을 바르게 사용한다.</td><td colspan="2">TV, 인터넷, 통신기기 등의 위해성을 알고, 바르게 사용한다.</td></tr>
<tr><td rowspan="2">교통안전
규칙 지키기</td><td>교통안전 규칙을 안다.</td><td colspan="2">교통안전 규칙을 알고 지킨다.</td></tr>
<tr><td colspan="3">교통수단을 안전하게 이용한다.</td></tr>
<tr><td rowspan="2">비상 시
적절히
대처하기</td><td>학대, 성폭력, 실종, 유괴상황을 알고 도움을 요청한다.</td><td colspan="2">학대, 성폭력, 실종, 유괴상황 시 도움을 요청하는 방법을 행동한다.</td></tr>
<tr><td>재난 및 사고 등 비상 시 적절하게 대처하는 방법을 안다.</td><td colspan="2">재난 및 사고 등 비상 시 적절하게 대처하는 방법을 알고 행동한다.</td></tr>
</table>

② 의사소통 영역

의사소통은 듣기, 말하기, 읽기, 쓰기의 네 가지 내용 범주로 구성된다. 의사소통 영역의 목표와 연령별 내용 범주를 전체적으로 제시해 보면 다음과 같다.

의사소통 영역의 목표
1. 다른 사람의 말을 주의 깊게 듣는 태도와 이해하는 능력을 기른다. 2. 자신의 생각과 느낌을 말하는 능력을 기른다. 3. 글자와 책에 친숙해지는 경험을 통하여 글자 모양을 인식하고 읽기에 흥미를 가진다. 4. 말과 글의 관계를 알고 자신의 생각, 느낌, 경험을 글로 표현하는 데 관심을 가진다.

<table>
<tr><th colspan="5">의사소통 영역의 내용 범주</th></tr>
<tr><th>내용 범주</th><th>내용</th><th>3세</th><th>4세</th><th>5세</th></tr>
<tr><td rowspan="8">듣기</td><td rowspan="2">낱말과 문장 듣고 이해하기</td><td colspan="2">낱말의 발음에 관심을 가지고 듣는다.</td><td>낱말의 발음에 관심을 가지고 비슷한 발음을 듣고 구별한다.</td></tr>
<tr><td colspan="2">일상생활과 관련된 낱말과 문장을 듣고 뜻을 이해한다.</td><td>다양한 낱말과 문장을 듣고 뜻을 이해한다.</td></tr>
<tr><td rowspan="2">이야기 듣고 이해하기</td><td>다른 사람의 이야기를 관심 있게 듣는다.</td><td colspan="2">다른 사람의 이야기를 듣고 이해한다.</td></tr>
<tr><td></td><td colspan="2">이야기를 듣고 궁금한 것에 대해 질문한다.</td></tr>
<tr><td rowspan="2">동요, 동시, 동화 듣고 이해하기</td><td>동요, 동시, 동화를 다양한 방법으로 듣고 즐긴다.</td><td>동요, 동시, 동화를 다양한 방법으로 듣고 즐긴다.</td><td>동요, 동시, 동화를 다양한 방법으로 듣고 이해한다.</td></tr>
<tr><td colspan="3">전래 동요, 동시, 동화를 듣고 우리말의 재미를 느낀다.</td></tr>
<tr><td>바른 태도로 듣기</td><td>말하는 사람을 바라보며 듣는다.</td><td>다른 사람의 이야기를 주의 깊게 듣는다.</td><td>다른 사람의 이야기를 끝까지 주의 깊게 듣는다.</td></tr>
<tr><td colspan="4" style="display:none"></td></tr>
<tr><td rowspan="9">말하기</td><td rowspan="3">낱말과 문장으로 말하기</td><td>친숙한 낱말을 발음해 본다.</td><td>친숙한 낱말을 정확하게 발음해 본다.</td><td>정확한 발음으로 말한다.</td></tr>
<tr><td>새로운 낱말에 관심을 가진다.</td><td>다양한 낱말을 사용하여 말한다.</td><td>다양한 낱말을 사용하여 상황에 맞게 말한다.</td></tr>
<tr><td colspan="2">일상생활에서 일어나는 일들을 간단한 문장으로 말한다.</td><td>일상생활에서 일어나는 일들을 다양한 문장으로 말한다.</td></tr>
<tr><td rowspan="3">느낌, 생각, 경험 말하기</td><td>자신의 느낌, 생각, 경험을 말해본다.</td><td>자신의 느낌, 생각, 경험을 말한다.</td><td>자신의 느낌, 생각, 경험을 적절한 낱말과 문장으로 말한다.</td></tr>
<tr><td></td><td colspan="2">주제를 정하여 함께 이야기를 나눈다.</td></tr>
<tr><td></td><td>이야기를 지어 말한다.</td><td>이야기를 지어 말하기를 즐긴다.</td></tr>
<tr><td rowspan="3">상황에 맞게 바른 태도로 말하기</td><td></td><td colspan="2">듣는 사람의 생각과 느낌을 고려하여 말한다.</td></tr>
<tr><td>상대방을 바라보며 말한다.</td><td>차례를 지켜 말한다.</td><td>때와 장소, 대상에 알맞게 말한다.</td></tr>
<tr><td colspan="3">바르고 고운 말을 사용한다.</td></tr>
<tr><td rowspan="5">읽기</td><td rowspan="2">읽기에 흥미 가지기</td><td colspan="2">주변에서 친숙한 글자를 찾아본다.</td><td>주변에서 친숙한 글자를 읽어본다.</td></tr>
<tr><td colspan="2">읽어주는 글의 내용에 관심을 가진다.</td><td>읽어주는 글의 내용에 관심을 가지고 읽어본다.</td></tr>
<tr><td rowspan="3">책읽기에 관심 가지기</td><td>책에 흥미를 가진다.</td><td colspan="2">책 보는 것을 즐기고 소중하게 다룬다.</td></tr>
<tr><td>책의 그림을 단서로 내용을 추측해 본다.</td><td colspan="2">책의 그림을 단서로 내용을 이해한다.</td></tr>
<tr><td></td><td colspan="2">궁금한 것을 책에서 찾아본다.</td></tr>
</table>

<table>
<tr><th colspan="5">의사소통 영역의 내용 범주</th></tr>
<tr><th>내용 범주</th><th>내용</th><th>3세</th><th>4세</th><th>5세</th></tr>
<tr><td rowspan="4">쓰기</td><td rowspan="4">쓰기에 관심 가지기</td><td>말을 글로 나타내는 것에 관심을 보인다.</td><td colspan="2">말이나 생각을 글로 나타낼 수 있음을 안다.</td></tr>
<tr><td>자기 이름의 글자에 관심을 가진다.</td><td>자기 이름을 써본다.</td><td>자신의 이름과 주변의 친숙한 글자를 써본다.</td></tr>
<tr><td></td><td>자신의 느낌, 생각, 경험을 글자와 비슷한 형태로 표현한다.</td><td>자신의 느낌, 생각, 경험을 글자와 비슷한 형태나 글자로 표현한다.</td></tr>
<tr><td></td><td>쓰기 도구에 관심을 가지고 사용해 본다.</td><td>쓰기 도구의 바른 사용법을 알고 사용한다.</td></tr>
</table>

③ 사회관계 영역

사회관계 영역은 나를 알고 존중하기, 나와 다른 사람의 감정 알고 조절하기, 가족을 소중히 여기기, 다른 사람과 더불어 생활하기, 사회에 관심 갖기의 다섯 가지 내용 범주로 구성된다. 사회관계 영역의 목표와 연령별 내용 범주를 전체적으로 제시해 보면 다음과 같다.

사회관계 영역의 목표
1. 자신을 소중히 여기며 자율성을 기른다. 2. 자신과 타인의 감정을 알고, 자신의 감정을 적절하게 표현하고 조절한다. 3. 가족과 화목하게 지내며 서로 협력한다. 4. 친구, 공동체, 구성원들과 서로 돕고, 예의, 규칙 등 사회적 가치를 알고 지킨다. 5. 우리 동네, 우리나라, 다른 나라에 관심을 가진다.

<table>
<tr><th colspan="5">사회관계 영역의 내용 범주</th></tr>
<tr><th>내용 범주</th><th>내용</th><th>3세</th><th>4세</th><th>5세</th></tr>
<tr><td rowspan="5">나를 알고 존중하기</td><td rowspan="3">나를 알고, 소중히 여기기</td><td>나에 대해 관심을 갖는다.</td><td colspan="2">나에 대해 알아본다.</td></tr>
<tr><td>나와 다른 사람의 차이에 관심을 갖는다.</td><td>나와 다른 사람의 차이점을 알아본다.</td><td>나와 다른 사람의 신체적, 사회적, 문화적 차이를 존중한다.</td></tr>
<tr><td>나를 소중하게 여긴다.</td><td colspan="2">나에 대해 긍정적으로 생각하고 나를 소중하게 여긴다.</td></tr>
<tr><td rowspan="2">나의 일 스스로 하기</td><td>내가 할 수 있는 일을 알아본다.</td><td>내가 할 수 있는 일을 해본다.</td><td>내가 할 수 있는 일을 스스로 한다.</td></tr>
<tr><td>내가 하고 싶은 일을 선택해 본다.</td><td colspan="2">하고 싶은 일을 계획하고 해본다.</td></tr>
</table>

<table>
<tr><th colspan="5">사회관계 영역의 내용 범주</th></tr>
<tr><th>내용 범주</th><th>내용</th><th>3세</th><th>4세</th><th>5세</th></tr>
<tr><td rowspan="3">나와 다른 사람의 감정 알고 조절하기</td><td rowspan="2">나와 다른 사람의 감정 알고 표현하기</td><td>자신에게 여러 가지 감정이 있음을 안다.</td><td colspan="2">자신의 감정을 알고 표현한다.</td></tr>
<tr><td>다른 사람의 감정에 관심을 갖는다.</td><td>다른 사람의 감정을 안다.</td><td>다른 사람의 감정을 알고 공감한다.</td></tr>
<tr><td>나의 감정 조절하기</td><td colspan="2">자신의 감정을 조절해 본다.</td><td>자신의 감정을 상황에 맞게 조절한다.</td></tr>
<tr><td rowspan="4">가족을 소중히 여기기</td><td rowspan="2">가족과 화목하게 지내기</td><td colspan="2">가족의 소중함을 안다.</td><td>가족의 의미와 소중함을 안다.</td></tr>
<tr><td></td><td></td><td>가족과 화목하게 지낸다.</td></tr>
<tr><td rowspan="2">가족과 협력하기</td><td>가족 구성원을 알아본다.</td><td>가족 구성원의 역할에 대해 알아본다.</td><td>다양한 가족구조에 대해 알아본다.</td></tr>
<tr><td>가족을 위하여 내가 할 수 있는 일을 알아본다.</td><td>가족을 위하여 내가 할 수 있는 일을 알아보고 실천한다.</td><td>가족은 서로 도와야 함을 알고 실천한다.</td></tr>
<tr><td rowspan="9">다른 사람과 더불어 생활하기</td><td rowspan="2">친구와 사이좋게 지내기</td><td>친구와 함께 놀이한다.</td><td colspan="2">친구와 협동하며 놀이한다.</td></tr>
<tr><td>나와 친구의 의견에 차이가 있음을 안다.</td><td colspan="2">친구와의 갈등을 긍정적인 방법으로 해결한다.</td></tr>
<tr><td rowspan="2">공동체에서 화목하게 지내기</td><td></td><td>도움이 필요할 때 다른 사람과 도움을 주고 받는다.</td><td>다른 사람과 도움을 주고받고, 서로 협력한다.</td></tr>
<tr><td colspan="3">교사 및 주변 사람과 화목하게 지낸다.</td></tr>
<tr><td rowspan="5">사회적 가치를 알고 지키기</td><td></td><td colspan="2">정직하게 말하고 행동한다.</td></tr>
<tr><td>다른 사람의 소유물을 존중한다.</td><td>다른 사람의 생각, 행동을 존중한다.</td><td>다른 사람을 배려하여 행동한다.</td></tr>
<tr><td></td><td colspan="2">친구와 어른께 예의 바르게 행동한다.</td></tr>
<tr><td>약속과 규칙을 지켜야 함을 안다.</td><td colspan="2">다른 사람과 한 약속이나 공공규칙을 지킨다.</td></tr>
<tr><td></td><td colspan="2">자연과 자원을 아끼는 습관을 기른다.</td></tr>
<tr><td rowspan="8">사회에 관심 갖기</td><td rowspan="3">지역사회에 관심 갖고 이해하기</td><td>우리 동네의 이름을 안다.</td><td colspan="2">우리 동네에 대해 알아본다.</td></tr>
<tr><td>우리 동네 사람들에 관심을 갖는다.</td><td>우리 동네 사람들이 하는 일에 관심을 갖는다.</td><td>다양한 직업에 관심을 갖는다.</td></tr>
<tr><td></td><td>물건을 살 때 돈이 필요함을 안다.</td><td>일상생활에서 돈의 쓰임에 대해 안다.</td></tr>
<tr><td rowspan="3">우리나라에 관심 갖고 이해하기</td><td>우리나라를 상징하는 것에 관심을 가진다.</td><td>우리나라를 상징하는 것을 안다.</td><td>우리나라를 상징하는 것을 알고 예절을 지킨다.</td></tr>
<tr><td colspan="2">우리나라의 전통놀이와 풍습에 관심을 갖는다.</td><td>우리나라의 전통, 역사, 문화에 관심을 갖는다.</td></tr>
<tr><td></td><td colspan="2">우리나라에 대해 자부심을 갖는다.</td></tr>
<tr><td rowspan="2">세계와 여러 문화에 관심 가지기</td><td></td><td>세계 여러 나라에 대해 관심을 갖는다.</td><td>세계 여러 나라에 대해 관심을 갖고, 서로 협력해야 함을 안다.</td></tr>
<tr><td></td><td>다양한 인종과 문화에 관심을 갖는다.</td><td>다양한 인종과 문화를 알아보고 존중한다.</td></tr>
</table>

④ 예술경험 영역

예술경험 영역은 아름다움 찾아보기, 예술적 표현하기, 예술 감상하기의 세 가지 내용 범주로 구성된다. 예술경험 영역의 목표와 연령별 내용 범주를 전체적으로 제시해 보면 다음과 같다.

예술경험 영역의 목표
1. 자연과 주변 환경에서 발견한 아름다움과 예술적 요소에 관심을 갖고 탐색한다. 2. 자신의 생각과 느낌을 음악, 움직임과 춤, 미술, 극놀이를 통해 창의적으로 표현하는 것을 즐긴다. 3. 자연과 다양한 예술작품을 감상하며, 풍부한 감성과 심미적 태도를 기른다.

<table>
<tr><th colspan="5">예술경험 영역의 내용 범주</th></tr>
<tr><th>내용 범주</th><th>내용</th><th>3세</th><th>4세</th><th>5세</th></tr>
<tr><td rowspan="3">아름다움 찾아보기</td><td>음악적 요소 탐색하기</td><td colspan="2">다양한 소리, 음악의 셈여림, 빠르기, 리듬 등에 관심을 갖는다.</td><td>다양한 소리, 악기 등으로 음악의 셈여림, 빠르기, 리듬 등을 탐색한다.</td></tr>
<tr><td>움직임과 춤 요소 탐색하기</td><td colspan="2">움직임과 춤의 모양, 힘, 빠르기 등에 관심을 갖는다.</td><td>움직임과 춤의 모양, 힘, 빠르기, 흐름 등을 탐색한다.</td></tr>
<tr><td>미술적 요소 탐색하기</td><td colspan="2">자연과 사물의 색, 모양, 질감 등에 관심을 갖는다.</td><td>자연과 사물에서 색, 모양, 질감, 공간 등을 탐색한다.</td></tr>
<tr><td rowspan="10">예술적 표현하기</td><td rowspan="4">음악으로 표현하기</td><td>간단한 노래를 듣고 따라 부른다.</td><td colspan="2">노래로 자신의 생각과 느낌을 표현한다.</td></tr>
<tr><td colspan="3">전래동요를 즐겨 부른다.</td></tr>
<tr><td>리듬악기로 간단한 리듬을 표현해 본다.</td><td colspan="2">리듬악기를 연주해 본다.</td></tr>
<tr><td colspan="2">간단한 리듬과 노래를 즉흥적으로 만들어 본다.</td><td>리듬과 노래 등을 즉흥적으로 만들어 본다.</td></tr>
<tr><td rowspan="3">움직임과 춤으로 표현하기</td><td colspan="2">신체를 이용하여 주변의 움직임을 자유롭게 표현한다.</td><td>신체를 이용하여 주변의 움직임을 다양하게 표현하며 즐긴다.</td></tr>
<tr><td colspan="3">움직임과 춤으로 자신의 생각과 느낌을 표현한다.</td></tr>
<tr><td colspan="2">도구를 활용하여 다양한 움직임으로 표현한다.</td><td>다양한 도구를 활용하여 창의적으로 움직인다.</td></tr>
<tr><td rowspan="3">미술활동으로 표현하기</td><td>다양한 미술활동을 경험해 본다.</td><td colspan="2">다양한 미술활동으로 자신의 생각과 느낌을 표현한다.</td></tr>
<tr><td></td><td>협동적인 미술활동에 참여한다.</td><td>협동적인 미술활동에 참여하여 즐긴다.</td></tr>
<tr><td>미술활동에 필요한 재료와 도구에 관심을 가지고 사용한다.</td><td colspan="2">미술활동에 필요한 재료와 도구를 다양하게 사용한다.</td></tr>
</table>

<table>
<tr><th colspan="5">예술경험 영역의 내용 범주</th></tr>
<tr><th>내용 범주</th><th>내용</th><th>3세</th><th>4세</th><th>5세</th></tr>
<tr><td rowspan="4">예술적 표현하기 (계속)</td><td rowspan="2">극놀이로 표현하기</td><td>일상생활의 경험을 극놀이로 표현한다.</td><td>일상생활의 경험이나 간단한 이야기를 극놀이로 표현한다.</td><td>경험이나 이야기를 극놀이로 표현한다.</td></tr>
<tr><td></td><td colspan="2">소품, 배경, 의상 등을 사용하여 협동적으로 극놀이를 한다.</td></tr>
<tr><td rowspan="2">통합적으로 표현하기</td><td></td><td colspan="2">음악, 움직임과 춤, 미술, 극놀이 등을 통합하여 표현한다.</td></tr>
<tr><td colspan="2">예술활동에 참여하여 표현과정을 즐긴다.</td><td>예술활동에 참여하여 창의적으로 표현하는 과정을 즐긴다.</td></tr>
<tr><td rowspan="3">예술 감상하기</td><td rowspan="2">다양한 예술 감상하기</td><td>다양한 음악, 춤, 미술작품, 극놀이 등을 듣거나 본다.</td><td colspan="2">다양한 음악, 춤, 미술작품, 극놀이 등을 듣거나 보고 즐긴다.</td></tr>
<tr><td colspan="3">나와 다른 사람의 예술 표현을 소중히 여긴다.</td></tr>
<tr><td>전통예술 감상하기</td><td colspan="2">우리나라의 전통예술에 관심을 갖는다.</td><td>우리나라의 전통예술에 관심을 갖고 친숙해진다.</td></tr>
</table>

⑤ 자연탐구 영역

자연탐구 영역은 탐구하는 태도 기르기, 수학적 탐구하기, 과학적 탐구하기의 세 가지 내용 범주로 구성된다. 자연탐구 영역의 목표와 연령별 내용 범주를 전체적으로 제시해 보면 다음과 같다.

자연탐구 영역의 목표
1. 주변의 사물과 자연세계에 대해 알고자 하는 호기심을 가지고 탐구하는 태도를 기른다. 2. 생활 속의 여러 상황과 문제를 논리 · 수학적으로 이해하고 해결하기 위한 기초 능력을 기른다. 3. 주변의 관심 있는 사물과 생명체 및 자연현상을 탐구하기 위한 기초 능력을 기른다.

<table>
<tr><th colspan="5">자연탐구 영역의 내용 범주</th></tr>
<tr><th>내용 범주</th><th>내용</th><th>3세</th><th>4세</th><th>5세</th></tr>
<tr><td rowspan="4">탐구하는 태도 기르기</td><td>호기심을 유지하고 확장하기</td><td>주변 사물과 자연세계에 대해 호기심을 갖는다.</td><td>주변 사물과 자연세계에 대해 지속적으로 호기심을 갖는다.</td><td>주변 사물과 자연세계에 대해 지속적으로 호기심을 갖고 알고자 한다.</td></tr>
<tr><td rowspan="2">탐구과정 즐기기</td><td>궁금한 점을 알아보는 과정에 흥미를 갖는다.</td><td>궁금한 점을 알아보는 탐구과정에 관심을 가지고 참여한다.</td><td>궁금한 점을 알아보는 탐구과정에 참여하고 즐긴다.</td></tr>
<tr><td></td><td></td><td>탐구과정에서 서로 다른 생각에 관심을 갖는다.</td></tr>
<tr><td>탐구기술 활용하기</td><td></td><td>일상생활의 문제를 해결하는 과정에서 탐색, 관찰 등의 방법을 활용해 본다.</td><td>일상생활의 문제를 해결하는 과정에서 탐색, 관찰, 비교, 예측 등의 탐구기술을 활용해 본다.</td></tr>
</table>

자연탐구 영역의 내용 범주				
내용 범주	내용	3세	4세	5세
수학적 탐구하기	수와 연산의 기초 개념 알아보기	생활 속에서 수에 관심을 갖는다.	생활 속에서 사용되는 수의 여러 가지 의미를 안다.	
		구체물 수량의 많고 적음을 비교한다.	구체물 수량에서 '같다', '더 많다', '더 적다'의 관계를 안다.	구체물 수량의 부분과 전체 관계를 알아본다.
		다섯 개 가량의 구체물을 세어보고 수량에 관심을 갖는다.	열 개 가량의 구체물을 세어 보고 수량을 알아본다.	스무 개 가량의 구체물을 세어보고 수량을 알아본다.
				구체물을 가지고 더하고 빼는 경험을 해본다.
	공간과 도형의 기초 개념 알아보기	나를 중심으로 앞, 뒤, 옆, 위, 아래를 알아본다.	위치와 방향을 여러 가지 방법으로 나타내 본다.	
				여러 방향에서 물체를 보고 그 차이점을 비교해 본다.
		물체의 모양에 관심을 갖는다.	기본 도형의 특성을 인식한다.	기본 도형의 공통점과 차이점을 알아본다.
			기본 도형을 사용하여 여러 가지 모양을 구성해 본다.	
	기초적인 측정하기	두 물체의 길이, 크기를 비교해 본다.	일상생활에서 길이, 크기, 무게 등을 비교해 본다.	일상생활에서 길이, 크기, 무게, 들이 등의 속성을 비교하고, 순서를 지어본다.
				임의 측정 단위를 사용하여 길이, 면적, 들이, 무게 등을 재본다.
	규칙성 이해하기	생활 주변에서 반복되는 규칙성에 관심을 갖는다.	생활 주변에서 반복되는 규칙성을 알아본다.	생활 주변에서 반복되는 규칙성을 알고 다음에 올 것을 예측해 본다.
			반복되는 규칙성을 인식하고 모방한다.	스스로 규칙성을 만들어 본다.
	기초적인 자료 수집과 결과 나타내기		필요한 정보나 자료를 수집한다.	
		같은 것끼리 짝을 짓는다.	한 가지 기준으로 자료를 분류해 본다.	한 가지 기준으로 분류한 자료를 다른 기준으로 재분류해 본다.
				그림, 사진, 기호나 숫자를 사용해 그래프로 나타내 본다.
과학적 탐구하기	물체와 물질 알아보기	친숙한 물체와 물질의 특성에 관심을 갖는다.	친숙한 물체와 물질의 특성을 알아본다.	주변의 여러 가지 물체와 물질의 기본 특성을 알아본다.
		물체와 물질을 여러 가지 방법으로 변화시켜 본다.		

<table>
<tr><th colspan="5">자연탐구 영역의 내용 범주</th></tr>
<tr><th>내용 범주</th><th>내용</th><th>3세</th><th>4세</th><th>5세</th></tr>
<tr><td rowspan="9">과학적 탐구하기 (계속)</td><td rowspan="4">생명체와 자연 환경 알아보기</td><td colspan="2">나의 출생과 성장에 대해 관심을 갖는다.</td><td>나와 다른 사람의 출생과 성장에 대해 알아본다.</td></tr>
<tr><td>주변의 동·식물에 관심을 가진다.</td><td>관심 있는 동·식물의 특성을 알아본다.</td><td>관심 있는 동·식물의 특성과 성장과정을 알아본다.</td></tr>
<tr><td colspan="2">생명체를 소중히 여기는 마음을 갖는다.</td><td></td></tr>
<tr><td></td><td>생명체가 살기 좋은 환경에 대해 관심을 갖는다.</td><td>생명체가 살기 좋은 환경과 녹색 환경에 대해 알아본다.</td></tr>
<tr><td rowspan="3">자연현상 알아보기</td><td>돌, 물, 흙 등 자연물에 관심을 갖는다.</td><td colspan="2">돌, 물, 흙 등 자연물의 특성과 변화를 알아본다.</td></tr>
<tr><td></td><td></td><td>낮과 밤, 계절의 변화와 규칙성을 알아본다.</td></tr>
<tr><td>날씨에 관심을 갖는다.</td><td>날씨와 기후변화에 관심을 갖는다.</td><td>날씨와 기후변화 등 자연현상에 대해 관심을 갖는다.</td></tr>
<tr><td rowspan="2">간단한 도구와 기계 활용하기</td><td>생활 속에서 간단한 도구와 기계에 관심을 갖는다.</td><td colspan="2">생활 속에서 간단한 도구와 기계를 활용한다.</td></tr>
<tr><td colspan="2">도구와 기계의 편리함에 관심을 갖는다.</td><td>변화하는 새로운 도구와 기계에 관심을 갖고 장·단점을 안다.</td></tr>
</table>

2) 누리과정의 영역별 교수방법 및 실제

(1) 누리과정의 신체운동 · 건강 영역의 지도를 위한 교수방법

신체운동 · 건강 영역의 교수방법에서 유의해서 지도해야 할 교수방법 원리는 다음과 같다.

첫째, 유아의 신체운동 · 건강 교수학습활동은 일상생활 속에서 자신의 신체에 대해여 자연스럽게 인식할 수 있도록 신체놀이활동을 계획하고 체계적으로 구성해야 한다.

둘째, 유아의 신체운동 · 건강 교수학습활동은 교육적으로 풍부한 실내 · 외의 물리적 환경을 준비하여 유아의 활발한 신체활동을 지원해야 한다.

셋째, 유아의 신체운동 · 건강 교수학습활동은 신체활동을 하면서 공간, 시간, 힘, 흐름 등 동작의 기본 요소를 인식하고 그러한 요소를 반영하여 움직일 수 있도록 교사가 적극적으로 상호작용해 주어야 한다.

넷째, 유아의 신체운동 · 건강 교수학습활동은 유아가 신체조절 능력이나 안전 의식이 충분히 발달하지 못한 상태이기 때문에 교사가 유아 안전에 세심한 주의를 기울이고 유아 스스로도 놀이규칙을 이해하여 자신의 안전을 지킬 수 있도록 해야 한다.

다섯째, 유아의 신체운동 · 건강 교수학습활동은 다양한 신체활동이 이루어지도록 일과 중에 충분하고도 규칙적인 시간으로 계획되어야 한다.

여섯째, 유아의 신체운동 · 건강 교수학습활동은 유아의 신체 발달 및 운동능력을 정확히 파악하고 개인차를 고려하여 계획되어야 한다.

일곱째, 유아의 신체운동 · 건강 교수학습활동은 다양한 영역의 활동 경험과 통합적으로 다루어질 수 있도록 구성되어야 한다.

여덟째, 유아의 신체운동 · 건강 교수학습활동은 신체활동만큼 휴식도 중요하므로 활발한 신체활동 후에는 반드시 휴식을 취할 수 있도록 계획되어야 한다.

아홉째, 유아의 신체운동 · 건강 교수학습활동은 유아의 건강상태가 신체활동을 하기에 건강한지를 활동 전에 고려해야 한다(위영희 외, 2008 재구성).

① 누리과정의 신체운동 · 건강 영역을 위한 환경구성

유아에게 위험하지 않으면서 모험과 도전활동을 할 수 있는 놀이, 실내활동이 실외로 연결되는 놀이, 신체적인 활동뿐만 아니라 도전적이면 창의적인 활동을 허용할 수 있는 자료와 시설로 구성되어야 한다. 창의적인 구성놀이, 음률활동, 물 · 모래놀이, 동 · 식물 등 자연환경을 탐색하고 실험, 조사하는 활동, 휴식할 수 있는 영역 등 다양한 놀이를 할 수 있도록 구성해 주어야 한다. 대근육활동을 위한 미끄럼틀, 그네, 철봉, 줄넘기, 훌라후프, 고리 던지기, 농구대, 정글짐과 같은 복합놀이시설과 평균대, 뜀틀, 매트, 다양한 공, 줄 등의 놀이기구들을 비치하여 운동능력을 기르도록 하며, 과학활동을 위한 동물, 식물 기르는 영역과 모종삽, 깔때기, 병 등을 준비해 주며 악기, 리본막대, 풍선, 스카프 등의 음률 자료와 언어활동을 위한 책, 나무 그루터기 등과 미술 자료, 물 · 모래놀이 자료들을 준비해 준다(위영희 외, 2008).

② 누리과정의 신체운동 · 건강 영역의 내용 범주

연령 수준	내용 범주	내용	활동의 예
3~5세	신체 인식하기	감각능력 기르고 활용하기	
		신체를 인식하고 움직이기	눈뭉치 피구놀이
	신체조절과 기본 운동하기	신체조절하기	
		기본 운동하기	여름 과일 샐러드
	신체활동에 참여하기	자발적으로 신체활동에 참여하기	
		바깥에서 신체활동하기	우주 왕복선놀이
		기구를 이용하여 신체활동하기	
	건강하게 생활하기	몸과 주변을 깨끗이 하기	황사가 왔어요
		바른 식생활하기	
		건강한 일상생활하기	
		질병 예방하기	
	안전하게 생활하기	안전하게 놀이하기	
		교통안전 규칙 지키기	
		비상 시 적절히 대처하기	우리 반이 어디 있지?

| 출처 | 보건복지부(2013). 3-5세 연령별 누리과정 교사용 지도서. 재구성.

③ 활동의 실제

우주 왕복선놀이

내용범주 신체활동에 참여하기〉 바깥에서 신체활동하기〉 규칙적으로 바깥에서 신체활동을 한다.

대상연령 4세

활동목표

- 미래의 교통기관에 관심을 가진다.
- 다양한 재료를 이용하여 우주 왕복선을 만들 수 있다.

활동자료 사진(우주선, 우주 왕복선, 달 탐사선, 우주복), 투명 반구, 종이컵, 종이접시, 색깔 솜털 공, 여러 가지 스팽글, 수수깡, 다양한 폐품, 컬러점토, 주름 색 빨대, 종이, 색연필

활동방법

❶ 우주복을 보며 이야기 나눈다.
- 이 옷이 어떤 옷인지 아나요?
- 그럼 이 옷은 누가, 언제 입는 걸까요?
- 우주인은 어떤 일을 하는 사람일까요?

❷ 우주선과 우주 왕복선을 보며 이야기 나눈다.
- 이런 것들을 본 적이 있나요?
- 무엇인지 아나요?
- 우주선과 우주 왕복선은 어떻게 다를까요?

❸ 우주선이 날아가는 모습을 보며 이야기 나눈다.
- 우주선이나 우주 왕복선은 어디에서 출발하는 걸까요?
- 우주선이나 우주 왕복선은 어디로 가는 걸까요?

❹ 우주 왕복선에 대해 이야기 나눈다.
- 우주에는 무엇이 있을까요?
- 우주에 다녀오려면 얼마나 오래 걸릴까요?
- 우주여행을 하려면 어떤 것들이 필요할까요?

- 우주여행을 하려면 무엇을 타고 가야 할까요?
- 우주 왕복선은 무엇으로 움직이는 걸까요?
- 우주 왕복선을 움직이는 에너지는 어떻게 구해야 할까요?
- 우주 왕복선에서는 어떻게 생활할까요?
- 먼 우주까지 다녀오려면 무엇이 필요할까요?

❺ 우주 왕복선을 만들어 놀이해 보자고 한다. (설계도를 그리고 계획을 세워 작업을 시작한다.)

- 우주 왕복선은 어떤 모양일까요?
- (우주 왕복선 그림을 보며) 우주 왕복선에는 어떤 시설이 있을까요?
- 우주 왕복선 안은 어떻게 생겼을까요?
- 우주복과 산소통은 어떻게 만들까요?
- 우리가 만나게 될 우주인은 어떻게 생겼을까요?

❻ 우주 왕복선놀이에 필요한 것을 알아본다.

- 어디에서 우주 왕복선놀이를 하면 좋을까요?
- 우주를 어떻게 꾸며야 할까요? (우주 암석, 작은 행성 등을 만들어 우주를 꾸민다.)

❼ 바깥놀이터에 우주를 꾸미고 우주 왕복선놀이를 한다.

- 우주에 가면 어떤 일을 하고 싶나요?
- 우주탐사를 하며 외계인을 만나면 무슨 이야기를 하고 싶나요?
- 우주에서는 어떻게 움직일까요?

확장활동

❶ 외부활동으로 우주인이 되어 우주선을 타고 달나라 탐사 시작을 해본다.

- 아이 짐 체육기구 등을 이용하여 우주인들이 착륙할 반환점을 정한다.
- 모양 고리로 달의 행성들을 구성하고, 우주 왕복선으로 변신하는 놀이를 확장시킨다.

활동평가

❶ 미래의 교통기관에 관심을 가지는지 평가한다.

- 우주 왕복선을 설계하고 다양한 재료를 활용해 창의적으로 표현하는가?

❷ 우주 왕복선에 사용할 에너지에 대해 관심을 갖는지 평가한다.

- 우주 왕복선을 움직이는 에너지에 대하여 이야기를 하는가?

눈뭉치 피구놀이

내용범주 신체 인식하기〉 신체를 인식하고 움직이기〉 신체 각 부분의 특성을 이해하고 활용하여 움직인다.

대상연령 5세

활동목표

- 나의 몸의 기능을 인식한다.
- 공을 던지는 방향과 힘을 조절하여 놀이한다.
- 규칙에 따라 협동하여 게임을 즐긴다.
- 타인의 안전과 감정을 배려하는 태도를 기른다.

활동자료 눈싸움 그림 자료, 게임방법 그림 자료, 팀별 조끼, 색깔 테이프, 호루라기, 탱탱볼, 솜

활동방법

❶ 유아들과 반원으로 모여 앉아 눈싸움에 대한 그림 자료를 함께 살펴본다.

- 그림에서 무슨 놀이를 하고 있는 것 같나요?
- 여러분들은 눈싸움을 해보았나요? 어떻게 하는 놀이인가요?
- 눈뭉치를 피해 어떻게 움직였나요?
- 이때 눈뭉치를 맞으면 위험해지는 우리 몸의 부분은 어딘가요? 왜 그렇게 생각하나요?

❷ '눈뭉치 피구놀이' 방법을 소개한다.

- (눈뭉치 공을 보여준다.) 이렇게 큰 눈뭉치를 만들어 본 적 있나요?
- 이 게임은 솜을 붙여 눈뭉치처럼 보이게 만든 공을 던져서 상대팀을 맞추는 게임이에요.
- 게임방법을 살펴봅시다.

❸ 게임을 할 때 지켜야 할 규칙에 대해 이야기한다.

- 여러분들은 눈싸움을 하면서 눈뭉치에 맞은 적이 있나요?
- 눈뭉치로 얼굴, 머리, 배를 맞으면 어떤 일이 생길까요?

- 그래요, 우리 몸에서도 아주 중요한 일을 하는 곳이라 위험할 수 있어요. 그러니까 이 눈뭉치 공으로 게임을 할 때는 상대방의 팔이나 다리만 맞추는 것으로 합시다.
- 바닥을 한 번 봅시다. 선이 어떻게 표시되어 있나요?
- 선 안에는 눈뭉치 공을 피하는 친구들이 들어가고, 선 밖에는 눈뭉치 공을 던지는 친구들이 있을 거예요.
- 선을 넘어가면 어떻게 될까요? 선을 넘지 않도록 합시다.

❹ 게임방법과 규칙에 따라 게임을 한다.

- 와! ○○가 눈뭉치 공을 아주 재빠르게 피했어요.
- ○○는 친구 다리 쪽으로 아프지 않게 잘 던지네요.

❺ 눈뭉치 공을 피하는 친구와 눈뭉치 공을 던지는 친구들이 서로 바꾸어 게임을 한 번 더 한다.

❻ 눈뭉치 피구놀이를 하고 난 후 다시 편안하게 모여 앉아 숨 고르기를 하고 소감을 이야기 나눈다.

- '눈뭉치 피구놀이'를 해보았는데 어땠나요?
- 어떤 점이 가장 재미있었나요?
- 다음에 놀이할 때 고치고 싶은 점은 무엇인가요?

확장활동

- 실제로 눈이 오는 날에 눈을 뭉쳐 눈싸움놀이로 연계한다. 이때 나와 상대방의 안전과 타인의 감정을 고려하여 눈싸움을 해보도록 한다.
- 눈을 활용하여 할 수 있는 여러 가지 놀이방법을 생각하여 바깥놀이터에서 할 수 있도록 격려한다.

활동평가

❶ 자기 몸의 기능을 인식하고 조절하며 안전하게 놀이하는지 평가한다.

- 공을 던지는 방향과 힘을 조절하여 놀이하는가?
- 규칙에 따라 협동하며 게임을 즐기는가?
- 타인의 안전과 감정을 배려하는 태도를 보이는가?

여름 과일 샐러드

내용범주 신체조절과 기본 운동하기〉 기본 운동하기〉 걷기, 달리기, 뛰기 등 다양한 이동운동을 한다.

대상연령 5세

활동목표

- 여름에 주로 먹는 과일 종류에 대해 안다.
- 제시된 조건에 따라 몸을 움직인다.
- 질서와 규칙을 지키며 게임을 한다.

활동자료 과일(수박, 참외, 포도, 복숭아, 자두) 막대 그림, 머리띠 또는 목걸이 그림 자료, 유아용 의자(유아 인원수), 신호 악기(호루라기, 종, 북 등), 유아용 의자 등받이에 여름 과일 5가지를 골고루 붙여 놓기(그림 15×15cm)

활동방법

❶ 여름철 과일 샐러드 자료를 보며 이야기 나눈다.
- 여름철 과일에는 어떤 것들이 있을까요?
- 다양한 과일들을 한꺼번에 먹을 수 없을까요?

❷ 유아들과 원 대형으로 놓은 의자에 앉는다.

❸ 유아들에게 준비된 자료를 보여주며, 게임방법에 대해 이야기 나눈다.
- 여기 과일 머리띠(목걸이)와 과일 그림 막대로 무슨 게임을 해볼까요?
- 자신이 원하는 과일 머리띠(목걸이)를 선택한 사람이 같은 과일 의자에 앉아 봅시다.

❹ 유아들에게 원하는 과일 머리띠(목걸이)를 나누어 주고, 게임방법과 규칙을 이야기 한다.

❺ 유아나 교사가 시범을 보인다.
- 친구들은 노래 부르고 ○○는 막대를 들고 있다가 선생님의 신호 소리가 들

리면 과일을 선택하여 말하고 그 과일의 자리에 가서 앉아봅시다.

❻ 게임을 진행한다.

- 처음에는 1가지 과일만 선택하여 자리를 이동해 보도록 해요. (점차적으로 늘린다.)
- 샐러드가 모든 과일이 다 섞이는 것처럼 '샐러드'를 외치면 모든 친구들이 다 자리를 이동해야 해요.
- 술래가 '샐러드'를 외치면 다른 과일 그림 의자에 앉아야 해요. (다른 과일 그림 의자가 없을 경우에는 같은 과일 그림 의자라도 자기 의자가 아니면 앉을 수 있도록 한다.)

❼ 게임을 한 후 평가한다.

- 과일 머리띠(목걸이)와 같은 과일 그림 의자에 앉았나요?
- 내가 앉았던 의자가 아닌 다른 친구의 의자에 앉았나요?

확장활동

- 주제에 맞게 꽃, 탈것, 동물 등으로 바꾸어 해볼 수 있다.
- 신체활동으로 의자를 뒤로 물리고 다양한 과일이 샐러드로 합친다면 어떤 모습일지 모둠별(모둠별로 1가지씩 다른 과일들이 포함)로 표현해 볼 수 있다.
- '과일 샐러드' 요리활동을 해본다.

활동평가

❶ 게임에 활용한 여름 과일 이름을 말할 수 있는지 평가한다.

❷ 게임의 방법을 이해하고 참여하는지 평가한다.

- 술래 지시에 따라 과일 그림 의자를 찾아서 앉을 수 있는가?
- 질서와 규칙을 지키며 게임에 참여했는가?

황사가 왔어요

내용범주 건강하게 생활하기〉 몸과 주변을 깨끗이 하기〉 스스로 몸을 깨끗이 하는 습관을 기른다.

대상연령 5세

활동목표

- 봄에는 황사가 분다는 것을 안다.
- 황사의 위험성을 안다.
- 황사에 대처하는 방법을 알고 지켜 몸을 건강하고 안전하게 보호한다.
- 황사에 대해 궁금한 것을 다양한 방법으로 찾아본다.

활동자료 황사 탐사 사진(평소 하늘 모습, 황사가 낀 하늘 모습, 황사가 시작되는 중국의 고비사막), 동영상(KBS 황사 보도 자료, 소방방재청 동영상 자료)

활동방법

❶ 황사 보도 자료를 동영상으로 함께 본다.
- '황사'라는 말을 들어본 적이 있나요?
- 황사가 부는 것을 본 적이 있나요?

❷ 황사가 우리나라에 불어오는 모습을 위성 사진으로 확인한다.
- 황사가 분다는 것을 어떻게 알 수 있나요?
- 황사는 무엇 때문에 생길까요?
- 황사 바람은 어디에서 불어 올까요?

❸ 황사 관련 사진을 보며 황사에 대해 이야기 나눈다.
- 황사가 불어오니 하늘이 어떻게 되었어요?
- 깨끗했던 창문과 자동차가 어떻게 되었어요?

❹ 황사가 우리에게 어떤 영향을 미치는지 사진을 보며 이야기 나눈다.
- 황사를 조심해야 하는 이유는 무엇일까요?
- 황사는 우리에게 어떤 해를 끼칠까요?

❺ 황사 관련 동영상('황사를 극복하자', 소방방재청)을 보며, 황사 대처방법에 대해 이야기를 나눈다.

❻ 동영상의 내용을 회상하며, 내용을 구체화한다.

- 황사가 발생했을 때는 어떻게 해야 할까요?
- 집에서는 어떻게 하고 있는 것이 좋을까요?
- 유치원에서는 어떻게 해야 할까요? (창문 닫기, 바깥놀이 하지 않기, 손 자주 씻기)
- 밖에 있을 때 황사가 발생하면 어떻게 하는 것이 좋을까요?
- 눈이 충혈되었을 때 어떻게 해야 할까요? (눈 비비지 않기, 눈물이 나도록 물 마시기)
- 황사 때문에 피부가 가려울 때 어떻게 해야 할까요? (식염수로 닦기, 냉찜질 하기)
- 밖에 나갔다 왔다면 어떻게 해야 할까요? (몸 깨끗이 씻기)
- 황사 중에 자동차를 탈 때 창문을 어떻게 해야 할까요?
- 황사가 끝나고 하늘이 다시 깨끗해졌으면 집에서 어떻게 해야 할까요?
- 우리의 몸은 어떻게 해야 할까요?

확장활동

- 황사가 발생한 날을 선택하여 유아들에게 황사를 관찰할 수 있는 실험을 소개한다. 물에 적신 약솜을 접시에 담아 하나는 교실 창 밖에, 하나는 과학 영역에 비치해 두고 귀가 전에 두 접시에 있는 솜을 비교하는 활동을 할 수 있다.
- 가정에서 황사가 있는 날 해야 할 일을 안내하여 가정과 연계교육이 이루어지도록 한다.

활동평가

❶ 봄철 날씨의 특징인 황사가 무엇이며, 그 위험성을 아는지 평가한다.

- 봄철에 부는 황사가 무엇인지 아는가?
- 황사의 위험성을 알고 있는가?

❷ 황사가 발생했을 때 대처방법을 아는지 평가한다.

- 황사가 발생했을 때의 대처방법을 알고 지키는가?

❸ 황사에 대해 더 궁금한 것을 알아볼 수 위한 방법을 아는지 관찰을 통하여 평가한다.

- 궁금한 것을 다양한 방법으로 해결할 수 있는가?

우리 반이 어디 있지?

내용범주 안전하게 생활하기〉 비상 시 적절히 대처하기〉 재난 및 사고 등 비상 시 적절하게 대처하는 방법을 안다.

대상연령 3세

활동목표

- 동화를 듣고 주인공의 감정을 이해한다.
- 유치원/ 어린이집에서 우리 반의 위치를 안다.
- 우리 반이 어디 있는지 모를 때의 대처방법을 안다.

활동자료 동화 '우리 반이 어디 있지' 플래시

활동방법

❶ 간단한 손유희를 사용하여 주의집중을 한다.
- 선생님이 동화를 들려줄 때 너희들이 지켜야 할 약속이 있어요.
- 동화를 들을 때는 어떻게 들어야 할까요?

❷ 동화의 제목을 읽어주며 표지를 보고 이야기를 예상해 본다.
- '우리 반이 어디 있지' 라는 동화예요.
- 이 동화에는 어떤 이야기가 숨어 있을까요?

❸ 동화를 듣는다.

❹ 동화를 듣고 난 후, 동화 속 주인공의 감정과 행동에 대해 이야기 나눈다.
- 정우처럼 아침에 유치원/ 어린이집에 올 때 어떤 느낌이나 생각이 드나요?
- 너희들도 유치원/ 어린이집 오는 길에 놀이터가 보이면 정우처럼 놀고 싶은 생각이 드나요?
- 그런 생각이 들 때는 어떻게 하나요?
- 만약 너희들도 정우처럼 놀이하다가 깜빡하고 우리 반을 찾지 못하게 된다면 어떨 것 같아요?
- 반을 찾지 못할 때 어떻게 하면 우리 반을 찾을 수 있을까? (예 선생님이나 교

실에 들어가서 도와달라고 도움을 요청해야 해요.)

- 동화 속 주인공인 정우에게 해주고 싶은 이야기가 있나요?

❺ 우리 반의 위치에 대해 알아본다.

- 우리 반 교실을 잘 찾아올 수 있겠어요?
- 우리 반 교실은 몇 층에 있나요?
- 우리 반 교실은 무슨 반 옆에 있나요?
- 우리 반 교실 문에는 무엇이 그려져 있나요?

확장활동

- 길을 잃었을 때 대처방법에 대해 알아본다.
- 유치원/ 어린이집 둘러보기 활동을 통해 교실 및 기타 시설의 위치를 알아본다.
- '우리 반 상징 만들기' 활동을 한 후 교실 문에 부착한다.

활동평가

- 동화를 듣고 주인공의 감정을 이해하는지 평가한다.
- 유치원/ 어린이집에서 우리 반의 위치를 아는지 평가한다.
- 우리 반이 어디 있는지 모를 때 대처하는 방법을 아는지 평가한다.

(2) 누리과정의 의사소통 영역의 지도를 위한 교수방법

의사소통 영역의 내용 범주로 '듣기', '말하기', '읽기', '쓰기' 네 가지 나눠 설명할 수 있다.

'듣기'는 일상생활에서 낱말과 문장을 듣고 이해하기, 좀 더 긴 구조를 지닌 이야기를 듣고 이해하기, 이야기 중에서 형식을 지니고 있는 동요 · 동시 · 동화를 듣고 이해하기, 그리고 다른 사람의 이야기를 주의 깊게 듣는 바른 태도를 형성할 수 있는 데에 중점을 둔다. 지도 시 유의할 사항은 다음과 같다.

첫째, 유아가 듣기의 필요성을 인식하도록 한다.

둘째, 유아의 이해 수준과 흥미에 적합한 다양한 듣기활동을 제공한다.

셋째, 유아들의 듣기 능력이나 듣는 태도에는 개인차가 크기 때문에 개별적으로 지도하는 것이 바람직하다.

넷째, 교사 자신이 주의를 집중해서 듣는 모범을 보여야 한다.

다섯째, 유아가 잘 들을 수 있도록 물리적 · 심리적 환경을 조성해야 한다.

여섯째, 듣기에 대한 흥미를 유도할 수 있는 다양한 자료를 사용한다.

'말하기'는 일상생활에서 다양한 낱말과 문장으로 말하고, 자신의 느낌과 생각, 경험을 말하거나 이야기를 지어서 말하며, 듣는 사람의 느낌과 생각을 고려하여 상황에 맞게 바르게 말하는 태도를 기르는 데 중점을 둔다. 먼저 '말하기' 지도 시 유의할 사항은 다음과 같다.

첫째, 유아가 부담 없이 자유롭게 말을 할 수 있도록 허용적이고 개방적인 분위기를 조성한다.

둘째, 유아의 말하기를 자극하기 위하여 다양한 이야기거리와 자료를 제공한다.

셋째, 교사는 언제나 정확한 발음을 하는 모델이 되어야 할 뿐 아니라 유아가 이해할 수 있는 수준의 다양한 어휘를 사용하여 간결한 문장으로 말하는 모범을 보여야 한다.

넷째, 말하기 지도는 직접적인 교수나 반복 연습보다는 유아의 개인적인 발달 수준에 따라 자연스런 상황에서 점진적으로 하는 것이 효과적이다.

다섯째, 유아의 문장 구성 능력을 돕기 위해서 교사는 반복 확장과 의미 부연, 촉진의 방법을 사용할 수 있다.

여섯째, 교사가 적절한 질문을 하여 영유아의 생각, 느낌, 의견을 정확하게 표현하도록 돕는다.

일곱째, 여러 가지 말하기 상황에 필요한 예의가 습관화되도록 지도한다.

여덟째, 다양한 조건에서 말하기 경험을 하도록 여러 종류의 말하기활동을 제공한다.

'읽기'는 주변에서 자주 접하게 되는 친숙한 글자를 찾아보고 자주 보았던 글의 내용에 관심을 가지며 책읽기를 즐기도록 하는 데 중점을 둔다. '읽기' 지도 시 유의할 사항은 다음과 같다.

첫째, 유아가 읽기에 흥미를 갖도록 자극적인 언어 환경을 마련해 준다.

둘째, 유아의 일상적인 경험을 토대로 읽기활동을 실시한다.

셋째, 읽기활동은 각 유아의 언어 능력을 고려해서 개별적으로 지도한다.

넷째, 읽기활동은 말하기, 듣기, 쓰기활동과 통합하여 지도한다.

다섯째, 읽기 지도는 수, 과학, 미술, 음률 등 다양한 활동을 통하여 이루어진다.

마지막으로 '쓰기'는 자기 이름을 쓰는 데 관심을 보이고, 말이나 생각이 글로 나타낼 수 있음을 알아 글자와 비슷한 형태 등으로 표현해 보는 데 중점을 둔다. 또한 만 4, 5세는 쓰기 도구를 사용해보는 경험을 하도록 한다. '쓰기' 지도 시에 유의사항은 다음과 같다.

첫째, 개별적으로 지도해야 한다.

둘째, 글자 중심의 쓰기 지도보다 글자의 의미를 강조하는 쓰기 지도를 하도록 한다.

셋째, 쓰기의 필요성을 유아 스스로 인식하여 자발적으로 쓰기활동에 참여하도록 유도한다.

넷째, 유아에게 적절한 쓰기 자료를 제공한다.

① 누리과정의 의사소통 영역을 위한 환경 구성

교실 내 의사소통 영역을 위한 환경을 구성할 때 조용하고 안정된 장소에 배치하여 영유아가 활동에 집중할 수 있도록 하고 아늑한 분위기를 조성하기 위해 커튼을 달아주거나 장난감이나 스크린으로 낮은 칸막이를 해주면 좋다. 그리고 영유아의 시력을 보호할 수 있도록 자연 채광이 좋은 위치를 선택하거나 그렇지 않을 경우 조명을 설치

해야 한다. '듣기' 활동을 위해 영아들에게 자유롭게 만지고 흔들어서 소리 내는 놀잇감을 제공하고 유아들에게는 융판동화, 막대동화와 같은 다양한 종류의 동화 및 생활 주제와 관련된 동요, 동시, 동화를 담고 있는 카세트 테이프와 CD, 그리고 카세트 레코더, CD 플레이어, 헤드폰, 동요, 동시, 동화를 담고 있는 CD-ROM, 컴퓨터, 프린터 등을 제공해 준다. '말하기' 활동을 위해서 여러 종류의 인형이나 그림, 사진, 그림책 같은 다양한 자료를 구비하여 혼잣말, 어른 소리 모방 등의 언어적 상호작용이 많이 발생할 수 있도록 하며, '읽기' 활동을 위해서는 유아에게 넘기기 쉬운 딱딱한 책, 여러 가지 촉감을 느낄 수 있는 헝겊책, 비닐책 등의 다양한 책을 제공해 주고 그 외에 그림과 글자가 함께 있는 광고지, 영아의 사진이 들어 있는 가족 앨범 등을 비치하여 많이 읽어주고 유아들에게는 교실에 있는 사물, 영역 표시판, 친구 이름, 옷장 이름표 등을 문자로 적어 자연스럽게 읽을 수 있도록 한다. 유아에게는 색연필, 사인펜, 연필 등 필기 도구와 다양한 종이나 모래 글자판 컴퓨터, 프린터 등의 쓰기 도구를 제공하여 유아가 다양한 매체를 이용하여 쓰기활동을 할 수 있도록 한다.

② 누리과정의 의사소통 영역의 내용 범주

연령 수준	내용 범주	내용	활동의 예
3~5세	듣기	낱말과 문장 듣고 이해하기	여름을 시원하게 지내요
		이야기 듣고 이해하기	
		동요, 동시, 동화 듣고 이해하기	
		바른 태도로 듣기	봄에 볼 수 있는 식물
	말하기	낱말과 문장으로 말하기	여름을 시원하게 지내요
		느낌, 생각, 경험 말하기	
		상황에 맞게 바른 태도로 말하기	
	읽기	읽기에 흥미 가지기	봄나무
		책 읽기에 관심 가지기	
	쓰기	쓰기에 관심 가지기	

| 출처 | 보건복지부(2013). 3-5세 연령별 누리과정 교사용 지도서. 재구성.

③ 활동의 실제

여름을 시원하게 지내요

내용범주

- 듣기〉 낱말과 문장 듣고 이해하기〉 다양한 낱말과 문장을 듣고 뜻을 이해한다.
- 말하기〉 낱말과 문장으로 말하기〉 다양한 낱말을 사용하여 상황에 맞게 말한다.

대상연령 5세

활동목표

- 여름을 시원하게 지낼 수 있는 방법에 대해 안다.
- 다른 사람의 이야기를 듣고 이해하며 정확한 발음으로 말한다.
- 친구와 협력하여 놀이한다.

활동자료 수수께끼 카드, 수수께끼 카드 분류함 그림, 색도화지(분홍, 노랑, 하늘, 연두 등 연한 색깔), 카드 여러 장(20×15cm), 색연필, 사인펜, 카드 받침대

활동방법

❶ 여름 날씨의 특징에 대해 이야기 나눈다.
- 여름 날씨는 어떤지 이야기해 볼까요?
- 여름에는 날씨가 어떤가요?
- 무더운 여름이 되면 기분은 어떤가요?
- 무더운 여름을 시원하게 지내고 싶을 때 생각나는 것들이 있나요?

❷ 무더운 여름 날씨를 시원하게 지낼 수 있는 방법에 대해 이야기 나눈다.
- 시원하게 지낼 수 있는 것들에는 무엇이 있을까요?
- 그 외에 더 생각나는 것이 있나요?

❸ 교사는 유아들이 이야기한 것들을 화이트보드에 쓴다.

❹ 가), 나), 다), 라) 카드를 따로 분류하여 담아두고 수수께끼를 낼 때 각각의 주제에 대해 먼저 소개한 후 하나를 선택하여 설명한다.

5. 수수께끼를 낼 사람과 맞힐 사람을 정한다.
6. 수수께끼를 내는 유아는 그림 카드를 보면서 설명하거나, 뒷면의 내용을 보면서 문제를 낸다.
7. 언어 영역에서 유아가 새로운 수수께끼 카드를 만들어 추가할 수 있도록 색도화지 카드를 충분히 제공해 준다.
8. 색도화지 앞면에 그림을 그리거나 그림을 붙이고, 뒷면에 수수께끼 내용을 적고 내용면에 만든 유아의 이름을 적도록 한다.
9. 유아들이 만든 카드를 받침대에 올려놓아 다른 유아들이 수수께끼활동에 사용할 수 있도록 한다.

확장활동

1. 여름을 시원하게 지낼 수 있는 방법 수수께끼놀이를 팬터마임으로 할 수 있다.
2. 카드 2~3장을 무작위로 골라 각 단어를 연결하여 짧은 이야기 짓기놀이를 할 수 있다.
   - 모자, 양산, 아이스크림: 모자를 찾았는데 없어서 양산을 쓰고 아이스크림을 사러 갔어요.
3. 여름을 시원하게 지내는 것에 대한 그림을 그리거나 그림을 붙인 후 배경을 추가하여 그려볼 수 있다.
4. 유치원이나 활동실 내에서 여름을 시원하게 지낼 수 있는 물건 찾기놀이를 할 수 있다.

활동평가

1. 여름을 시원하게 지낼 수 있는 방법을 말할 수 있는지 평가한다.
   - 여름을 시원하게 지낼 수 있는 방법에 대해 말할 수 있는가?
   - 다른 사람의 이야기를 듣고 이해한 것을 잘 말하는가?
2. 유아들의 활동과정을 관찰하고 평가한다.
   - 여름을 시원하게 지낼 수 있는 방법을 그림이나 글씨로 표현하는가?
   - 친구와 협력하여 수수께끼놀이를 하는가?

봄에 볼 수 있는 식물

내용범주 듣기〉 바른 태도로 듣기〉 다른 사람의 이야기를 끝까지 주의 깊게 듣는다.

대상연령 5세

활동목표

- 봄에 볼 수 있는 식물을 관찰한다.
- 봄철 자연의 변화를 안다.
- 봄에 볼 수 있는 식물에 대해 궁금한 점을 다양한 자료를 이용하여 알아본다.

활동자료 봄에 볼 수 있는 식물 사진 자료, 봄에 볼 수 있는 식물의 실물 자료, 실물 화상기

활동방법

❶ 봄 동산 돌아보기에서 가져온 것 중 봄의 식물을 실물 화상기에 올려놓고 무엇인지 알아본다.

❷ 봄에 볼 수 있는 식물의 사진 자료를 보며 그 특징에 대해 유아들과 이야기 나눈다.
- 이 식물을 본 적이 있나요?
- 어디에서 보았나요?
- 언제 보았나요?
- 이 식물의 이름을 알고 있나요?
- 어떤 향기가 날까요?

❸ 봄에 볼 수 있는 식물 중 먹을 수 있는 것에 대해 알아본다.
- 봄에 볼 수 있는 식물 중에서 먹을 수 있는 것이 있을까요?
- 어떤 요리를 해서 먹을 수 있을까요?

❹ 봄에 볼 수 있는 식물 중 봄을 느끼게 하는 것에 대해 이야기 나눈다.
- 봄에 볼 수 있는 식물을 보니 어떤 느낌이 드나요?
- 봄이 온 것이 느껴지나요?

- 봄에 볼 수 있는 식물로 무엇을 할 수 있을까요?

❺ 봄에 볼 수 있는 식물에 대해 더 궁금한 점은 어떻게 알 수 있는지 이야기 나눈다.

- 봄에 볼 수 있는 식물에 대해 더 궁금한 것이 있으면 어떻게 할까요? (언어 영역에 있는 책이나 컴퓨터를 이용하여 궁금한 점을 알아볼 수 있음을 이야기해 준다.)

확장활동

- 함께 알아본 봄에 볼 수 있는 식물 사진을 이용하거나 그림을 그려 '봄의 식물' 책을 만들어 본다.
- 봄에 볼 수 있는 식물 그림 자료를 블록에 붙여서 쌓기놀이 영역에서 봄동산을 만들거나 봄길을 만들어 볼 수 있다.
- 봄에 볼 수 있는 식물 중 먹을 수 있는 것은 요리활동으로 전개할 수 있다.
- '우리 반 친구들이 좋아하는 봄 식물'에 대한 조사 및 그래프활동을 해볼 수 있다.

활동평가

❶ 봄철 자연의 변화와 봄에 볼 수 있는 식물을 아는지 평가한다.

- 봄철 자연의 변화를 아는가?
- 봄에 볼 수 있는 식물을 아는가?
- 봄에 볼 수 있는 식물에 대해 궁금한 점을 찾아보는 방법을 아는가?

봄나무

내용범주 읽기> 읽기에 흥미 가지기> 읽어 주는 글의 내용에 관심을 가지고 읽어 본다.

대상연령 5세

활동목표

- 봄나무에 관심을 가진다.
- 동시를 감상하고 즐긴다.
- 동시를 듣고 생각과 느낌을 말한다.

활동자료 동시 '봄나무'(김종상) 동시판, 봄나무 그림 자료, 잎눈 · 꽃눈 사진, 비발디의 사계 중 '봄' 음악

봄나무

가지마다 잎눈을 달고
말똥말똥 둘레를 살펴요.
보고 싶은 것이 많은 나무!

가지마다 꽃눈을 달고
또랑또랑 주위를 살펴요.
알고 싶은 것이 많은 나무!

동시/ 김종상

활동방법

1. 봄나무 그림 자료를 보여주며 잎눈과 꽃눈 수수께끼를 낸다. 수수께끼를 맞히면 나무에 잎눈과 꽃눈 사진을 붙인다.
   - 이것은 봄나무에 가지마다 달려 있어요.
   - 이것은 잎과 꽃이 날 준비를 하고 있지요.
2. 동시를 감상한다.
   - '봄나무' 라는 동시를 들어봅시다.

❸ 동시를 들어 본 느낌을 이야기해 본다.

- '봄나무' 동시를 들어보니 어떤 느낌이 드나요?

❹ 동시를 함께 읽어본다.

❺ 비발디의 사계 중 '봄'을 배경음악으로 들으면서 동시를 읽어본다.

- 음악을 들으면서 동시를 읽으니 어떤 느낌인가요?

❻ 뒷부분을 바꾸어 낭송해 본다.

- 만약 너희들이 잎눈이라면 무엇을 보고 싶나요?
- '보고 싶은 것이 많은 나무를' 이라는 부분을 너희들 생각대로 바꾸어 봅시다.

확장활동

- 봄나무의 잎눈과 꽃눈을 과학 영역에서 관찰한다.
- 동시 자료를 언어 영역에 놓아 주고 유아들이 동시 바꾸어 짓기 활동을 해본다.

활동평가

❶ 동시를 감상하며 유아와의 상호작용을 통해 평가한다.

- 봄나무의 모습에 관심을 가지고 관찰하는가?
- 동시 감상을 즐기는가?
- 동시를 듣고 자신의 생각과 느낌을 적절하게 표현하는가?

(3) 누리과정의 사회관계 영역의 지도를 위한 교수방법

사회관계 영역은 지식의 습득뿐 아니라 태도를 기르고 내면화하는 것에 중점을 두어야 하므로 이 점에 초점을 맞추어 교수방법 원리를 적용해 볼 수 있다.

첫째, 유아가 돕기, 나누기와 같은 친사회적 행동을 가치 있는 행동으로 인식하도록 하기 위한 성인의 모델링 등 일상생활 속에서 자연스럽게 진행되도록 한다.

둘째, 다루고자 하는 교수 내용이 1회적으로 한 번에 이루어지는 것이 아니라 다양한 방법으로 반복되어 여러 차례에 걸쳐 이루어지도록 한다.

셋째, 계획과 실행의 과정이 지나치게 구조화하지 않도록 하며 유아의 흥미와 관심, 자발성에 따라 유동적으로 운영되어야 한다.

넷째, 특별한 활동의 계획을 통해서 뿐만 아니라 일과를 통해 지속적으로 지도하여야 한다.

다섯째, 유아의 개인차를 인정하고 개별적으로 접근한다.

여섯째, 유아의 감정을 언어로 표현해 주어 다양한 감정과 정서를 배우고 이해하도록 돕는다.

일곱째, 사회적 능력을 키우기 위해 그룹 게임, 집단토의, 역할놀이, 견학, 공동작업 등의 기회를 제공한다.

① 누리과정 사회관계 영역을 위한 환경 구성

유아가 자기 존중감을 가지고 성장하고 발달할 수 있기 위해서는 긍정적이고 따뜻한 교육 환경을 마련해 주며 동시에 유아가 자신감을 가지고 주변을 탐색하도록 배려해야 한다.

유아를 위한 환경 구성에서 기본적으로 고려해야 할 점은 넉넉한 수의 놀잇감을 준비하며 같은 놀잇감의 경우는 여러 개 준비하여 분쟁의 소지를 사전에 예방할 수 있도록 한다.

유아를 위한 환경 구성에서 고려해야 할 점은 실내 · 외의 환경과 공간을 탐색하면서 위치나 방향에 대한 감각을 익힐 수 있도록 개방 영역과 반개방 영역, 높은 곳과 낮은 곳 등 다양하게 구성한다. 활발한 가작화활동과 상상놀이가 활발히 이루어지는 역할놀이 영역에는 활발한 움직임이 이루어지는 곳이므로 싱크대 등을 이용해 다른 영역과 구분지어 주며 놀이를 확장시켜주기 위해 쌓기 영역과 인접에 배치한다. 소꿉놀이 자료와 의상, 액세서리류를 비치하고 다양한 직업과 사회구성원의 역할을 경험할 수 있도록 극놀이 자료를 제공해 준다. 자연스럽게 다양한 가족구조, 우리나라, 세계 여러 나라에 대한 정보를 얻기 위한 전시나 컴퓨터 등 다양한 매체를 이용할 수 있도록 구성한다.

② 누리과정 사회관계 영역의 내용 범주

<table>
<tr><th>연령 수준</th><th>내용 범주</th><th>내용</th><th>활동의 예</th></tr>
<tr><td rowspan="12">3~5세</td><td rowspan="2">나를 알고 존중하기</td><td>나를 알고, 소중히 여기기</td><td></td></tr>
<tr><td>나의 일 스스로 하기</td><td>탱글탱글 과일 젤리</td></tr>
<tr><td rowspan="2">나와 다른 사람의 감정 알고 조절하기</td><td>나와 다른 사람의 감정 알고 표현하기</td><td>사람도 자연도 언제나 스마일</td></tr>
<tr><td>나의 감정 조절하기</td><td></td></tr>
<tr><td rowspan="2">가족을 소중히 여기기</td><td>가족과 화목하게 지내기</td><td></td></tr>
<tr><td>가족과 협력하기</td><td>손가락 가족 인형</td></tr>
<tr><td rowspan="3">다른 사람과 더불어 생활하기</td><td>친구와 사이좋게 지내기</td><td>신문지 눈싸움놀이</td></tr>
<tr><td>공동체에서 화목하게 지내기</td><td></td></tr>
<tr><td>사회적 가치를 알고 지키기</td><td></td></tr>
<tr><td rowspan="3">사회에 관심 갖기</td><td>지역사회에 관심 갖고 이해하기</td><td></td></tr>
<tr><td>우리나라에 관심 갖고 이해하기</td><td>여러 가지 김치</td></tr>
<tr><td>세계와 여러 문화에 관심가지기</td><td></td></tr>
</table>

| 출처 | 보건복지부(2014). 3-5세 연령별 누리과정 교사용 지도서. 재구성.

③ 활동의 실제

탱글탱글 과일 젤리

내용범주 나를 알고 존중하기〉 나의 일 스스로 하기〉 내가 할 수 있는 일을 알아본다.

대상연령 3세

활동목표

- 물질의 변화를 살펴본다.
- 직접 만든 음식을 친구와 맛있게 먹어본다.

활동자료 요리 순서표, 요리용 앞치마, 요리 재료(여러 가지 가을 과일, 판 젤라틴, 오렌지 주스, 설탕), 요리 도구(전자레인지, 큰 그릇, 전자레인지용 그릇, 쟁반, 유아용 개인도마, 유아용 안전 칼, 젤리통, 숟가락)

〈탱글탱글 과일 젤리 만드는 방법〉

❶ 판 젤라틴은 찬물에 15분 정도 불려둔다.
❷ 교사가 미리 껍질을 벗기고 잘라 둔 과일 조각을 접시 위에 놓고 칼로 작게 자른다.
❸ 젤리통에 자른 과일 조각을 넣는다.
❹ 오렌지 주스 100㎖에 설탕을 한 숟가락 넣고 녹여준다.
❺ 설탕을 녹인 오렌지 주스에 불려놓은 판 젤라틴을 물기를 꽉 짜서 넣고 전자레인지에 1분 30초 데운다.
❻ 데운 오렌지 주스를 과일을 잘라놓은 젤리통에 부어준다.
❼ 냉장고에 젤리통을 넣고 3~4시간 정도 굳힌다.

활동방법

❶ 유아는 손을 씻고 요리 준비를 하도록 돕고 요리 순서표를 살펴본다.
- 젤리를 먹어본 적이 있나요? 젤리를 먹을 때 어떤 느낌이었나요?
- 젤리를 만들려면 어떤 재료가 필요한가요?
- 요리에 필요한 도구들은 무엇이 있을까요?

❷ 교사는 유아용 안전 칼의 사용 시 유의점을 알려준다.
- 칼을 사용하지 않을 때는 어디에 두어야 할까요?

- 과일을 잡은 손에서 거리를 두고 칼로 잘라야 해요.

❸ 요리 순서표에 따라 요리를 하면서 재료를 탐색해 본다.

- 칼로 조심조심해서 작게 잘라보세요.
- ○○는 사과를 잘랐네요. 손에 무엇이 묻었나요?
- 자른 과일을 조금만 먹어볼까요?
- 다 자른 과일은 내 젤리통에 넣어 주세요.
- 이 판 모양은 젤라틴이라는 거예요. 젤리가 탱글탱글해지도록 도와주는 거랍니다.
- 물에 담가둔 딱딱한 젤라틴이 어떻게 변했는지 살펴볼까요?
- 주스에 설탕을 넣고 잘 녹도록 숟가락으로 저어줄게요.
- 설탕을 넣은 주스에 물렁물렁 부드러워진 젤라틴을 넣고 전자레인지에 따뜻하게 데울 거예요.
- 이제 친구들 젤리통에 선생님이 따뜻해진 주스를 부어줄게요.

❹ 완성된 젤리를 냉장고에 넣어 식힌 후 맛있게 먹는다.

- 젤리를 냉장고에 넣어두면 어떻게 변할까요?
- 냉장고에서 꺼낸 젤리가 어떻게 달라졌나요?
- 완성된 젤리의 모양은 어떤가요? 맛이 어떤가요?
- 직접 만들어 먹으니까 기분이 어떤가요?

확장활동

- 사전활동으로 가을 열매에 대해 알아보고 맛을 본다.
- 유아들이 유아용 안전 칼을 안전하게 사용할 수 있도록 설명하고 주의 깊게 관찰한다.

활동평가

❶ 물질이 변화하는 과정을 살펴보는지 평가한다.

- 판 젤라틴이 물에 불려져 변화된 모습을 자세히 관찰하는가?
- 완성된 젤리의 모습을 보고 차이점을 느끼는가?

❷ 직접 만든 음식을 즐겁게 먹는지 평가한다.

- 직접 만든 음식을 먹으며 만족감을 느끼는가?

사람도 자연도 언제나 스마일

내용범주 나와 다른 사람의 감정 알고 조절하기〉 나와 다른 사람의 감정 알고 표현하기〉 다른 사람의 감정을 안다.

대상연령 4세

활동목표

- 표정의 의미를 이해한다.
- 동물들과 함께 즐겁게 지내는 방법에 관심을 갖는다.
- 노랫말의 뜻을 이해하고 즐겁게 부른다.

활동자료 다양한 표정의 동물 사진, '사람도 자연도 언제나 스마일' 동영상

활동방법

❶ 다양한 표정의 동물 사진을 보며 이야기 나눈다.

- 모두 어떤 표정을 짓고 있나요?
- 이 동물은 왜 이런 표정을 짓는 걸까요?
- 이 동물이 말을 한다면 뭐라고 할 것 같나요?
- 웃는 동물들의 모습을 보니 기분이 어떤가요?

❷ 동영상 '사람도 자연도 언제나 스마일'을 본다.

- 노랫말에서 어떤 얘기를 하고 있나요?

사람도 자연도 언제나 스마일

랄랄랄-랄랄랄라~ 랄랄라~ 라~
스마일, 스마일, 스마일~
걱정을 모두 벗어버리고서
스마일, 스마일, 스마일
야생동물 지키며 웃어요,
스마일, 스마일, 스마일
자연과 사람 함께 웃-어요,
스마일, 스마일, 스마일

| 출처 | 환경부(www.me.go.kr/webdata/inform/poach.wmv)

- 노랫말에서 어떤 표정을 나타내는 말이 나왔나요?
- 노랫말과 어울리는 동물의 사진을 찾아볼까요?

❸ 노래에 대한 생각과 느낌을 서로 이야기한다.

- 동물들이 왜 사라지고 있을까요?
- 우리가 동물들이 사라지지 않도록 어떻게 해야 할까요?

❹ 표정의 의미를 이해하는지 평가한다.

- 마음속의 감정에 따라 표정이 다름에 대해 이해하는지요?
- 동물도 감정을 가지고 있음에 대해 이해하는지요?

❺ 멸종위기동물과 함께 잘 지내는 방법에 관심을 가지는지 평가한다.

- 멸종위기동물에 관심을 가지고 활동에 참여하는지요?
- 멸종위기동물이 사라져가는 이유에 관심을 가지는지요?

❻ 노랫말의 뜻을 이해하고 즐겁게 노래를 부르는지 평가한다.

확장활동

- 사라져가는 동물을 위해 할 수 있는 일들을 찾아 노랫말 일부분을 바꿔 부른다.
- 다양한 동물 표정 사진과 비슷하게 흉내내본 유아들의 사진을 함께 전시해 준다.

활동평가

- 유아들이 사라져가는 동물에 관심을 가지고 우리가 할 수 있는 일을 찾아보고자 하는 태도를 지니도록 격려한다.
- 동물들도 우리와 같이 마음속의 기분에 따라 표정이 다름을 이해하며 노래 부르기로 이어지도록 한다.

손가락 가족 인형

내용범주 가족을 소중히 여기기〉 가족과 협력하기〉 가족 구성원을 알아본다.

대상연령 3세

활동목표

- 명절에 만난 가족들을 알아본다.
- 만든 인형으로 간단한 극놀이를 해본다.

활동자료 손가락 가족 인형본(할아버지, 할머니, 아빠, 엄마, 오빠, 언니, 아기 등), 색연필, 색종이

활동방법

1. 준비된 손가락 가족 인형본을 보며 이야기를 나눈다.
   - 어떤 가족의 그림이 준비되어 있는지 살펴볼까요?
   - 인형을 만들고 구멍에 손가락을 끼우면 걸어다닐 수 있는 인형이 된답니다.
2. 다양한 재료를 사용하여 손가락 가족 인형을 만든다.
   - 털실로 머리카락을 만들고 색종이로 옷을 입혀 주었네요.
   - 할아버지, 할머니도 만들었네요.
   - 인형마다 여러 가지 옷도 입혀주었네요.
3. 손가락 인형과 추석 때 만나 보았던 가족들을 대응해 본다.
   - 추석 때 누구를 만났나요?
   - 이 인형 중에 누가 ㅇㅇ이 할아버지인가요?
4. 만든 손가락 인형으로 간단한 극놀이를 해본다.

확장활동

- 쌓기놀이 영역에서 블록으로 작은 무대를 구성하거나 인형극 틀을 제공하여 손가락 가족 인형으로 공연을 해볼 수 있다.
- 폐품이나 우드락 등을 이용하여 가족들이 사는 집을 만들어 볼 수 있다.

활동평가

1. 명절에 만난 가족들을 아는지 평가한다.
   - 만났던 가족의 명칭을 알아요?
2. 만든 놀이감을 이용하여 극놀이를 하는지 평가한다.
   - 역할에 알맞게 극놀이로 표현하는지요?

신문지 눈싸움 놀이

내용범주 다른 사람과 더불어 생활하기〉 친구와 사이좋게 지내기〉 친구와 협동하며 놀이한다.

대상연령 5세

활동목표

- 움직임 요소(신체조절 · 공간 · 힘 · 시간)를 적절히 활용하여 운동할 수 있다.
- 게임의 규칙을 이해하고 즐겁게 참여한다.

활동자료 신문지, 벽돌 블록

활동방법

❶ 눈싸움 놀이를 해본 경험에 대해 이야기 나눈다.
- 눈이 왔을 때 어떤 놀이를 해봤나요?
- 눈싸움 놀이를 할 때 필요한 것은 무엇일까요?

❷ 게임방법과 규칙에 대해 이야기 나눈다.
- 신문지로 눈싸움을 하려면 어떻게 해야 할까요?
- 안전하게 놀이하려면 어떤 규칙이 필요할까요?

❸ 팀을 나눈다.

❹ 벽돌 블록을 이용해 눈을 피할 수 있는 방어벽을 만든다.
- 날아오는 눈을 피할 수 있는 방법이 있을까요?
- 어떻게 만들어야 무너지지 않고 튼튼하게 만들 수 있을까요?

❺ 규칙을 지키며 게임을 한다.

❻ 게임 후 주변을 정리한다.

❼ 게임을 평가한다.
- 신문지 눈싸움을 해보니 어땠나요?
- 조금 더 안전하고 신나게 할 수 있는 방법이 있을까요?

확장활동

- 와플 블록이나 할로우 블록 등 다양한 블록을 이용해 방어벽을 구성해 본다.
- 목표물(과녁)을 만들어 맞추어 보고, 점수를 합산해 보는 게임을 할 수 있다.

활동평가

- 움직임 요소(신체조절 · 공간 · 힘 · 시간)를 적절히 활용하여 운동할 수 있는지 평가한다.
- 게임의 규칙을 이해하고 즐겁게 참여할 수 있는지 평가한다.

여러 가지 김치

내용범주 사회에 관심 갖기〉 우리나라에 관심 갖고 이해하기〉 우리나라의 전통, 역사, 문화에 관심을 갖는다.

대상연령 5세

활동목표

- 우리나라 김치의 유래와 종류를 안다.
- 다양한 김치를 비교해보고 특성을 안다.

활동자료 동시판 '김치가족', 다양한 김치 사진 자료

김치가족

빨강치마 배추김치
동글동글 총각김치
나박나박 깍두기
출렁출렁 물김치
길쭉길쭉 오이김치
우리들은
한국의 김치가족이에요

시/ 이윤경

활동방법

❶ 동시 '김치가족'을 들려주며, 김치에 대해 이야기 나눈다.

❷ 김치 사진을 제시하며 유아들이 좋아하는 김치의 종류에 대해 이야기 나눈다.

- 무슨 김치를 좋아하나요?
- 이 김치의 이름은 뭘까요?
- 어떤 김치를 먹어 본 적이 있나요?

❸ 사진을 보며 김치에 들어가는 재료와 맛에 대해 이야기 나눈다.

- 어떤 김치가 가장 매울 것 같나요?
- 모든 김치에 다 들어간 재료는 무엇일까요?

확장활동

- 유아들이 좋아하는 김치를 그래프로 표시해서 그 수를 비교해 본다.
- 유아들이 좋아하는 김치로 '우리 반이 좋아하는 김치' 책 만들기 활동을 할 수 있다.

활동평가

- 우리나라 김치의 유래와 종류를 알 수 있는지 평가한다.
- 다양한 김치를 비교해보고 특성을 이해하는지 평가한다.

(4) 누리과정 예술경험 영역의 지도를 위한 교수방법

예술경험 영역은 유아들의 자신이 보고 듣고 생각한 것들을 표현하고자 하는 기본욕구를 충족시키며 이 과정에서 신체적 · 정서적 발달을 피하고 심미적 태도를 기르도록 하는 것이다. 이 과정에서 유의해야 할 교수방법 원리는 다음과 같다.

첫째, 주변 사물과 자연, 환경 등에서 예술적 요소를 탐색하고 감상할 수 있도록 일상생활에서 자연스럽게 이루어지도록 한다.

둘째, 유아들의 창의적 표현을 격려하고 자발적인 시도를 장려한다. 이 과정에서 유아교사는 유아가 스스로에 대해 믿음과 자신감을 가질 수 있도록 도움을 주어야 한다.

셋째, 결과보다는 과정에 초점을 맞추어 지도한다.

넷째, 유아가 가지고 있는 사전 경험, 흥미 등과 같은 개인차에 기초하여 계획하고 지도하여야 한다.

다섯째, 다양한 예술적 요소를 따로 분리하여 경험하도록 하거나 특정 기술의 습득에 초점을 맞추는 것이 아니라 허용적인 분위기 속에서 많은 것을 느끼고 탐색하고 경험할 수 있도록 격려해 준다.

여섯째, 다양한 미술 재료를 경험해 볼 수 있도록 양을 충분히 제공하고 자유롭고 창의적으로 사용할 수 있도록 격려해 준다.

① 누리과정의 예술경험 영역을 위한 환경 구성

예술경험을 크게 3가지 활동으로 나누어 볼 수 있다. 그 첫 번째로 음악과 동작활동을 위한 환경에 대해 알아보면, 음악과 동작활동은 소음이 발생하는 활동이므로 시끄러운 영역에 인접하여 배치한다. 또한 영유아가 자신의 생각에 따라 움직일 수 있는 공간을 충분히 크게 마련해 주며 자신의 움직임을 관찰해 볼 수 있도록 전신 거울을 비치해 준다. 바닥에는 카펫 등을 깔아 안전하며 소음을 흡수할 수 있도록 한다. 유아들의 음률활동을 위해 다양한 리듬악기나 키보드, 실로폰 같은 건반악기를 비치해 두며 악보나 노랫말 등을 제공해 준다. 여러 종류의 음악(동요, 고전음악, 전통음악, 전자음악 등)을 듣고 감상할 수 있도록 자료를 준비해 준다. 동작활동을 위해서는 리듬 막대, 스카프, 리본테이프 등의 소품과 벽면에는 음악가나 무용가의 사진을 붙여준다.

미술활동을 위한 영역은 활동 중 물이 필요한 경우가 많이 발생하게 되므로 물을 쓰기 편한 곳에 위치하는 것이 좋다. 이 영역에서는 기본적인 크레파스, 색연필, 색종이,

풀 등의 미술 재료와 도구뿐 아니라 다양한 재료가 구비되어 미술활동에 대한 풍부한 경험을 할 수 있도록 하는데 이때 유아의 요구나 발달 수준, 흥미에 적합하며 자료가 제시되는 시기도 고려되어야 한다. 유아들이 각자의 작품을 전시할 수 있는 공간을 마련해 두며, 다양한 작품을 접하도록 하여 느낌이나 생각을 자유롭게 표현할 기회를 제공한다.

가작화나 극놀이를 위한 환경에 대해 알아보면 이 영역은 움직임이 많고 활동이 다양하여 활동적인 놀이 영역에 위치하도록 하고, 유아들이 역할놀이에 필요한 다양한 종류의 의상과 소품을 마련하여 자발적으로 참여할 수 있도록 준비해 준다. 확장된 극놀이를 위해 전체적으로 전개되는 교육 주제와 연관된 자료들을 준비해 주며 견학이나 새로운 사건과 인물 소개, 읽기 등의 경험을 제공한다. 극놀이에서는 특정성이나 문화에 대한 편견이 없는 자료와 소품을 제공해 주어야 한다(위영희 외, 2008 재구성).

② 누리과정의 예술경험 영역의 내용 범주

연령 수준	내용 범주	내용	활동의 예
3~5세	아름다움 찾아보기	음악적 요소 탐색하기	소리를 만들어 봐요
		움직임과 춤 요소 탐색하기	
		미술적 요소 탐색하기	
	예술적 표현하기	음악으로 표현하기	
		움직임과 춤으로 표현하기	
		미술활동으로 표현하기	약속 액자 만들기
		극놀이로 표현하기	
		통합적으로 표현하기	
	예술 감상하기	다양한 예술 감상하기	'어린이의 정경' 감상하기
		전통예술 감상하기	

| 출처 | 보건복지부(2014). 3-5세 연령별 누리과정 교사용 지도서. 재구성.

③ 활동의 실제

소리를 만들어 봐요

내용범주 아름다움 찾아보기〉 음악적 요소 탐색하기〉 다양한 소리, 음악의 셈여림, 빠르기, 리듬 등에 관심을 갖는다.

대상연령 3세

활동목표

- 우리 동네에서 들리는 소리에 관심을 갖는다.
- 여러 가지 재료를 이용하여 우리 동네 주변에서 들리는 소리를 표현한다.

활동자료 우리 동네에서 들리는 소리 음원(학교종, 자동차 주행, 페트병 밟는 소리, 설거지 소리, 초인종, 미용실, 시장, 톱질, 망치질, 치과 치료, 나뭇잎 밟는 소리 등) 및 음원과 관련된 사진 카드, 소리를 내는 악기와 다양한 물건(핸드벨, 빨래판, 비닐봉지, 페트병, 구두, 그릇, 식기, 나무 막대, 실로폰, 드라이기, 자, 풍선, 종잇조각 등)

활동방법

❶ 우리 동네에서 들리는 소리(학교, 자동차, 공사장 등)를 듣고 그 소리와 관련된 사진 카드를 찾는다.
- 어떤 소리가 들리는지 들어볼까요?
- 녹음된 소리를 사진 카드에서 찾아볼까요?

❷ 우리 동네에서 들리는 소리를 입으로 표현해 본다.
- 우리 동네에서 들리는 소리를 우리 입으로 소리 내어 볼까요?
- 자동차 소리는 어떻게 흉내 내어 볼 수 있을까요?

❸ 준비된 악기와 물건을 탐색한다.
- 여기에는 어떤 악기와 물건이 있나요?
- 악기나 물건에서 어떤 소리가 나는지 소리 내어 볼까요?

❹ 우리 동네와 관련된 사진 카드를 한 장씩 넘기며 비슷한 소리를 악기나 물건에서 찾아 소리 낸다.
- 사진 카드 우리 동네에서 나는 소리는 어떤 악기나 물건과 어울릴까요?

- 친구와 함께 우리 동네와 관련된 사진 카드를 한 장씩 넘기며 소리를 찾아 연주해 볼까요?

❺ 소리 만드는 활동에 대한 느낌을 이야기하고 평가한다.

- 우리 동네에서 들리는 소리를 표현해 보니까 어떤가요?
- 우리 동네 주변에서 나는 또 다른 소리는 무엇이 있을까요?
- 그 소리는 어떤 악기나 물건에서 찾아볼 수 있을까요?

확장활동

- 우리 동네에서 나는 소리에 대한 느낌을 신체로 표현할 수 있다.

〈교사를 위한 도움말 – 우리 동네에서 들리는 소리 만들기의 예〉

우리 동네에서 들리는 소리	입으로 소리 만들기	도구를 사용하여 소리 만들기
학교에서 들리는 소리	딩동댕	실로폰
자동차 시동 거는 소리	부릉부릉	빨래판
종이 쇼핑 가방 소리	퍼버벅	페트병
설거지 소리	쨍쨍쨍	그릇
공사장 망치 소리	뚝딱뚝딱	나무 막대나 나무젓가락
아파트 벨 소리	딩동딩동	핸드벨
미용실에서 들리는 소리	위잉위잉	드라이기
시장에서 물건을 담는 소리	부스럭부스럭	비닐봉지와 여러 가지 물건
톱으로 나무를 자를 때 나는 소리	쓱싹쓱싹	자와 나무
치과에서 치료할 때 나는 소리	치이익치이익	바람이 든 풍선
나뭇잎 밟는 소리	바스락바스락	종이

- 자연물과 여러 가지 자료를 이용하여 소리에 대한 느낌을 표현해 볼 수 있다.

활동평가

❶ 우리 동네에서 들리는 소리에 관심을 갖는지 평가한다.

- 우리 동네 주변에서 들리는 소리를 찾을 수 있는가?
- 우리 동네 주변에서 들리는 다양한 소리가 무엇인지 말할 수 있는가?

❷ 우리 동네에서 들리는 소리를 여러 가지 자료로 표현할 수 있는지 평가한다.

- 우리 동네에서 들리는 소리를 입으로 표현할 수 있는가?
- 우리 동네에서 들리는 소리를 악기나 물건으로 표현할 수 있는가?

약속 액자 만들기

내용범주 예술적 표현하기〉 미술활동으로 표현하기〉 협동적인 미술활동에 참여한다.

대상연령 4세

활동목표

- 놀잇감과 시설물마다 지켜야 하는 약속들이 있음을 안다.
- 친구들과 함께 협력하여 액자를 꾸민다.

활동자료 도화지, 다양한 종류의 그림 도구, 도화지 크기에 맞는 우드락 액자 틀, 다양한 꾸미기 재료, 우드락 본드, 유치원/ 어린이집 교실 환경 사진 자료(교실, 화장실, 계단이나 복도, 놀이터, 식당 등)

활동방법

❶ 유치원/ 어린이집 각 시설 환경 사진 자료를 보면서 이야기 나눈다.
- 사진 속에 있는 이곳은 어디일까요?
- 이곳에 무엇이 있는지 잘 살펴봐요.
- 우리는 이곳에서 무엇을 하나요?

❷ 유치원/ 어린이집 각 시설 환경 장소에서 지켜야 할 약속에 대해 이야기 나눈 것을 회상해 본다.
- 교실에서는 어떤 약속을 정하기로 했는지 생각나요?
- 화장실, 복도 계단에서는 어떤 약속을 지키기로 했는지 생각나요?
- 만약 우리가 이야기한 약속을 지키지 않으면 어떻게 될까요?

❸ 놀잇감과 각 시설물에서 지켜야 할 약속을 그림으로 표현해 본다.
- 우리가 함께 이야기한 약속을 그림이나 글로 꾸며서 액자에 넣어 봅시다.
- 우리가 이야기한 약속을 이 종이 한 장에 다 같이 그려서 유치원/ 어린이집 친구들에게 알려줍시다.
- 화장실에서 줄을 서는 그림은 어떻게 그리면 좋을까요?

• 뛰지 않고 걸어다니는 그림은 어떻게 그리면 좋을까요?

❹ 그림 약속판을 넣을 수 있는 액자를 친구들과 함께 꾸민다.

• 우리가 만든 그림 약속판을 넣을 액자를 꾸미려고 해요. 어떻게 꾸미면 좋을까요?
• 여러 가지 준비된 재료를 이용해서 액자를 꾸며 봅시다.
• 어떤 재료를 이용해서 액자를 꾸미고 싶나요?

❺ 꾸며진 액자틀에 그림 약속판을 붙인 후, 이야기 나눈다.

• 친구들이 만든 그림 약속 액자를 감상해 봅시다.
• 이 액자는 어디에서 지켜야 할 약속인 것 같나요?
• 이 액자를 어디에 붙여주면 유치원/ 어린이집 친구들이 다 볼 수 있을까요?

❻ 유아들과 함께 액자를 게시한다.

확장활동 유치원/ 어린이집 상황에 맞게 시설물을 좀 더 세부적으로 나누어 약속 액자를 만들어 볼 수 있다.

활동평가

• 시설물마다 지켜야 하는 약속이 있음을 알게 되는지 평가한다.
• 친구들과 함께 협력하면서 활동에 참여하는지 평가한다.

'어린이의 정경' 감상하기

내용범주 예술 감상하기〉 다양한 예술 감상하기〉 다양한 음악, 춤, 미술작품, 극놀이 등을 듣거나 보고 즐긴다.

대상연령 5세

활동목표

- 피아노 연주곡에 관심을 가지고 감상해 본다.
- 연주곡의 특색에 맞추어 느낌을 이야기해 본다.

활동자료 슈만의 사진, 슈만의 '어린이의 정경' 음원, CD 플레이어

활동방법

1. '어린이의 정경' 1번 소곡 '미지의 나라들'을 틀고 슈만의 사진을 제시한다.
   - 이 음악을 작곡한 사람은 바로 슈만이라는 독일의 작곡가예요.
   - 이 곡은 어떤 악기로 연주했을까요?
2. '어린이의 정경'을 소개하고, 감상 중인 1번 소곡에 대한 느낌에 대해 이야기를 나눈다.
   - '슈만' 이라는 작곡가가 너희들처럼 어렸을 때를 기억하면서 이 곡을 만들었대요.
   - 어린이들에 대한 곡이어서 이름이 '어린이의 정경' 이에요.
   - 지금 이 곡을 들으니 슈만은 어떤 기분의 어린이들을 생각하면서 곡을 만들 것 같나요?
3. 1번 소곡을 멈추고 3번 소곡에 대하여 이야기를 나눈 후 감상한다.
   - 이번 곡은 슈만의 '어린이의 정경' 에 들어 있는 또 다른 곡이에요.
   - 슈만은 술래잡기를 하던 옛 추억을 생각하면서 이 곡을 만들었대요.
   - 이 곡을 들어보니 느낌이 어때요?
   - 어린이들이 술래를 피해서 빨리 움직이는 것 같군요.
4. 3번 소곡을 멈추고 7번 소곡에 대하여 이야기를 나눈 후 감상한다.

- 또 다른 곡을 감상해 보아요.
- 이 곡의 제목은 '트로이메라이' 예요. 우리나라 말로 '꿈' 이라는 뜻이에요.
- 친구들이 꾸었던 꿈 중에서 기분 좋은 꿈이 있었나요? 그 꿈을 생각하면서 노래를 다시 들어볼까요?

⑤ 7번 소곡을 멈추고 9번 소곡에 대하여 이야기를 나눈 후 감상한다.

- 마지막으로 어린이 정경의 또 다른 곡을 들어볼까요?
- 이 곡의 이름은 '목마의 기사' 예요. 말을 타고 움직이는 모습을 표현한 노래예요.
- 이 곡을 들어보니 기사와 말이 어떻게 움직이고 있는 것 같나요?
- 노래의 어떤 부분이 말이 달리는 모습 같나요?

확장활동

- 음악을 감상하면서 그림으로 느낌을 표현해 본다.
- 감상한 곡을 점심 시간이나 낮잠 시간에 들려준다.

활동평가

- 피아노 연주곡에 관심을 가지고 감상하는지 평가한다.
- 연주곡의 특색에 맞추어 느낌을 표현하는지 평가한다.

(5) 누리과정 자연탐구 영역의 지도를 위한 교수방법

누리과정의 자연탐구 영역의 교수방법에서 유의해야 할 원리는 다음과 같다(위영희 외, 2008 재구성).

첫째, 정해진 시간에만 실시하기보다는 일상생활 속에서 자연스럽게 진행되어야 한다.

둘째, 단편적 지식이나 개념을 학습하는 데 중점을 두기보다는 그 결과에 도달하기까지의 사고과정이나 탐구과정에 중점을 두고 지도한다.

셋째, 유아의 발달 수준에 적절한 활동으로 구성되어야 한다.

넷째, 유아의 개인차를 인정하고 개별적인 학습이 되도록 구성되어야 한다.

다섯째, 유아가 주도적으로 탐구하도록 계획되어야 한다.

여섯째, 직접적이고 구체적인 경험으로 구성되도록 한다.

일곱째, 유아가 호기심을 가지고 주변 환경과 현상을 관찰하고 탐구할 수 있도록 다양한 자료와 경험을 풍부하게 제공해야 한다.

여덟째, 놀이를 통해 반복적으로 탐색활동이 이루어지도록 계획되어야 한다.

① 누리과정의 자연탐구 영역을 위한 환경 구성

자연탐구 영역은 유아가 탐구활동에 자발적으로 참여하도록 하기 위해서 영유아 발달에 적절하고 흥미를 끌 수 있는 자료들을 풍부하게 갖추는 것이 필요하다. 먼저 유아가 시각, 청각, 촉각 등의 감각적 경험을 할 다양한 감각적 활동을 계획하며, 만 3~5세 유아의 경우 수, 공간 및 도형의 개념을 형성과 사물의 특성을 이해하는 데 도움을 줄 수 있는 구체적 교구를 준비해 주고 한 가지로 사용할 수 있는 놀잇감보다는 다양하게 변화시켜 체험할 수 있는 자료와 물리적 환경을 준비한다(위영희 외, 2008 재구성).

② 누리과정 자연탐구 영역의 내용 범주

연령 수준	내용 범주	내용	활동의 예
3~5세	탐구하는 태도 기르기	호기심을 유지하고 확장하기	교실 물건 수수께끼
		탐구과정 즐기기	
		탐구기술 활용하기	
	수학적 탐구하기	수와 연산의 기초 개념 알아보기	
		공간과 도형의 기초 개념 알아보기	여러 가지 블록 놀잇감
		기초적인 측정하기	
		규칙성 이해하기	
		기초적인 자료 수집과 결과 나타내기	
	과학적 탐구하기	물체와 물질 알아보기	
		생명체와 자연 환경 알아보기	
		자연현상 알아보기	온도계로 기온 재어보기
		간단한 도구와 기계 활용하기	

| 출처 | 보건복지부(2014). 3-5세 연령별 누리과정 교사용 지도서. 재구성.

③ 활동의 실제

교실 물건 수수께끼

내용범주 탐구하는 태도 기르기〉 호기심을 유지하고 확장하기〉 주변 사물과 자연세계에 대해 호기심을 갖는다.

대상연령 3세

활동목표

- 교실의 물건에 대한 설명을 하고 대답하는 순서를 지켜 수수께끼를 즐긴다.
- 교실 다양한 물건의 특성과 이름을 안다.

활동자료 수수께끼 집 4개, 교실 물건 사진 20장(사인펜, 동화책, 돋보기, 의자, 책상, 인형, 탬버린, 간식접시, 포크, 물컵, 피아노, 시계, 가위, 점토, 종이, 색종이, 마라카스, 크레파스, 바구니, 주사위)

활동방법

❶ 동그랗게 모여 앉는다.

❷ 가운데 수수께끼 카드에 있는 물건을 놓는다.

❸ '수수께끼 집'에 수수께끼 카드를 넣어 교실에 있는 물건 카드를 넣은 집 모양의 봉투에 수수께끼 카드의 부분을 보며 물건의 특징에 대해 이야기한다. (이때 가장 특징적인 것을 짧은 문장으로 이야기한다.)

- 선생님이 수수께끼 집 속에 우리 교실에 있는 물건 그림 카드를 넣어 두었어요.
- 어떤 물건이 수수께끼 집에 숨어 있을까요?
- (수수께끼 집 창문을 열며) 어, 무슨 물건이지? 숫자가 보이네요.
- (또 다른 창문을 열며) 길쭉한 선이 보이네. 무얼까요?

❹ 친구들과 함께 '수수께끼 집' 놀이를 해본다.

- 이번에는 친구들과 함께 수수께끼 집놀이를 해볼까요?
- 누가 먼저 수수께끼를 내볼까요?

〈게임방법〉

1. 먼저 수수께끼를 낼 유아를 정한다.
2. 수수께끼 집 창문은 문제를 내는 유아만 열 수 있다. 수수께끼 카드의 부분이 보이도록 창문을 연다.
3. 수수께끼 카드를 보며 그림을 보여주지 않고 물건의 특징을 설명하여 친구에게 수수께끼를 낸다.
4. 물건이 무엇인지 유아가 맞힌다.
5. 수수께끼를 맞힌 유아가 수수께끼를 내는 차례가 된다.

5. 활동을 평가하며 활동에 필요한 것에 관해 이야기 나눈다.
   - 활동해 보니 어때요?
   - 더 필요한 것은 없어요?
   - 수수께끼 카드에 더 넣고 싶은 물건은 어떤 것이 있나요?

확장활동

- 수수께끼 카드에 없는 교실 물건을 찾아 유아들이 직접 물건 사진을 찍어 수수께끼 카드를 늘려나간다.
- 교실 외 유치원/ 어린이집 시설물에 대한 수수께끼 카드를 만들어 활동한다.

활동평가

1. 교실의 물건에 대한 수수께끼 활동에 잘 참여하는지 평가한다.
   - 교실의 물건에 대한 수수께끼 설명과 대답의 순서를 지키며 놀이하나요?
   - 유아들이 교실의 물건에 대한 설명을 주의를 기울여 듣고 대답을 하나요?
2. 교실의 다양한 물건의 특성과 이름을 알고 있는지 평가한다.
   - 교실의 물건의 특성을 알고 있는가요?
   - 교실의 물건의 이름을 알고 있는가요?

여러 가지 블록 놀잇감

내용범주 수학적 탐구하기〉 공간과 도형의 기초 개념 알아보기〉 기본 도형을 사용하여 여러 가지 모양을 구성해 본다.

대상연령 4세

활동목표

- 여러 종류의 블록 놀잇감의 특성에 대해 관심을 갖는다.
- 친구들과 여러 가지 블록을 구성하여 놀이한다.

활동자료 여러 가지 모양과 크기의 블록들(유니트 블록, 우레탄 블록, 종이벽돌 블록 등)

활동방법

❶ 쌓기놀이 영역에 있는 여러 종류의 블록에 대해 이야기 나눈다.
- 어떤 종류의 블록들이 있을까요?
- 이 블록은 어떤 모양으로 되어 있나요?
- 이 블록은 무엇으로 만들어졌을까요?

❷ 블록을 자유롭게 탐색한 후, 무엇을 만들지 구상해 본다.
- 블록으로 무엇을 만들 수 있을까요?
- 어떤 블록을 사용하면 좋을까요?

❸ 여러 종류의 블록으로 자신이 만들고 싶은 것을 만들면서 자유롭게 놀이해 본다.

❹ 자신이 만든 블록 구성물을 친구들에게 소개한다.
- 너희가 블록으로 만든 것을 친구들에게 소개할 수 있나요?
- 어떤 블록으로 무엇을 만들었는지 소개해 봅시다.

확장활동

- 다양한 블록을 활용하여 유치원과 주변 환경을 창의적으로 구성해 본다.
- 완성한 블록 구성물을 사진으로 찍어 전시한다.

활동평가

- 여러 종류의 블록 놀잇감에 관심을 갖는지 평가한다.
- 친구들과 여러 가지 블록을 구성하여 즐겁게 놀이하는지 평가한다.

온도계로 기온 재어보기

내용범주 과학적 탐구하기〉 자연현상 알아보기〉 낮과 밤, 계절의 변화와 규칙성을 알아본다.

대상연령 5세

활동목표

- 온도계를 사용하여 기온을 측정해 본다.
- 겨울 날씨와 온도 변화에 관심을 가진다.

활동자료 막대온도계(10℃마다 색 테이프로 두른 것), 기온 측정 기록지

활동방법

1. 겨울 날씨에 대해 이야기 나눈다.
   - 어린이집에 오는 길에 날씨가 어땠나요?
   - '춥다' 는 것은 어떻게 알 수 있나요?
2. 기온을 측정해 볼 수 있는 방법을 생각해 본다.
   - 춥고 더운 것을 숫자로 알아볼 수 있도록 하는 도구는 무엇일까요?
3. 온도계 사용방법을 알아본다.
   - 온도계를 본 적이 있나요?
   - 온도계의 아랫부분을 손으로 꼭 감싸 보세요. 어떤 변화가 있나요?
   - 온도계를 어떻게 잡아야 현재 기온을 정확하게 알아볼 수 있을까요?
   - 온도는 어떻게 읽을까요?
4. 온도를 측정할 장소를 정한다.
   - 교실의 온도는 얼마나 될까요?
   - 어린이집 문 앞의 온도는 얼마나 될까요?
   - 어디부터 재어 볼까요?
5. 온도를 측정한다.

❻ 실내온도와 실외온도를 비교해 본다.

- 실내온도와 실외온도는 어떤 차이가 있었나요?

❼ 측정한 온도를 기온 측정 기록지에 기록한다.

확장활동 측정한 기록지의 온도를 꺾은선 그래프로 나타낸다.

활동평가

- 온도계를 사용하여 기온을 측정하는지 평가한다.
- 겨울 날씨와 온도 변화에 관심을 갖는지 평가한다.

02 표준보육과정 영역별 및 교수학습방법

1) 영아를 위한 국가 수준의 영역별 목표 및 내용

영아를 위한 표준보육과정은 보건복지부에서 개발한 내용을 바탕으로 0-1세와 2세를 위한 국가 수준을 기반으로 각 영역별 세부 내용 및 활동을 살펴보도록 한다.

(1) 표준보육과정 구성 방향 및 체계

가. 구성 방향

① 영 · 유아의 발달 특성과 개인차를 고려하여 연령 및 수준별로 구성한다.

② 어린이집에서 편안하고 행복한 일상생활이 되도록 중점을 두어 구성한다.

③ 질서, 배려, 협력 등 기본생활습관과 바른 인성을 기르는 데 중점을 두어 구성한다.

④ 자율성과 창의성을 기르는 데 중점을 두고, 전인발달을 이루도록 구성한다.

⑤ 사람과 자연을 존중하고, 우리 문화를 이해하는 데 중점을 두어 구성한다.

나. 구성 체계

① 어린이집 표준보육과정은 0-1세 보육과정, 2세 보육과정, 3-5세 보육과정으로 구성한다.

② 어린이집 표준보육과정은 영역, 내용 범주, 내용, 세부 내용으로 구분하고, 내용 간에 연계가 이루어지도록 구성한다.

③ 세부 내용이라 함은 0-1세 보육과정, 2세 보육과정에서는 수준별 세부 내용을 의미하고 3-5세 보육과정에서는 연령별 세부 내용을 의미한다.

④ 0-1세 보육과정은 기본생활, 신체운동, 의사소통, 사회관계, 예술경험, 자연탐구의 6개 영역을 중심으로 구성한다.

⑤ 2세 보육과정은 기본생활, 신체운동, 의사소통, 사회관계, 예술경험, 자연탐구의 6개 영역을 중심으로 구성한다.

⑥ 3-5세 보육과정은 신체운동 · 건강, 의사소통, 사회관계, 예술경험, 자연탐구의 5개 영역을 중심으로 구성한다.

⑦ 3-5세 보육과정은 초등학교 교육과정과의 연계성을 고려하여 구성한다.

(2) 표준보육과정의 목적과 목표

가. 목적

영 · 유아의 심신의 건강과 전인적 발달을 도와 행복을 도모하며 민주시민의 기초를 형성하는 것을 목적으로 한다.

나. 목표

구분	0-1세를 위한 표준보육과정의 목표	2세를 위한 표준보육과정의 목표
1	건강하고 안전한 일상생활을 경험한다.	건강하고 안전한 생활습관의 기초를 마련한다.
2	감각 및 기본 신체운동 능력을 기른다.	감각, 신체조절 및 기본 운동 능력을 기른다.
3	말소리를 구분하고 의사소통의 기초를 마련한다.	의사소통 능력의 기초를 기른다.
4	친숙한 사람과 관계를 형성한다.	나를 인식하고 다른 사람과 더불어 생활하는 경험을 한다.
5	아름다움에 관심을 가진다.	아름다움에 관심을 가지고 예술경험을 즐긴다.
6	보고, 듣고, 만지면서 주변 환경에 관심을 가진다.	주변 환경에 호기심을 갖고 탐색하기를 즐긴다.

(3) 표준보육과정의 교수학습방법

가. 주도적인 놀이를 중심으로 교수학습활동이 이루어지도록 한다.

나. 흥미를 중심으로 활동을 선택하고 지속할 수 있도록 한다.

다. 생활 속 경험을 소재로 하여 지식, 기술, 바람직한 태도를 기르도록 한다.

라. 교사와 신뢰감을 형성하고 개별적인 활동이 이루어지도록 한다.

마. 교사, 환경, 또래와 능동적인 상호작용이 이루어지도록 한다.

바. 주제를 중심으로 여러 활동이 통합적으로 이루어지도록 한다.

사. 만 0~1세아, 만 2세아는 일상생활 및 개별활동, 휴식 등이 균형 있게 이루어지도록 한다.

아. 만 3~5세아는 실내 · 실외활동, 정적 · 동적 활동, 대 · 소집단활동 및 개별활동, 일상생활 및 휴식 등이 균형 있게 이루어지도록 한다.

2) 0-1세 표준보육과정의 영역별 목표 및 내용

0–1세 표준보육과정의 영역별 보육 내용은 총 6개 영역으로 구성되어 있는데, 건강하고 안전한 일상생활을 경험하는 기본생활, 감각 및 기본 신체운동능력을 기르는 신체운동, 말소리를 구분하고 의사소통의 기초를 마련하는 의사소통, 친숙한 사람과 관계를 형성하는 사회관계, 아름다움에 관심을 가지는 예술경험, 보고, 듣고, 만지면서 주변 환경에 관심을 가지는 자연탐구 영역이다. 각 영역별 내용 및 실제는 다음과 같이 구성된다.

(1) 0-1세 표준보육과정 기본생활 영역 및 실제 예

기본생활 영역은 건강하게 생활하기와 안전하게 생활하기 두 가지 영역으로 구성되었다.

기본생활 영역의 목표
1. 건강하고 편안한 일상생활을 경험한다. 2. 안전한 생활을 경험한다.

① 0-1세 표준보육과정 기본생활 영역의 세부 내용

<table>
<tr><th>내용 범주</th><th>내용</th><th>1수준</th><th>2수준</th><th>3수준</th><th>4수준</th></tr>
<tr><td rowspan="10">건강하게 생활하기</td><td rowspan="3">몸을 깨끗이 하기</td><td colspan="4">몸이 깨끗해졌을 때 기분이 좋음을 안다.</td></tr>
<tr><td colspan="4">도움을 받아 손을 씻는다.</td></tr>
<tr><td></td><td colspan="3">도움을 받아 이를 닦는다.</td></tr>
<tr><td rowspan="3">즐겁게 먹기</td><td>편안하게 안겨서 우유(모유)를 먹는다.</td><td>이유식에 적응한다.</td><td>고형식에 적응한다.</td><td>다양한 음식을 먹어본다.</td></tr>
<tr><td colspan="2"></td><td colspan="2">도구로 음식을 먹어 본다.</td></tr>
<tr><td colspan="4">즐겁게 먹는다.</td></tr>
<tr><td rowspan="4">건강한 일상생활 하기</td><td colspan="4">수면을 충분히 취한다.</td></tr>
<tr><td colspan="4">편안하게 쉰다.</td></tr>
<tr><td colspan="4">하루일과에 편안하게 참여한다.</td></tr>
<tr><td colspan="2"></td><td colspan="2">배변 의사를 표현한다.</td></tr>
<tr><td rowspan="4">안전하게 생활하기</td><td rowspan="3">안전하게 지내기</td><td colspan="3">안전한 상황에서 놀이한다.</td><td>놀잇감을 안전하게 사용한다.</td></tr>
<tr><td colspan="4">안전한 장소에서 놀이한다.</td></tr>
<tr><td colspan="4">차량 승 · 하차 시 안전 장구를 착용한다.</td></tr>
<tr><td>위험한 상황에 반응하기</td><td></td><td>위험하다는 말에 반응을 보인다.</td><td colspan="2">위험하다고 알려주면 주의한다.</td></tr>
</table>

| 출처 | 보건복지부 · 육아정책연구소(2014). 제3차 어린이집 표준보육과정 해설서. 재구성.

② 0-1세 표준보육과정 기본생활 영역의 내용 체계

<table>
<tr><th>내용 범주</th><th>내용</th><th>실제</th></tr>
<tr><td rowspan="3">건강하게 생활하기</td><td>몸을 깨끗이 하기</td><td rowspan="3">얼굴을 씻어요</td></tr>
<tr><td>즐겁게 먹기</td></tr>
<tr><td>건강한 일상생활하기</td></tr>
<tr><td rowspan="2">안전하게 생활하기</td><td>안전하게 지내기</td><td rowspan="2">자동차 안전벨트를 해요</td></tr>
<tr><td>위험한 상황에 반응하기</td></tr>
</table>

| 출처 | 보건복지부 · 육아정책연구소(2014). 제3차 어린이집 표준보육과정 해설서. 재구성.

③ 활동의 실제

얼굴을 씻어요

내용범주 건강하게 생활하기〉 건강한 일상생활하기〉 몸이 깨끗해졌을 때 기분이 좋음을 안다.

대상연령 0~1세

활동목표

- 물에 얼굴을 씻으며 깨끗해진 것을 느낀다.
- 깨끗해진 자기의 얼굴을 관심을 가진다.

활동자료 세면대, 거울

활동방법

1. 영아를 교사의 무릎에 앉히고 수돗물을 틀어 영아가 흐르는 물에 손을 대보며 물을 느껴볼 수 있도록 한다.
   - 물이 졸졸졸(콸콸콸) 흐르네요.
   - 아이, 따뜻한 물이네요.
2. 영아의 얼굴에 물을 묻히고, 영아가 물기를 만져볼 수 있도록 한다.
   - ○○얼굴에 물이 묻었네요.
   - 아! 시원해요.
3. 거울을 함께 보며 영아의 얼굴 부위에 물기를 닦아주고 깨끗해진 얼굴을 살피며 이야기한다.
   - ○○코에 물이 묻었네요, 톡톡톡.
   - 볼에도 물이 묻었네요, 똑똑똑 물이 떨어지네요.
   - 아! 예뻐요. ○○! 아이, 깨끗해요!

확장활동 도움을 받아 손을 씻을 수 있도록 돕는다.

활동평가

- 물에 얼굴을 씻으며 깨끗해진 것을 느끼는지 평가한다.
- 깨끗해진 자기의 얼굴에 관심을 갖는지 평가한다.

자동차 안전벨트를 해요

내용범주 안전하게 생활하기〉 안전하게 지내기〉 차량 승 · 하차 시 안전 장구를 착용한다.

대상연령 0~1세

활동목표

- 자동차 안전벨트를 탐색한다.
- 자동차 안전벨트 착용을 경험한다.

활동자료 영아용 카시트 또는 영아용 안전벨트(영아 수의 1/3만큼)

〈교구제작방법〉
❶ 영아용 카시트를 구할 수 있으면 놀이실 한쪽 벽에 붙여서 둔다.
❷ 카시트가 없다면 부직포나 천으로 띠를 만들어서 의자 뒤에 고정한다.
❸ 띠 끝에 벨크로테이프를 이용하여 안전벨트 붙이는 곳을 만들어 준다.

활동방법

❶ 안전벨트가 달린 카시트 또는 카시트 모양의 자료에 관심을 가지고 탐색한다.
- ○○가 의자에 앉았네요. 그런데 이건 어떻게 하는 걸까요?
- 딱 끼우는 거예요?
- 이건 붙였다 뗄 수 있네요. 앉아서 붙여볼까요?

❷ 자동차에 타고 가는 놀이를 하며 안전벨트를 해본다. 영아가 안전벨트를 조작해보며 자동차 탈 때 안전교육이 자연스럽게 이루어지도록 상호작용한다.
- 자동차에 탔어요? 자리에 앉아서 안전벨트를 해야 되지요.
- 안전벨트를 붙였네요. 이제 출발해도 되나요?
- 안전벨트를 안 하고 가면 어떻게 될까요?
- 안전벨트를 안 하고 가다가 자동차가 꽝 사고 나면 다치지요.
- 안전벨트 잘 하고 가야 돼요.

- ○○! 안전벨트 해야 안전해요.

❸ 운전하는 흉내를 내며 엄마, 아빠 흉내를 내본다.

- ○○아빠! 안전벨트 매고 가세요.
- 엄마, 아가는 카시트에 태워주세요.
- 자! 안전벨트 다 했으니까 이제 출발해요.

확장활동 교통신호(적색, 초록색)을 탐색한다.

활동평가

- 자동차 안전벨트를 탐색하는지 평가한다.
- 자동차 안전벨트 착용을 경험해 보았는지 평가한다.

(2) 0-1세 표준보육과정 신체운동 영역 및 실제 예

신체운동 영역은 감각과 신체 인식하기, 신체조절과 기본 운동하기, 신체활동에 참여하기의 세 가지 내용 범주로 구성된다.

신체운동 영역의 목표
1. 감각기능을 발달시키고 자신의 신체를 탐색한다. 2. 대 · 소근육을 조절하고 걷기 등의 능력을 기른다. 3. 규칙적으로 신체활동에 참여한다.

① 0-1세 표준보육과정 신체운동 영역의 세부 내용

<table>
<tr><th>내용 범주</th><th>내용</th><th>1수준</th><th>2수준</th><th>3수준</th><th>4수준</th></tr>
<tr><td rowspan="4">감각과 신체 인식하기</td><td rowspan="2">감각적 자극에 반응하기</td><td colspan="4">시각, 청각, 촉각, 후각, 미각으로 자극을 느낀다.</td></tr>
<tr><td colspan="4">시각, 청각, 촉각, 후각, 미각으로 자극에 반응한다.</td></tr>
<tr><td>감각기관으로 탐색하기</td><td colspan="4">감각기관으로 주변 환경을 탐색한다.</td></tr>
<tr><td>신체 탐색하기</td><td>손과 발 등을 바라보며 탐색한다.</td><td colspan="3">주요 신체 부분의 움직임을 탐색한다.</td></tr>
<tr><td rowspan="5">신체조절과 기본 운동하기</td><td>신체 균형 잡기</td><td>몸의 균형을 잡기 위한 자세를 시도한다.</td><td>붙잡고 서 있기 등의 자세를 취한다.</td><td colspan="2">안정되게 서 있기 등의 자세를 시도한다.</td></tr>
<tr><td>대근육 조절하기</td><td>뒤집기 등 몸을 조절하여 위치를 바꾼다.</td><td colspan="3">누웠다 앉기 등 몸의 움직임을 조절한다.</td></tr>
<tr><td>소근육 조절하기</td><td>보이는 물체에 손을 뻗는다.</td><td colspan="3">눈과 손을 협응하여 소근육을 활용해 본다.</td></tr>
<tr><td rowspan="2">기본 운동하기</td><td>배밀이 등 이동 운동을 시도한다.</td><td>기기, 걷기 등 이동 운동을 시도한다.</td><td colspan="2">걷기 등 이동운동을 시도한다.</td></tr>
<tr><td colspan="2">팔 다리 뻗기, 흔들기 등 제자리 운동을 시도한다.</td><td colspan="2">서 있기, 앉기 등 제자리 운동을 시도한다.</td></tr>
<tr><td rowspan="3">신체활동에 참여하기</td><td>몸 움직임 즐기기</td><td colspan="2">몸을 활발히 움직인다.</td><td colspan="2">몸의 움직임을 다양하게 시도한다.</td></tr>
<tr><td>바깥에서 신체 움직이기</td><td colspan="2">규칙적으로 바깥 환경을 경험한다.</td><td colspan="2">규칙적으로 바깥에서 신체활동을 한다.</td></tr>
<tr><td>기구를 이용하여 신체활동 시도하기</td><td></td><td colspan="3">간단한 기구를 이용하여 신체활동을 시도한다.</td></tr>
</table>

| 출처 | 보건복지부 · 육아정책연구소(2014). 제3차 어린이집 표준보육과정 해설서. 재구성.

② 0-1세 표준보육과정 신체운동 영역의 내용 체계

내용 범주	내용	실제
감각과 신체 인식하기	감각적 자극에 반응하기	이유식을 시작해요
	감각기관으로 탐색하기	
	신체 탐색하기	
신체조절과 기본 운동하기	신체 균형 잡기	
	대근육 조절하기	매트 위에서 몸을 '뒹굴뒹굴'
	소근육 조절하기	
	기본 운동하기	
신체활동에 참여하기	몸 움직임 즐기기	양팔을 벌려 움직여요(1세)
	바깥에서 신체 움직이기	
	기구를 이용하여 신체활동 시도하기	

| 출처 | 보건복지부 · 육아정책연구소(2014). 제3차 어린이집 표준보육과정 해설서. 재구성.

③ 활동의 실제

이유식을 시작해요

내용범주 감각과 신체 인식하기〉 감각적 자극에 반응하기〉 시각, 청각, 촉각, 후각, 미각으로 자극을 느낀다.

대상연령 0세

활동목표

- 새로운 음식의 질감과 맛을 느껴본다.
- 이유식을 보며 먹고 싶은 욕구를 표현한다.

활동자료 영아용 아기 의자, 턱받이, 이유식이 담긴 깨지지 않는 영아용 그릇, 숟가락, 가제 수건

활동방법

❶ 앉을 수 있는 영아를 아기 의자에 앉히고 턱받이를 한다.
- 혼자 앉기 힘든 영아는 교사의 다리에 앉혀 턱받이를 해요.

❷ 오늘 먹을 죽을 보여준다.
- 오늘은 맛있는 버섯죽이네요.
- 흠흠, 무슨 냄새가 날까요? 맛있는 냄새가 나네요.

❸ 숟가락으로 죽을 떠서 영아의 입 안에 넣어준다.
- ○○이 입에 쏘옥 넣어봅시다. 자! 죽이 들어가요.
- 오물오물 먹어봅시다. 맛있게 먹네요.
- 버섯 죽 먹고 우리 ○○이 튼튼해집시다!

❹ 다 먹은 후 영아의 입과 손을 닦아준다.
- 맛있게 잘 먹었어요. 우리 손이랑 입이랑 뽀글뽀글 깨끗이 닦아봅시다.

확장활동 시각, 청각, 촉각, 후각, 미각으로 자극에 반응하도록 돕는다.

활동평가

- 새로운 음식의 질감과 맛을 느끼는지 평가한다.
- 이유식을 보며 먹고 싶은 욕구를 표현하는지 평가한다.

매트 위에서 몸을 '뒹굴뒹굴'

내용범주 신체조절과 기본 운동하기〉 대근육 조절하기〉 누웠다 앉기 등 몸의 움직임을 조절한다.

대상연령 1세

활동목표

- 매트 위에서 자유롭게 신체를 움직인다.
- 움직이기를 반복하여 즐긴다.

활동자료 놀이 매트 혹은 카펫

활동방법

1. 교사와 영아가 함께 매트 위에 편안하게 눕는다.
   - 선생님하고 매트에 누워볼까요?
   - ○○가 매트 위에 누웠네요!
   - 누우니 기분이 어때요.
   - 편안하고 좋네요!
   - 매트의 느낌은 어때요?
   - 매트가 푹신푹신하네요.
2. 교사가 몸을 움직이며 행동을 언어적으로 표현하여 영아가 따라할 수 있도록 돕는다.
   - 몸을 앞뒤로 뒹굴뒹굴~!
   - 팔, 다리 들어서 흔들흔들~!
   - ○○도 선생님과 함께 해 볼까요?
   - 팔이랑 다리를 바닥에 털썩!
   - 이번에는 손으로 발을 잡아볼까요?
   - 데굴데굴데굴 굴러가 볼까요?
3. 영아 스스로 자유롭게 몸을 구르거나 팔, 다리를 움직이는 등 다양한 비이동 운동을 하도록 격려한다.

- 뒹굴뒹굴! ㅇㅇ의 몸이 굴러가요.
- ㅁㅁ의 손은 하늘 높이 쭈욱 올라갔어요.
- (영아가 하는 것을 모방하며) 선생님은 △△처럼 해봐야겠어요.

확장활동 팔, 다리, 목, 허리 등 움직임을 탐색한다.

활동평가

- 매트 위에서 자유롭게 신체를 움직이는지 평가한다.
- 움직이기를 반복하여 즐기는지 평가한다.

양팔을 벌려 움직여요

내용범주 신체활동에 참여하기〉 몸 움직임 즐기기〉 몸의 움직임을 다양하게 시도한다.

대상연령 1세

활동목표

- 몸의 다양한 움직임을 시도한다.
- 소리를 듣고 동작을 따라한다.

활동자료 '시소' 음원, 카세트

활동방법

❶ 제자리에서 팔을 자유롭게 움직인다.

- 팔을 흔들흔들~, 높이 흔들흔들!
- (영아의 행동을 따라 하며) 선생님도 ○○처럼 팔을 흔들어봐요.
- ○○팔이 빠르게 흔들리네요.

❷ 영아가 따라할 수 있도록 팔을 양옆으로 뻗은 채 몸을 좌우로 기울이는 것을 보여준다.

- 팔을 옆으로 쭉 펼쳐 볼까요?
- 옆으로 옆으로 천천히 내려가 볼까요?

❸ '시소' 노래를 부르며 몸을 움직여본다.

- 시소처럼 몸을 움직여 볼까요?
- 몸이 왔다갔다. 위로 아래로~.

시소

시소 시소 올라갔다 내려갔다
시소 시소 재미나는 시소!

작사 · 작곡/ 김성은

확장활동 시소를 탐색해 본다.

활동평가

- 몸의 다양한 움직임을 시도하는지 평가한다.
- 소리를 듣고 동작을 따라하는지 평가한다.

(3) 0-1세 표준보육과정 의사소통 영역 및 실제 예

의사소통 영역은 듣기, 말하기, 읽기, 쓰기의 네 가지 내용 범주로 구성된다.

의사소통 영역의 목표
1. 주변의 소리와 말소리 듣기에 관심을 보인다. 2. 표정, 소리, 몸짓으로 자신의 생각과 느낌을 표현한다. 3. 짧은 그림책이나 친숙한 환경 인쇄물에 관심을 가진다. 4. 끼적이기에 관심을 가진다.

① 0-1세 표준보육과정 의사소통 영역의 세부 내용

<table>
<tr><th>내용 범주</th><th>내용</th><th>1수준</th><th>2수준</th><th>3수준</th><th>4수준</th></tr>
<tr><td rowspan="8">듣기</td><td rowspan="3">주변의 소리와 말소리 구분하여 듣기</td><td colspan="3">여러 가지 소리와 말소리 듣기에 흥미를 보인다.</td><td>친숙한 낱말의 발음에 흥미를 보인다.</td></tr>
<tr><td colspan="4">익숙한 낱말의 발음에 흥미를 보인다.</td></tr>
<tr><td colspan="2"></td><td colspan="2">높낮이와 세기 등 말소리의 차이에 반응한다.</td></tr>
<tr><td rowspan="2">경험과 관련된 말 듣고 알기</td><td colspan="4">눈앞에 보이는 경험과 관련된 말에 반응한다.</td></tr>
<tr><td></td><td colspan="3">자신의 이름이 불리면 듣고 반응한다.</td></tr>
<tr><td>운율이 있는 말 듣기</td><td colspan="4">운율이 있는 짧은 말소리를 관심 있게 듣는다.</td></tr>
<tr><td>말하는 사람을 보기</td><td colspan="2">말하는 사람의 눈을 마주 바라본다.</td><td colspan="2">말하는 사람의 표정, 몸짓을 관심 있게 본다.</td></tr>
<tr></tr>
<tr><td rowspan="5">말하기</td><td rowspan="3">발성과 발음으로 소리내기</td><td colspan="2" rowspan="2">여러 가지 소리를 내고 옹알이를 한다.</td><td colspan="2">여러 말소리를 즐겁게 내 본다.</td></tr>
<tr><td colspan="2">의미 있는 음절을 내 본다.</td></tr>
<tr><td colspan="2">옹알이와 말소리에 대해 말로 반응해 주면 모방하여 소리 낸다.</td><td colspan="2">교사의 말을 모방하여 발음한다.</td></tr>
<tr><td>표정, 몸짓, 말소리로 말하기</td><td>표정과 소리로 의사표현을 한다.</td><td>표정, 몸짓, 소리로 의사표현을 한다.</td><td colspan="2">표정, 몸짓, 말소리로 의사표현을 한다.</td></tr>
<tr><td>말할 순서 구별하기</td><td colspan="4">말할 순서에 따라 표정, 몸짓, 말소리로 반응한다.</td></tr>
<tr><td rowspan="3">읽기</td><td rowspan="3">그림책과 환경 인쇄물에 관심 가지기</td><td colspan="4">다양한 감각 책을 탐색해 본다.</td></tr>
<tr><td colspan="2"></td><td colspan="2">사물과 주변의 친숙한 환경 인쇄물에 관심을 가진다.</td></tr>
<tr><td colspan="4">읽어주는 짧은 그림책에 관심을 가진다.</td></tr>
<tr><td>쓰기</td><td>끼적이기</td><td></td><td colspan="3">끼적이기에 관심을 가진다.</td></tr>
</table>

| 출처 | 보건복지부 · 육아정책연구소(2014). 제3차 어린이집 표준보육과정 해설서. 재구성.

② 0-1세 표준보육과정 의사소통 영역의 내용 체계

내용 범주	내용	실제
듣기	주변의 소리와 말소리 구분하여 듣기	
	경험과 관련된 말 듣고 알기	
	운율이 있는 말 듣기	시계추처럼 째깍째깍!
	말하는 사람을 보기	
말하기	발성과 발음으로 소리내기	움직이는 멍멍이
	표정, 몸짓, 말소리로 말하기	
	말할 순서 구별하기	
읽기	그림책과 환경 인쇄물에 관심 가지기	산책 사진책을 보며 이야기해요
쓰기	끼적이기	움직이면서 끼적여요

| 출처 | 보건복지부 · 육아정책연구소(2014). 제3차 어린이집 표준보육과정 해설서. 재구성.

③ 활동의 실제

시계추처럼 째깍째깍!

내용범주 듣기〉 운율이 있는 말 듣기〉 운율이 있는 짧은 말소리를 관심 있게 듣는다.

대상연령 0세

활동목표

- 몸을 시계추처럼 움직이며 시계를 표현하는 말소리를 들어본다.
- 시계추처럼 움직이는 놀이를 즐기며 균형감을 기른다.

활동자료 전래동요 '불무불무'(자료제공: 국립국악원), '행진곡' 음원

활동방법

❶ 시계 노래와 같이 간단한 노래를 불러주며 영아의 겨드랑이를 잡고 머리가 위를 향하도록 하여 영아를 살살 들어올린다.

- 우리 ㅇㅇ가 시계처럼 움직여 볼까요?
- 선생님이 안아줄게요.

❷ 영아와 눈을 마주치며 의성어를 사용하여 시계추처럼 영아의 몸을 부드럽게 움직인다.

- 우리 ㅇㅇ가 째깍째깍 시계추가 되었네요.
- 째깍째깍 움직이네! ♪시계는 아침부터 똑딱똑딱~♬

❸ 교사는 영아가 앞을 볼 수 있도록 안아 다른 영아나 바깥을 살펴볼 수 있도록 하고, 시계추처럼 흔들며 부드럽게 움직여준다.

- ㅇㅇ야, 친구들이 보이지요?
- (작게 흔들면서) 째깍째깍 움직여 봐요.
- 째깍째깍! 저기 모빌도 보이네요. 똑딱똑딱 저기 놀잇감도 보이네요.
- (크게 흔들면서) 뎅그렁뎅그렁 많이 움직여 봐요.

❹ 활동이 끝나면 영아를 안아준다.

• 우리 ○○가 똑딱똑딱 재미있었죠? 다음에 또 해봅시다.

확장활동 선생님의 소리와 친구들의 소리에 관심을 갖는다.

활동평가

• 몸을 시계추처럼 움직이며 시계를 표현하는 말소리를 듣는지 평가한다.
• 시계추처럼 움직이는 놀이를 즐기며 균형감을 갖는지 평가한다.

움직이는 멍멍이

내용범주 말하기〉 발성과 발음으로 소리내기〉 여러 가지 소리를 내고 옹알이를 한다.

대상연령 0세

활동목표

- 작동 인형의 소리와 움직임을 반복적으로 탐색한다.
- 강아지를 흉내 내는 말소리를 내어본다.

활동자료 소리 나는 강아지 인형

활동방법

❶ 강아지 인형을 탐색하며 놀이한다.

- 멍멍멍! 꼬리도 살랑살랑!
- ○○야~, 멍멍~, 안녕~.

❷ 강아지 인형에 영아가 관심을 보이면 상호작용한다.

- 이게 누구지요? 귀여운 멍멍이 인형이네요.
- 한 번 만져볼까요? 아이 부드러워요.
- 멍멍이 인형을 안아볼까요?
- (인형을 안아주며) 사랑해요, 멍멍이가 기분 좋겠네요.

❸ 강아지 인형을 작동시켜 움직임과 소리를 살펴본다.

- 어, 멍멍이가 어떻게 하지요?
- 멍멍멍 하고 짖네요.
- 꼬리도 살랑살랑 흔들어요.
- ○○를 만나서 멍멍이도 기분이 좋은가봐요.

❹ 영아에게 강아지 인형의 움직임과 소리를 따라해 보게 한다.

- 강아지 인형이 어떻게 했지요?
- 강아지 인형이 손도 올리네요.

- ○○도 해볼까요?
- 강아지 인형처럼 소리 내볼까요?
- (영아와 마주보며) 멍멍멍! 멍멍멍!

확장활동 여러 가지 말소리를 탐색해 본다.

활동평가

- 작동 인형의 소리와 움직임을 반복적으로 탐색한다.
- 강아지를 흉내 내는 말소리를 내어본다.

산책 사진책을 보며 이야기해요

내용범주 읽기〉 그림책과 환경 인쇄물에 관심 가지기〉 사물과 주변의 친숙한 환경 인쇄물에 관심을 가진다.

대상연령 1세

활동목표

- 주변 환경 사진에 관심을 가진다.
- 익숙한 경험과 사물의 이름을 말해본다.

활동자료 영아와 함께 했던 산책 사진(2권 이상)

활동방법

❶ 영아를 무릎이나 옆에 앉히고 함께 산책하며 찍은 사진책을 본다.

- ○○는 어디 있나요?
- ㅁㅁ도 있네요.
- △△가 걸어가고 있네요.
- 선생님이랑 ○○랑 손을 잡고 걸어가고 있네요.
- (사진을 가리키며) 우리 어린이집 옆에 있는 ○○가게도 있어요.

❷ 좋아하는 장면을 반복하여 보며 사진 속의 모습과 사물 이름에 대해 대화를 나눈다.

- 아, 선생님과 산책하며 주변을 구경하고 있었군요.
- ○○가 책을 넘기며 다시 한 번 사진책을 볼까요?
- 사진 속에 ○○가 누구와 걸어가고 있나요?

확장활동 읽어주는 짧은 그림책에 관심을 가지는 활동을 할 수 있다.

활동평가

- 주변 환경 사진에 관심을 갖는지 평가한다.
- 익숙한 경험과 사물의 이름을 말할 수 있는지 평가한다.

움직이면서 끼적여요

내용범주 쓰기〉 끼적이기〉 끼적이기에 관심을 가진다.

대상연령 1세

활동목표

- 끼적이기를 반복하며 즐긴다.
- 넓은 공간에서 움직이며 끼적인다.

활동자료 큰 종이(전지를 벽에도 길게 붙이고 바닥도 연결하여 붙일 수 있는 수량), 영아용 크레용이나 색연필, 테이프

활동방법

❶ 크레용이나 색연필을 탐색한다.

- 이것이 무엇일까요?
- 여러 가지 색의 크레용이군요.
- 마음에 드는 크레용을 찾아봅시다.

❷ 벽과 바닥에 붙여 놓은 종이에 움직이며 끼적인다.

- ○○야, 여기 종이가 붙어 있네요.
- ㅁㅁ가 색연필로 줄을 쭉 그었네요.
- 움직이면서 그어 볼까요?
- 쭈욱, 긴 줄이 생겼네요.
- △△가 팔을 크게 움직이며 선을 그었네요.

확장활동 여러 가지 도구(예 크레용, 사인펜, 색연필, 손가락 등)를 통해 끼적일 수 있도록 확장할 수 있다.

활동평가

- 끼적이기를 반복하며 즐길 수 있는지 평가한다.
- 넓은 공간에서 움직이며 끼적일 수 있는지 평가한다.

(4) 0-1세 표준보육과정 사회관계 영역 및 실제 예

사회관계 영역은 나를 알고 존중하기, 나와 다른 사람의 감정 알기, 더불어 생활하기의 세 가지 내용 범주로 구성된다.

사회관계 영역의 목표
1. 자신과 다른 사람을 구별된 존재로 인식한다. 2. 기본 정서를 표현하고 다른 사람의 감정에 주의를 기울인다. 3. 안정적인 애착을 형성하고 또래나 교사와 함께 지낸다.

① 0-1세 표준보육과정 사회관계 영역의 세부 내용

<table>
<tr><th>내용 범주</th><th>내용</th><th>1수준</th><th>2수준</th><th>3수준</th><th>4수준</th></tr>
<tr><td rowspan="3">나를 알고 존중하기</td><td>나를 구별하기</td><td colspan="2">거울 속의 나에게 관심을 가진다.</td><td colspan="2">거울 속의 나를 알아본다.</td></tr>
<tr><td rowspan="2">나의 것 인식하기</td><td colspan="4">자기 이름을 부르는 소리에 반응한다.</td></tr>
<tr><td colspan="2"></td><td colspan="2">친숙한 자기 물건을 안다.</td></tr>
<tr><td rowspan="2">나와 다른 사람의 감정 알기</td><td>나의 감정을 나타내기</td><td colspan="4">나의 욕구와 감정을 나타낸다.</td></tr>
<tr><td>다른 사람에게 주의 기울이기</td><td colspan="2">다른 사람의 말과 표정, 몸짓에 주의를 기울인다.</td><td colspan="2">다른 사람이 나타내는 여러 가지 감정에 주의를 기울인다.</td></tr>
<tr><td rowspan="6">더불어 생활하기</td><td rowspan="2">안정적인 애착형성하기</td><td>양육자와 시선을 맞춘다.</td><td colspan="3">양육자에게 적극적으로 관심과 욕구를 표현한다.</td></tr>
<tr><td colspan="2">주변의 친숙한 사람의 얼굴과 목소리를 인식한다.</td><td colspan="2">주변의 친숙한 사람에게 애정을 표현한다.</td></tr>
<tr><td>또래에 관심 갖기</td><td colspan="4">다른 영아와 함께 지내는 것을 경험한다.</td></tr>
<tr><td>자신이 속한 집단 알기</td><td colspan="2">담임교사를 구별한다.</td><td colspan="2">자기 반에서 지내며 안정감을 가진다.</td></tr>
<tr><td rowspan="2">사회적 가치를 알기</td><td colspan="2"></td><td colspan="2">친숙한 물건의 자리를 안다.</td></tr>
<tr><td colspan="4">만나고 헤어지는 인사를 해본다.</td></tr>
</table>

| 출처 | 보건복지부 · 육아정책연구소(2014). 제3차 어린이집 표준보육과정 해설서. 재구성.

② 0-1세 표준보육과정 사회관계 영역의 내용 체계

내용 범주	내용	실제
나를 알고 존중하기	나를 구별하기	엎드려서 거울을 보아요
	나의 것 인식하기	
나와 다른 사람의 감정 알기	나의 감정을 나타내기	신문지에 던져요
	다른 사람에게 주의 기울이기	
더불어 생활하기	안정적인 애착 형성하기	큰 보자기를 흔들어요
	또래에 관심 갖기	
	자신이 속한 집단 알기	
	사회적 가치를 알기	

| 출처 | 보건복지부 · 육아정책연구소(2014). 제3차 어린이집 표준보육과정 해설서. 재구성.

③ 활동의 실제

엎드려서 거울을 보아요

내용범주 나를 알고 존중하기〉 나를 구별하기〉 거울 속의 나에게 관심을 가진다.

대상연령 0세

활동목표

- 거울에 비치는 자신의 모습에 관심을 가진다.
- 거울에 얼굴을 비쳐보며 자기 인식의 경험을 해본다.

활동자료 헝겊 덧댄 안전 거울

활동방법

❶ 영아가 배를 깔고 엎드려서 머리를 들 수 있게 되면, 영아의 머리맡에 헝겊을 덧댄 안전 거울을 보여주고, 흥미를 보이면 활동을 시작한다.

- (영아에게 거울을 가리키며) ○○! 여기 한 번 볼까요?

❷ 교사는 영아와 함께 거울을 들여다보며 이야기를 나눈다.

- ○○야, 여기 거울 속에 누가 있는지 한 번 볼까요?
- ○○이 얼굴이 있네요. 눈도 있고 코도 있고 ○○가 웃고 있어요.
- 거울아, 거울아! 여기 보이는 친구는 누구일까요?

확장활동 거울 속에 나와 친구들에 대해 관심을 가질 수 있도록 확장할 수 있다.

활동평가

- 거울에 비치는 자신의 모습에 관심을 갖는지 평가한다.
- 거울에 얼굴을 비춰 보며 자기 인식의 경험을 해볼 수 있는지 평가한다.

신문지에 던져요

내용범주 나와 다른 사람의 감정 알기〉 나의 감정을 나타내기〉 나의 욕구와 감정을 나타낸다.

대상연령 1세

활동목표

- 신문지를 구기고 찢어본다.
- 신문지를 향해 던지며 즐거움을 표현한다.

활동자료 신문지

활동방법

❶ 신문지를 구기고 찢으며 탐색한다.

- 신문지를 구겼네요.
- 신문지를 들고 이렇게 주욱~, 찢어볼까요?
- 신문지가 길쭉해졌네요.
- (길게 찢은 신문지를 던지며) 신문지를 뿌려봅시다.

❷ 신문지 조각을 모아 교사와 함께 신문지 공을 만들어 놀이한다.

- 찢은 신문지로 동글동글 공을 만들어 봐요.
- 신문지 공을 하늘 높이 던져보자. 하나, 둘, 셋~!
- ○○는 신문지 공을 높이 던졌네요.
- 이번에는 선생님에게 신문지 공을 던져볼까요?
- □□야! 신문지 공을 좀 더 멀리 던져봅시다.

❸ 천장에 길게 늘여 붙인 신문지를 공으로 맞추게 한다.

- (선생님이 시범을 보이며) ○○야! 신문지를 손으로 툭툭~, 쳐보자. 소리가 나네요.
- ○○야! 이번에는 공으로 신문지를 맞춰볼까요?
- 공으로 맞추니깐 딱! 소리가 나요.

확장활동 신문지로 만든 공을 이용해 팀을 만들어 던질 때 내 감정과 친구들의 감정을 표현할 수 있도록 확장한다.

활동평가

- 신문지를 구기고 찢어볼 수 있는지 평가한다.
- 신문지로 만든 공을 던지며 놀이를 즐겁게 할 수 있는지 평가한다.
- 신문지를 만져 보았을 때 소리에 대해 표현할 수 있는지 평가한다.

큰 보자기를 흔들어요

내용범주 더불어 생활하기〉 안정적인 애착 형성하기〉 양육자에게 적극적으로 관심과 욕구를 표현한다.

대상연령 1세

활동목표

- 큰 보자기를 흔들며 몸을 크게 움직인다.
- 선생님과 친밀감을 형성한다.

활동자료 여러 명이 함께 잡을 수 있는 큰 보자기, 경쾌한 음악, 카세트

활동방법

❶ 영아와 함께 큰 보자기를 만져보며 탐색한다.

- 커다란 보자기가 있네요.
- ○○는 보자기 위에 앉았네요.
- ㅁㅁ는 보자기를 만져보았군요.
- 우리 보자기랑 같이 놀아볼까요?

❷ 큰 보자기를 잡고 가볍게 흔들어 움직여보도록 한다.

- 선생님과 함께 보자기를 잡아보아요.
- 보자기를 잡고 흔들흔들~, 보자기가 움직이네요!
- 더 세게 흔들어볼까요?
- 펄럭펄럭 소리가 나는군요.
- 음악에 맞춰 신나게 움직여 봅시다.

❸ 큰 보자기를 이용한 까꿍놀이를 한다.

- 보자기 잡고 높이 들어봐요.
- 까꿍! ○○가 보자기 아래로 보이는군요.
- 다시 보자기를 아래로, 다시 위로!
- 큰 보자기 속에 쏘옥 숨어봐요.

- 몸을 작게 웅크리고 숨었군요.
- ○○가 어디 숨었을까요? (교사가 보자기를 걷어내며) 까꿍! 찾았다!

확장활동 큰 보자기를 이용해 두 팀으로 나누어 미끄럼 놀이를 확장해 나갈 수 있다.

활동평가

- 큰 보자기를 흔들며 몸을 크게 움직일 수 있는지 평가한다.
- 교사와 친밀감을 형성할 수 있는지 평가할 수 있다.

(5) 0-1세 표준보육과정 예술경험 영역 및 실제 예

예술경험 영역은 아름다움 찾아보기, 예술적 표현하기, 예술 감상하기의 세 가지 내용을 범주로 구성된다.

예술경험 영역의 목표
1. 자신의 신체와 주변의 감각 자극에 호기심을 가지고 반응한다. 2. 소리와 움직임으로 반응하고, 단순한 미술을 경험하며, 모방 행동을 즐긴다. 3. 친근한 소리나 노래를 즐겨 듣고, 자연물, 사물, 주변 환경에 관심을 가진다.

① 0-1세 표준보육과정 예술경험 영역의 세부 내용

<table>
<tr><th>내용 범주</th><th>내용</th><th>1수준</th><th>2수준</th><th>3수준</th><th>4수준</th></tr>
<tr><td rowspan="2">아름다움 찾아보기</td><td rowspan="2">예술적 요소에 호기심 가지기</td><td colspan="4">주변의 소리와 움직임에 호기심을 가진다.</td></tr>
<tr><td colspan="4">주변 환경에서 색, 모양에 호기심을 가진다.</td></tr>
<tr><td rowspan="6">예술적 표현하기</td><td rowspan="2">리듬 있는 소리로 반응하기</td><td colspan="2">리듬 있는 소리에 관심을 가진다.</td><td colspan="2">노래를 부분적으로 따라 부른다.</td></tr>
<tr><td colspan="2">리듬과 노래에 소리로 반응한다.</td><td colspan="2">리듬과 음높이에 맞추어 소리를 낸다.</td></tr>
<tr><td rowspan="2">움직임으로 반응하기</td><td colspan="4">손발 흔들기와 몸 움직임으로 반응한다.</td></tr>
<tr><td colspan="2"></td><td colspan="2">간단한 도구를 활용하여 움직인다.</td></tr>
<tr><td>단순한 미술 경험하기</td><td colspan="2"></td><td colspan="2">감각적으로 단순한 미술경험을 한다.</td></tr>
<tr><td>모방행동 즐기기</td><td colspan="2">소리나 얼굴 표정, 몸 움직임 등을 모방한다.</td><td colspan="2">단순한 모방 행동을 놀이처럼 즐긴다.</td></tr>
<tr><td rowspan="2">예술 감상하기</td><td rowspan="2">아름다움 경험하기</td><td colspan="2">일상생활에서 반복되는 소리와 노래에 관심을 가진다.</td><td colspan="2">일상생활에서 리듬 있는 소리와 노래를 즐겨 듣는다.</td></tr>
<tr><td colspan="4">일상생활에서 자연이나 사물의 아름다움을 경험한다.</td></tr>
</table>

| 출처 | 보건복지부 · 육아정책연구소(2014). 제3차 어린이집 표준보육과정 해설서. 재구성.

② 0-1세 표준보육과정 예술경험 영역의 내용 체계

내용 범주	내용	실제
아름다움 찾아보기	예술적 요소에 호기심 가지기	바람개비를 단 유모차를 타요
예술적 표현하기	리듬 있는 소리로 반응하기	
	움직임으로 반응하기	
	단순한 미술 경험하기	
	모방행동 즐기기	모자 쓰고 산책해요
예술 감상하기	아름다움 경험하기	친구의 노래를 들어요

| 출처 | 보건복지부 · 육아정책연구소(2014). 제3차 어린이집 표준보육과정 해설서. 재구성.

③ 활동의 실제

바람개비 단 유모차를 타요

내용범주 아름다움 찾아보기〉 예술적 요소에 호기심 가지기〉 주변 환경에서 색, 모양에 호기심을 가진다.

대상연령 0세

활동목표

- 바람이 불면 돌아가는 바람개비에 관심을 가진다.
- 바람개비의 색, 모양, 움직임을 감상한다.

활동자료 바람개비, 유모차, 돗자리

활동방법

❶ 바람이 부는 날, 유모차에 바람개비를 달아 영아가 볼 수 있도록 한다.

- (영아와 바람이 부는 것을 함께 보며) ○○야, 시원한 바람이 불어오네요!
- (바람이 불어서 바람개비가 돌아가는 것을 보면서) 와! 바람이 부니 바람개비가 돌아가네요.

❷ 바람개비에 입으로 바람을 불어 돌아가게 하면서 영아가 바람개비에 관심을 가지도록 한다.

- (입으로 바람을 불면서) 와! 바람개비가 돌아가네! 뱅그르르 돌아가네요!
- 한 번 더 해볼까요? 후~우~, 돌아간다. 빙글빙글~!
- (바람개비가 움직이지 않으면) 어? 멈췄네요! 돌아가지 않네요! 왜 안 돌아가지요?
- (바람이나 손으로 바람개비를 돌아가게 하며) 다시 빙글빙글~, 돌아가요.
- 유모차가 움직이니까 바람개비도 돌아가네요.

확장활동 바람소리 및 소리에 호기심을 가질 수 있도록 확장할 수 있다.

활동평가

- 바람이 불면 돌아가는 바람개비에 관심을 갖는지 평가한다.
- 바람개비의 색, 모양, 움직임에 대해 감상할 수 있는지 평가한다.

모자 쓰고 산책해요

내용범주 예술적 표현하기 〉 모방행동 즐기기 〉 단순한 모방행동을 놀이처럼 즐긴다.

대상연령 1세

활동목표

- 모자를 쓰고 산책하는 놀이를 한다.
- 다양한 모자를 탐색한다.

활동자료 여러 가지 모양의 모자(영아 수만큼)

활동방법

❶ 여러 가지 모자를 살펴본다.

- ○○가 동그란 모자를 가지고 있네요.
- ㅁㅁ는 딱딱한 모자네요.
- (썬캡의 반투명한 부분을 눈에 대보며) 여기로 ○○가 보이네요. 까꿍!
- 이 모자는 무척 커다랗네요.

❷ 여러 가지 모자를 써본다.

- ○○는 이 모자 써볼 거예요?
- 동그란 모자 쓰고 그 위에 이 주황색 모자도 써볼 거예요? 모자 위에 모자를 또 썼네요.
- (썬캡을 반대로 쓴 영아에게) 이 모자를 이렇게 쓸 수 있군요. 왕관 같은데요.
- (모자를 깊숙이 눌러쓰고 눈을 가린 영아에게) ○○가 어디 있죠?

❸ 모자를 쓰고 놀이실 여기저기로 다녀본다.

- 모자 쓰고 갈 거예요?
- 어디로 갈까요? 위로 올라가고 내려오네요.

❹ 모자 쓰고 가방을 메고 산책하는 흉내를 내본다.

- 모자 쓰고 가방도 메고 가네요.

- 어디 가세요? 공원(동물원)에 가요.
- 햇빛이 많이 나는데 모자 쓰고 가니까 시원해요?

확장활동 여러 다른 사람들의 모습을 표현하는 것을 확장할 수 있다.

활동평가

- 모자를 쓰고 산책하는 놀이를 할 수 있는지 평가한다.
- 다양한 모자를 탐색하는지 평가한다.

친구의 노래를 들어요

내용범주 예술 감상하기〉 아름다움 경험하기〉 일상생활에서 리듬 있는 소리와 노래를 즐겨 듣는다.

대상연령 1세

활동목표

- 친숙한 목소리를 들어본다.
- 친구가 부르는 노래를 들어본다.

활동자료 상자, 놀잇감 마이크, 편안하게 앉을 수 있는 카펫

활동방법

❶ 상자 속에 무엇이 있는지 살펴본다.

- (상자를 흔들며) 상자 안에 무엇이 있을까요?
- 노래를 부를 때 이것을 사용하면 소리가 더 크게 들리지요.
- 그래요, 상자 속에는 마이크가 들어 있었네요.
- 마이크로 노래를 부르면 더욱 크게 들리겠네요.
- ○○가 노래를 불러줄 수 있나요?

❷ 친구가 부르는 노래 소리를 들어본다.

- ○○는 어떤 노래를 불러줄까요?
- ○○가 불러주는 노래를 □□가 잘 들어주세요.
- (영아가 노래를 부르면 박수를 치며) ○○가 노래를 즐겁게 불러주었네요.

❸ 다른 친구의 노래를 들어본다.

- □□야, ○○ 노래 잘 들었나요?
- 이번에는 □□가 노래를 불러볼까요?

❹ 친구의 노래를 따라서 불러본다.

- □□가 부르는 노래를 따라서 불러보아요.
- 같이 부르니까 더 재미있네요.

확장활동 일상생활에서 자연이나 사물의 아름다움을 경험할 수 있도록 확장한다.

활동평가

- 친숙한 목소리를 들을 수 있는지 평가한다.
- 친구가 부르는 노래를 들을 수 있는지 평가한다.

(6) 0-1세 표준보육과정 자연탐구 영역 및 실제 예

자연탐구 영역은 탐구하는 태도 기르기, 수학적 탐구하기, 과학적 탐구하기의 세 가지 내용 범주로 구성된다.

자연탐구 영역의 목표
1. 주변 사물에 대한 탐색을 시도한다. 2. 주변에서 일어나는 수학적 상황을 지각한다. 3. 감각과 조작을 통하여 주변 사물과 자연 환경에 대해 지각한다.

① 0-1세 표준보육과정 자연탐구 영역의 세부 내용

<table>
<tr><th>내용 범주</th><th>내용</th><th>1수준</th><th>2수준</th><th>3수준</th><th>4수준</th></tr>
<tr><td rowspan="2">탐구하는 태도 기르기</td><td>사물에 관심 가지기</td><td></td><td colspan="3">주변 사물에 관심을 가진다.</td></tr>
<tr><td>탐색 시도하기</td><td>나와 주변 사물을 감각으로 탐색한다.</td><td colspan="3">주변의 사물에 대해 의도적인 탐색을 시도한다.</td></tr>
<tr><td rowspan="5">수학적 탐구하기</td><td>수량 지각하기</td><td></td><td>있고 없는 상황을 지각한다.</td><td>'있다'와 '없다'를 구별한다.</td><td>'한 개'와 '여러 개'를 구별한다.</td></tr>
<tr><td rowspan="2">주변 공간 탐색하기</td><td></td><td colspan="3">도움을 받아 주변의 공간을 탐색한다.</td></tr>
<tr><td colspan="4">주변 사물의 모양을 지각한다.</td></tr>
<tr><td>차이를 지각하기</td><td colspan="2"></td><td colspan="2">주변 사물의 차이를 지각한다.</td></tr>
<tr><td>간단한 규칙성 지각하기</td><td colspan="2"></td><td colspan="2">일상과 놀이에서 간단한 규칙성을 경험한다.</td></tr>
<tr><td rowspan="5">과학적 탐구하기</td><td>물체와 물질 탐색하기</td><td colspan="4">일상생활 주변의 몇 가지 친숙한 것들을 양육자와 함께 탐색한다.</td></tr>
<tr><td>주변 동·식물에 관심 가지기</td><td colspan="2"></td><td colspan="2">주변 동·식물의 모양, 소리, 움직임에 관심을 가진다.</td></tr>
<tr><td rowspan="2">주변 자연에 관심 가지기</td><td rowspan="2"></td><td colspan="3">생활 주변의 자연물을 감각으로 느껴본다.</td></tr>
<tr><td colspan="3">바람, 햇빛, 비 등을 감각으로 느껴본다.</td></tr>
<tr><td>생활도구 탐색하기</td><td></td><td></td><td colspan="2">도움을 받아 생활도구를 탐색한다.</td></tr>
</table>

| 출처 | 보건복지부 · 육아정책연구소(2014). 제3차 어린이집 표준보육과정 해설서. 재구성.

② 0-1세 표준보육과정 자연탐구 영역의 내용 체계

내용 범주	내용	실제
탐구하는 태도 기르기	사물에 관심 가지기	
	탐색 시도하기	재미있는 나팔놀이
수학적 탐구하기	수량 지각하기	종이 블록을 길게 놓아요
	주변 공간 탐색하기	혼자서 양말을 벗어요
	차이를 지각하기	
	간단한 규칙성 지각하기	
과학적 탐구하기	물체와 물질 탐색하기	
	주변 동 · 식물에 관심 가지기	
	주변 자연에 관심 가지기	물을 만져요
	생활도구 탐색하기	종이가 쿵쿵

| 출처 | 보건복지부 · 육아정책연구소(2014). 제3차 어린이집 표준보육과정 해설서. 재구성.

③ 활동의 실제

재미있는 나팔놀이

내용범주 탐구하는 태도 기르기〉 탐색 시도하기〉 주변의 사물에 대해 의도적인 탐색을 시도한다.

대상연령 0세

활동목표

- 교사가 나팔을 불면 대롱이 길어지는 것을 보며 호기심을 가진다.
- 물체를 탐색하기 위해 손을 뻗어 잡아본다.

활동자료 빨대대롱 놀잇감(코끼리 나팔)

활동방법

❶ 영아에게 교사가 빨대대롱 놀잇감(블로우아웃)을 불면서 관심을 유도한다.

- ○○야, 뿌우~, 여기 선생님 입 좀 봐~! 뿌우(부는 소리)!

❷ 영아가 빨대대롱 놀잇감에 관심을 가지면 함께 상호작용한다.

- ○○가 여기 봐라. 선생님이 불어 볼게요.

❸ 교사가 빨대대롱 놀잇감을 영아의 얼굴 가까이에 불어서 대롱이 나오도록 한다.

- (영아가 손을 뻗어 빨대대롱 놀잇감을 잡으려고 하면) 옳지! 그래, 한 번 잡아봐요. 손을 뻗으면 잡을 수 있겠네요.

❹ 조금만 불어서 대롱이 조금만 나오게도 해보고, 많이 불어서 대롱이 영아와 가까워지게 하면서 영아가 손을 뻗치는 정도를 다양하게 해본다.

- 이번에는 여기에 있는 대롱을 잡아봅시다.

확장활동 주변의 여러 가지 사물에 관심을 가질 수 있도록 확장할 수 있다.

활동평가

- 교사가 나팔을 불면 대롱이 길어지는 것을 보며 호기심을 가지는지 평가한다.
- 물체를 탐색하기 위해 손을 뻗어 잡아 볼 수 있는지 평가한다.

혼자서 양말을 벗어요

내용범주 수학적 탐구하기〉 주변 공간 탐색하기〉 도움을 받아 주변의 공간을 탐색한다.

대상연령 1세

활동목표

- 소근육 조절을 시도한다.
- 자신의 서랍장을 찾는다.

활동자료 영아의 사진이 붙어 있는 서랍장이나 사물함, 양말

활동방법

❶ 영아가 양말을 혼자 벗어 볼 것을 제안한다.

- ○○야! 미끄러지지 않게 양말을 벗어 봐요.
- (영아의 한쪽 양말을 잡아당기는 것을 보이며) 이렇게 쭈욱 당겨봅시다.
- 한쪽은 ○○가 혼자 벗어볼까요?

❷ 양말을 벗는 것을 지켜본다.

- 선생님과 함께 양말을 잡고 벗어봐요.
- ○○가 손으로 잘 잡아당기고 있네요. 영차! 영차!
- ㅁㅁ는 손으로 양말 끝을 잡고 쭉 잡아당기고 있군요.
- 양말에서 발이 쏙 빠졌네요.

❸ 영아가 자신의 장을 찾아 양말을 넣어 볼 수 있도록 격려한다.

- ○○ 사진이 붙은 곳이 어디에 있을까요?
- ○○ 사진, ○○ 사진 여기에 있네요.
- 장을 잘 찾았군요.
- (양말에게 인사하듯 손을 흔들며) 양말에 안녕! 이제 우리는 놀러 갈게요.

확장활동 주변 사물의 모양에 대해 탐색할 수 있도록 확장한다.

활동평가

- 소근육 조절을 할 수 있는지 평가한다.
- 자신의 서랍장을 찾을 수 있는지 평가한다.

종이 블록을 길게 놓아요

내용범주 수학적 탐구하기〉 수량 지각하기〉 '한 개' 와 '여러 개' 를 구별한다.

대상연령 1세

활동목표

- 블록을 연결하여 길게 놓아본다.
- 블록을 길게 놓으며 달라지는 길이를 인식한다.

활동자료 종이 블록(속이 비어 있는 종이상자 블록)

활동방법

❶ 종이 블록을 영아와 길게 놓아본다.

- ○○가 종이 블록을 옆에 놓았군요. 또 하나 더 놓아볼까요?
- 어, 길어졌네, 여기에 놓고 그 다음에 또 놓아볼까요?
- 여기 옆에도 놓아볼 거예요?
- 우와! 정말 길어졌네요.

❷ 블록으로 놀이하는 것에 관심을 보이는 영아들과 함께 번갈아가며 길게 놓아본다.

- ○○가 한 개 놓고 그 다음에는 □□가 놓아볼까요?
- △△도 그 다음에 놓아볼까요?
- 옆에 놓고 또 옆에 놓고….
- 점점 길어지고 있네요.

❸ 길게 놓아진 블록길 위로 영아가 올라가서 걸어본다.

- 블록길 위에 올라가 볼까요?
- ○○가 길 위에 걸어가네요, 조심조심!
- 아래로 떨어질 것 같아요.
- (영아의 손을 잡아주며) 선생님 손잡고 가볼까요?
- (내려오고 올라오고 반복하는 영아에게) 내려왔네요.
- 또 올라가 볼 거예요?

확장활동 '한 개' 와 '여러 개' 를 표현해 볼 수 있도록 확장할 수 있다.

활동평가

- 블록을 연결하여 길게 놓아볼 수 있는지 평가한다.
- 블록을 길게 놓으며 달라지는 길이를 인식하는지 평가한다.

물을 만져요

내용범주 과학적 탐구하기〉 주변 자연에 관심 가지기〉 생활주변의 자연물을 감각으로 느껴본다.

대상연령 1세

활동목표

- 물의 감촉을 손으로 느껴본다.
- 선생님의 말소리를 흉내내본다.

활동자료 수건, 대야

활동방법

❶ 교사가 간단한 말에 운율을 넣어 영아들과 화장실(대야의 물에 준비된 곳) 또는 세면대로 이동한 뒤 소매를 걷도록 한다.

❷ 대야에 담긴 물을 만져본다.

- 대야에 물이 있네요.
- 우리 물을 만져볼까요?
- 따뜻한 물! 만져봅시다.
- ○○가 "물!"이라고 말해 주었군요.

❸ 영아의 행동을 언어로 표현해준다.

- 물방울이 ○○의 얼굴에 튀었어요.
- 앗! 차가워! 깜짝이야.
- ○○는 물을 손가락으로 튕기고 있군요.
- 앗! 차가워! 물방울이 튀어 올라요.
- ㅁㅁ 손가락 사이로 물이 주르륵~, 흐르네요.

확장활동 바람, 햇빛, 비 등을 감각적으로 느껴볼 수 있도록 확장할 수 있다.

활동평가

- 물의 감촉을 손으로 느껴볼 수 있는지 평가한다.
- 선생님의 말소리를 흉내 낼 수 있는지 평가한다.

종이가 쿵쿵

내용범주 과학적 탐구하기〉 생활도구 탐색하기〉 도움을 받아 생활도구를 탐색한다.

대상연령 1세

활동목표

- 북 위에서 움직이는 종이의 모습을 살핀다.
- 북 위의 공처럼 몸을 움직인다.

활동자료 휴지, 얇은 종이, 큰북, 작은 북

활동방법

❶ 영아들과 휴지나 얇은 종이를 작게 뭉쳐 공을 만든다.
- 종이를 빙글빙글 돌려봅시다.
- 작은 공 모양이 되었네요.
- 작은 공을 많이 만들어 봐요.
- ○○도 빙글빙글, ㅁㅁ도 빙글빙글!

❷ 북 위에서 작은 공이 움직이는 모습을 살펴본다.
- 빙글빙글 뭉친 작은 공을 어디에 놓을까요?
- ○○의 머리 위에 놓을까? ㅁㅁ 손 위에 놓을까요?
- 통통 소리 나는 북 위에 놓아볼까요?
- 작은 북을 통통 쳐봐요.
- 어? 작은 종이 공이 움직이네요.
- ○○가 쳐볼까요?
- 작은 종이 공이 통통 춤을 추네요.

❸ 북 소리에 맞춰 작은 종이 공처럼 움직여본다.
- 북 위의 작은 종이 공처럼 우리도 콩콩 움직여봐요.
- 선생님의 북 소리를 잘 듣고 콩콩콩콩 뛰어봅시다.

- ㅇㅇ도 ㅁㅁ도 작은 종이 공이 되었네요.
- 예쁜 공들이 즐겁게 콩콩 움직이고 있어요.

❹ 영아의 북소리에 교사가 함께 움직인다.

- ㅇㅇ가 북소리를 내볼까요?
- ㅇㅇ의 북소리에 작은 종이 공이 춤을 추네요!
- 세게 치니, 작은 종이 공이 바닥으로 떨어졌어요.
- 우리도 ㅇㅇ의 북소리에 맞춰 선생님과 함께 움직여봅시다.

확장활동 작은 북소리와 큰북소리의 차이에 관심을 가질 수 있도록 확장해 볼 수 있다.

활동평가

- 북 위에서 움직이는 종이의 모습을 알 수 있는지 평가한다.
- 북 위의 공처럼 몸을 움직일 수 있는지 평가한다.

3) 2세 표준보육과정의 영역별 목표 및 내용

2세 표준보육과정의 영역별 보육 내용 역시 총 6개 영역으로 구성된다. 건강하고 안전한 일상생활을 경험하는 기본생활, 감각 및 신체조절 및 기본 운동능력을 기르는 신체운동, 의사소통의 기초를 기르는 의사소통, 나를 인식하고 다른 사람과 더불어 생활하는 경험을 하는 사회관계, 아름다움에 관심을 가지고 예술경험을 즐기는 예술경험, 주변 환경에 호기심을 갖고 탐색하기를 즐기는 자연탐구 영역이다. 각 영역별 내용 및 실제는 다음과 같이 구성된다.

(1) 2세 표준보육과정에 의한 기본생활 영역 및 실제 예

기본생활 영역은 건강하게 생활하기와 안전하게 생활하기의 두 가지 내용 범주로 구성된다.

기본생활 영역의 목표
1. 건강한 생활습관의 기초를 경험한다. 2. 안전한 생활습관의 기초를 경험한다.

① 2세 표준보육과정 기본생활 영역의 세부 내용

<table>
<tr><th>내용 범주</th><th>내용</th><th>1수준</th><th>2수준</th></tr>
<tr><td rowspan="11">건강하게 생활하기</td><td rowspan="2">몸을 깨끗이 하기</td><td colspan="2">스스로 손과 몸 씻기를 시도한다.</td></tr>
<tr><td colspan="2">스스로 이 닦기를 시도한다.</td></tr>
<tr><td rowspan="3">바르게 먹기</td><td colspan="2">음식을 골고루 먹는다.</td></tr>
<tr><td colspan="2">도구를 사용하여 스스로 먹는다.</td></tr>
<tr><td colspan="2">정해진 자리에서 먹는다.</td></tr>
<tr><td rowspan="4">건강한 일상생활하기</td><td colspan="2">일과에 따라 규칙적으로 잠을 잔다.</td></tr>
<tr><td colspan="2">정해진 시간에 알맞게 휴식한다.</td></tr>
<tr><td colspan="2">하루일과에 즐겁게 참여한다.</td></tr>
<tr><td>정해진 곳에서 배변한다.</td><td>화장실에서 배변한다.</td></tr>
<tr><td>질병에 대해 알기</td><td colspan="2">질병의 위험을 안다.</td></tr>
<tr><td colspan="3"></td></tr>
<tr><td rowspan="5">안전하게 생활하기</td><td rowspan="2">안전하게 놀이하기</td><td colspan="2">놀이기구나 놀잇감을 안전하게 사용한다.</td></tr>
<tr><td colspan="2">안전한 장소에서 놀이한다.</td></tr>
<tr><td>교통안전 알기</td><td>교통수단의 위험을 안다.</td><td>교통수단의 위험을 알고 조심한다.</td></tr>
<tr><td rowspan="2">위험한 상황 알기</td><td>위험한 상황과 위험한 것을 안다.</td><td>위험한 상황과 위험한 것을 알고 조심한다.</td></tr>
<tr><td colspan="2">위험한 상황 시 어른의 지시에 따른다.</td></tr>
</table>

| 출처 | 보건복지부 · 육아정책연구소(2014). 제3차 어린이집 표준보육과정 해설서. 재구성.

② 2세 표준보육과정 기본생활 영역의 내용 체계

내용 범주	내용	실제
건강하게 생활하기	몸을 깨끗이 하기	그릇에 모래를 담아요
	바르게 먹기	
	건강한 일상생활하기	
	질병에 대해 알기	
안전하게 생활하기	안전하게 놀이하기	선생님과 미끄럼틀 타기
	교통안전 알기	
	위험한 상황 알기	

| 출처 | 보건복지부 · 육아정책연구소(2014). 제3차 어린이집 표준보육과정 해설서. 재구성.

③ 활동의 실제

그릇에 모래를 담아요

내용범주 건강하게 생활하기〉 건강한 일상생활하기〉 하루일과에 즐겁게 참여한다.

대상연령 2세

활동목표

- 그릇에 모래를 담고 쏟으며 감각적인 경험을 즐긴다.
- 모래놀이에 관심을 갖는다.

활동자료 모래놀이터, 모래놀이 놀잇감(그릇, 찍틀, 삽)

활동방법

❶ 모래를 탐색하며 교사는 영아의 반응을 구체적인 언어로 표현해준다.

- 이것은 뭘까요?
- 만져보니 부드럽네요. 까칠까칠하네요. 차갑네요.
- ○○는 모래를 만져보니 어떤 느낌이 드나요?
- 모래를 손으로 비벼볼까요? 모래를 밟아볼까요?

❷ 모래놀이터에서 영아들이 자유롭게 모래놀이를 할 수 있도록 한다.

- 모래놀이터에 모래가 많이 있네요.
- 모래를 담아볼까요?
- 모래를 무엇으로 담을까요?
- 물고기 모양 컵에 모래를 담아 뒤집으니 물고기 모양 빵이 되었네요.

확장활동 찍는 도구를 이용해 여러 가지 모양을 모래를 통해 만들어 볼 수 있도록 확장한다.

활동평가

- 그릇에 모래를 담고 쏟으며 감각적인 놀이를 하는지 평가한다.
- 모래 놀이에 관심을 갖는지 평가한다.

선생님과 미끄럼틀 타기

내용범주 안전하게 생활하기〉 안전하게 놀이하기〉 놀이기구나 놀잇감을 안전하게 사용한다.

대상연령 2세

활동목표 안전하게 미끄럼틀을 타는 방법에 관심을 갖는다.

활동자료 미끄럼틀

활동방법

❶ 실외놀이터에 나가 미끄럼틀을 살펴보며 미끄럼틀 탈 때 지켜야 하는 약속에 대해 이야기한다.

- 미끄럼틀이 있네요.
- 미끄럼틀을 탈 때는 엉덩이를 딱 붙이고 '슝~!' 하고 미끄럼틀을 타고 내려오면 되요.
- 미끄럼틀을 타고 싶은 친구는 계단으로 올라가세요.
- 미끄럼틀로 올라가면 내려오는 친구와 꽝 부딪혀서 다칠 수도 있어요. 올라가는 친구들은 꼭 계단으로 올라가세요.

❷ 미끄럼틀 탈 때 약속에 대해 교사가 이야기하지 않고 영아에게 직접 물어본다.

- 미끄럼틀을 타다가 서로 부딪히지 않으려면 어떻게 해야 할까요?
- 미끄럼틀에서 떨어지지 않으려면 어떻게 해야 할까요?
- 미끄럼틀을 재미있게 타려면 어떤 약속을 지켜야 할까요?

❸ 미끄럼틀을 즐겁게 탄다.

- 미끄럼틀 타고 싶은 친구는 타보세요.
- 혼자 타기 어려운 친구들은 선생님이 도와줄게요.
- 선생님 손잡고 계단을 올라가 보아요.
- 슝~, ㅇㅇ가 미끄럼틀을 타고 내려오네요.

확장활동 놀이터에서 순서를 지키는 것으로 확장할 수 있다.

활동평가

- 실외놀이가 힘든 경우 보육실이나 유희실에서 실내용 미끄럼틀 타기를 한다.
- 안전사고 예방을 위해 영아의 신체 크기에 맞는 영아용 미끄럼틀 타기를 시도한다.
- 안전사고 예방을 위해 미끄럼틀로 거슬러 올라가지 않고 계단 이용하기, 미끄럼틀 위에서 앞에 있는 친구 밀지 않기, 친구가 미끄럼틀 끝까지 다 내려가면 출발하기 등을 지도한다.
- 혼자 타기 어려워하거나 무서워하는 영아는 선생님이 손을 잡거나 안고 타도록 한다.

(2) 2세 표준보육과정에 의한 신체운동 영역 및 실제 예

신체운동 영역은 감각과 신체 인식하기, 신체조절과 기본 운동하기, 신체활동에 참여하기의 세 가지 내용 범주로 구성된다.

신체운동 영역의 목표
1. 감각능력을 기르고, 자신의 신체 움직임을 탐색한다. 2. 안정된 자세로 대 · 소근육을 조절하고 기본운동능력을 기른다. 3. 규칙적으로 신체활동에 참여한다.

① 2세 표준보육과정 신체운동 영역의 세부 내용

내용 범주	내용	1수준	2수준
감각과 신체 인식하기	감각능력 기르기	다양한 감각적 차이에 반응한다.	
	감각 기관 활용하기	감각기관으로 주변 환경을 탐색한다.	
	신체를 인식하고 움직이기	신체 각 부분의 명칭을 안다.	
		신체 각 부분의 움직임을 탐색한다.	
신체조절과 기본 운동하기	신체 균형잡기	안정된 자세를 취하려고 시도한다.	
	대근육 조절하기	팔, 다리, 목, 허리 등 움직임을 조절한다.	
	소근육 조절하기	눈과 손을 협응하여 소근육을 조절해 본다.	
	기본 운동하기	걷기, 계단 오르기 등 이동운동을 한다.	
		제자리에서 몸을 움직여본다.	
신체활동에 참여하기	신체활동에 참여하기	신체활동에 자발적으로 참여해 본다.	
	바깥에서 신체활동하기	규칙적으로 바깥에서 신체활동을 한다.	
	기구를 이용하여 신체활동하기	간단한 기구를 이용하여 신체활동을 한다.	

| 출처 | 보건복지부 · 육아정책연구소(2014). 제3차 어린이집 표준보육과정 해설서. 재구성.

② 2세 표준보육과정 신체운동 영역의 내용 체계

내용 범주	내용	실제
감각과 신체 인식하기	감각능력 기르기	조물조물 반죽놀이
	감각 기관 활용하기	
	신체를 인식하고 움직이기	
신체조절과 기본 운동하기	신체 균형잡기	친구야, 시원하지?
	대근육 조절하기	
	소근육 조절하기	
	기본 운동하기	
신체활동에 참여하기	신체활동에 참여하기	무지개 낙하산놀이
	바깥에서 신체활동하기	
	기구를 이용하여 신체활동하기	

| 출처 | 보건복지부 · 육아정책연구소(2014). 제3차 어린이집 표준보육과정 해설서. 재구성.

③ 활동의 실제

조물조물 반죽놀이

내용범주 감각과 신체 인식하기> 감각 기관 활용하기> 감각기관으로 주변 환경을 탐색한다.

대상연령 2세

활동목표

- 밀가루 반죽을 주무르며 촉감을 경험한다.
- 밀가루 반죽으로 여러 가지 모양을 만들어 본다.

활동자료 여러 가지 색깔 밀가루 반죽, 밀대

〈밀가루 반죽 만들기〉

◘ 재료: 밀가루 2컵, 따뜻한 물 2컵, 소금 3/4컵, 식용유 1/4컵, 식용색소 약간

❶ 식용색소와 소금을 따뜻한 물에 미리 풀어놓는다.
❷ 밀가루에 ❶과 식용유를 넣어 잘 섞는다.
❸ 덩어리가 생기지 않도록 밀가루 반죽이 말랑해질 때까지 잘 섞는다.

활동방법

❶ 밀가루 반죽을 영아들이 뭉쳐보고 떼어보고 길게 늘려보는 등 자유롭게 탐색해보며 교사는 영아들이 탐색하는 내용을 구체적인 언어로 표현해 준다.

- 말랑말랑! 밀가루 반죽이 말랑말랑하네요.
- 동글동글! 밀가루 반죽이 동그랗게 변했네요.
- ○○는 밀가루 반죽을 동그랗게 만들어 주었군요.
- △△는 밀가루 반죽을 길~게 늘려 주었군요.
- ○○는 밀가루 반죽을 만져보니 어떤 느낌인가요?
- 반죽을 주먹으로 두드리면 어떻게 될까요?

- 다른 방법으로 밀가루 반죽을 평평하게 할 수 있을까요?
- 밀대로 밀가루 반죽을 밀어볼까요?
- 밀가루 반죽이 넓적하게 변하네요!

확장활동 밀가루 반죽으로 만든 음식을 접시에 담아 엄마놀이, 음식점놀이와 같은 소꿉놀이와 연계할 수 있다.

활동평가

- 밀가루 반죽을 주무르며 촉감을 느끼는지 평가한다.
- 밀가루를 이용해 여러 가지 모양을 만들 수 있는지 평가한다.

친구야, 시원하지?

내용범주 신체조절과 기본 운동하기〉 대근육 조절하기〉 팔, 다리, 목, 허리 등 움직임을 조절한다.

대상연령 2세

활동목표

- 팔을 움직여 부채를 부쳐본다.
- 친구와 함께하는 즐거움을 경험한다.

활동자료 부채

활동방법

❶ 영아가 부채에 관심을 보이면 자유롭게 탐색해 본다.

- 이게 뭘까요?
- 손잡이도 달려 있네요.
- 어떻게 사용하는 걸까요?
- ○○처럼 위아래로 흔들어볼까요?

❷ 혼자서 부채질을 해본 후에는 친구에게도 부채질을 해준다.

- ○○가 부채질을 하는군요.
- 느낌이 어때요? 시원하나요?
- 이번엔 옆에 있는 친구한테도 시원하게 부채질을 해줘볼까요?
- ○○ 머리카락이 바람에 움직이네요.
- 바람을 더 세게 느끼려면 어떻게 하면 좋을까요?

❸ 부채질을 하는 것이 익숙해지면, 부채를 움직이는 방향, 바람의 세기, 속도 등을 다르게 하여 다양한 방법으로 부채질을 해본다.

- ○○가 팔을 세게 흔드니까 △△ 머리카락이 세게 흩날리네요.
- ○○는 천천히 부채질을 하고 있군요. 이번엔 좀 더 빨리 해볼 수 있을까요?

확장활동 친구 얼굴에 화장지 티슈를 붙이고 부채질하여 떨어뜨리기 놀이로 확장해 볼 수 있다. (예 누가누가 더 힘차게 부채질할까요?)

활동평가

- 팔을 움직여 부채를 부쳐볼 수 있는지 평가한다.
- 친구와 함께 하는 즐거움을 가질 수 있는지 평가한다.

무지개 낙하산 놀이

내용범주 신체활동에 참여하기〉 기구를 이용하여 신체활동하기〉 간단한 기구를 이용하여 신체활동을 한다.

대상연령 2세

활동목표

- 무지개 낙하산을 이용하여 신체놀이해 본다.
- 무지개 낙하산 놀이를 또래와 함께 해본다.

활동자료 무지개 낙하산, 공

활동방법

1. 다양한 색으로 이루어진 낙하산을 탐색해 본다.
   - 정말 아주 큰 동그라미네요.
   - 낙하산이 무지개처럼 알록달록하네요.
2. 무지개 낙하산을 잡고 다양한 방법(흔들어 보기, 던져보기, 움직여보기 등)으로 놀이하며, 낙하산이 움직이는 모습을 이야기해 본다.
   - 낙하산 잡고 흔들어 볼까요?
   - 와~, 출렁출렁 파도가 움직이는 것 같네요.
   - 낙하산을 하늘 위로 올려볼까요?
   - 빙글빙글 돌아봅시다. (달팽이 노래를 부르며)
3. 무지개 낙하산 위에 공을 올려놓고 공이 떨어지지 않게 조절하며 움직여본다.
   - 낙하산 위의 공이 떨어지지 않으려면 어떻게 흔들어야 할까요?
   - ○○는 팔을 빨리 움직여야 한다고 생각하는군요.
   - △△는 낙하산을 높이 들어야 한다고 생각하는군요.
   - 공이 아래로 내려가네요.
   - 떨어지지 않게 힘을 모아보아요.

확장활동 낙하산을 이용하여 다양한 방법으로(영아들과 낙하산을 잡고 흔들기, 움직이기, 낙하산 밑으로 기어가기, 낙하산 위에서 놀이하기 등) 활동을 전개할 수 있다.

활동평가

- 무지개 낙하산을 이용하여 신체놀이를 할 수 있는지 평가한다.
- 무지개 낙하산 놀이를 또래와 함께 할 수 있는지 평가한다.

(3) 2세 표준보육과정에 의한 의사소통 영역 및 실제 예

의사소통 영역은 듣기, 말하기, 읽기, 쓰기의 네 가지 내용 범주로 구성된다.

의사소통 영역의 목표
1. 다른 사람의 말과 짧은 이야기 듣는 것을 즐긴다. 2. 자신의 생각과 느낌을 말로 주고받기를 즐긴다. 3. 그림책이나 환경 인쇄물에 관심을 가지며 글의 내용에 흥미를 가진다. 4. 글자 형태 끼적이기에 관심을 가진다.

① 2세 표준보육과정 의사소통 영역의 세부 내용

<table>
<tr><th>내용 범주</th><th>내용</th><th>1수준</th><th>2수준</th></tr>
<tr><td rowspan="6">듣기</td><td rowspan="2">말소리 구분하여 듣고 의미 알기</td><td>친숙한 낱말의 발음에 흥미를 보인다.</td><td>친숙한 낱말의 발음에 관심을 가지고 듣는다.</td></tr>
<tr><td colspan="2">다양한 말소리의 차이를 구분한다.</td></tr>
<tr><td rowspan="2">짧은 문장 듣고 알기</td><td>낱말을 듣고 친숙한 사물과 사람을 찾아본다.</td><td>일상생활과 관련된 친숙한 낱말을 듣고 뜻을 이해한다.</td></tr>
<tr><td colspan="2">친숙한 짧은 문장을 듣고 반응한다.</td></tr>
<tr><td>짧은 이야기 듣기</td><td colspan="2">짧은 이야기와 노랫말 등을 즐겁게 듣는다.</td></tr>
<tr><td>말하는 사람을 주의 깊게 보기</td><td colspan="2">말하는 사람의 표정, 몸짓, 억양 등을 주의 깊게 보고 듣는다.</td></tr>
<tr><td rowspan="6">말하기</td><td rowspan="3">낱말과 간단한 문장으로 말하기</td><td>눈 앞에 보이는 친숙한 사물의 이름을 발음해 본다.</td><td>친숙한 낱말을 발음해 본다.</td></tr>
<tr><td colspan="2">일상생활에서 경험한 새로운 낱말에 관심을 가진다.</td></tr>
<tr><td colspan="2">일상생활의 반복적인 일이나 친숙한 상황을 한두 낱말이나 간단한 문장으로 말해본다.</td></tr>
<tr><td rowspan="2">자신이 원하는 것을 말하기</td><td colspan="2">표정, 몸짓, 말소리로 의사표현을 한다.</td></tr>
<tr><td>자신이 원하는 것을 한두 낱말로 말해본다.</td><td>자신이 원하는 것을 낱말이나 짧은 문장으로 말해본다.</td></tr>
<tr><td>상대방을 바라보며 말하기</td><td colspan="2">말할 순서에 상대방을 바라보며 말을 주고받는다.</td></tr>
<tr><td rowspan="3">읽기</td><td rowspan="3">그림책과 환경 인쇄물에 흥미 가지기</td><td colspan="2">그림책과 환경 인쇄물에 있는 그림과 내용에 관심을 가진다.</td></tr>
<tr><td colspan="2">친숙한 그림과 환경 인쇄물을 보고 읽는 흉내를 내본다.</td></tr>
<tr><td colspan="2">선호하는 그림책들을 읽어주면 집중하여 듣는다.</td></tr>
<tr><td rowspan="2">쓰기</td><td rowspan="2">끼적이며 즐기기</td><td colspan="2">의도적으로 끼적인다.</td></tr>
<tr><td colspan="2">자기 이름 끼적이기에 관심을 가진다.</td></tr>
</table>

| 출처 | 보건복지부 · 육아정책연구소(2014). 제3차 어린이집 표준보육과정 해설서. 재구성.

② 2세 표준보육과정 의사소통 영역의 내용 체계

내용 범주	내용	실제
듣기	말소리 구분하여 듣고 의미 알기	
	짧은 문장 듣고 알기	
	짧은 이야기 듣기	동시 '재미있는 놀잇감'
	말하는 사람을 주의 깊게 보기	
말하기	낱말과 간단한 문장으로 말하기	
	자신이 원하는 것을 말하기	아이, 차가워
	상대방을 바라보며 말하기	
읽기	그림책과 환경 인쇄물에 흥미 가지기	자연물(탐색) 그림책
쓰기	끼적이며 즐기기	'모양' 책 보고 끼적여요

| 출처 | 보건복지부 · 육아정책연구소(2014). 제3차 어린이집 표준보육과정 해설서. 재구성.

③ 활동의 실제

동시 '재미있는 놀잇감'

내용범주 듣기〉 짧은 이야기 듣기〉 짧은 이야기와 노랫말 등을 즐겁게 듣는다.

대상연령 2세

활동목표

- 교사가 읽어주는 동시를 들으며 말소리의 재미를 느낀다.
- 내가 좋아하는 놀잇감을 말할 수 있다.

활동자료 동시판

활동방법

1. 영아들이 알아듣기 쉽도록 동시를 정확한 발음으로 또박또박 운율을 살려 읽어준다.

재미있는 놀잇감

나는나는 자동차가 정말 좋아요
부릉부릉 어디든지 달려가지요

나는나는 아기 인형 정말 좋아요
자장자장 아기 인형 정말 좋아요

나는나는 블록놀이 정말 좋아요
뚝딱뚝딱 멋진 집이 생겨나지요

2. 영아들이 좋아하는 놀잇감에 대해 간단히 이야기해 본다.
    - ○○는 어떤 놀잇감을 좋아하나요?
    - ○○는 종이벽돌로 집 짓는 놀이를 좋아하는군요.
    - ○○는 왜 종이벽돌 놀이를 좋아하나요?

확장활동 동시에 등장하는 자동차와 인형, 블록 등을 언어 영역에 제시하여 동시말에 따라 직접 식물 놀잇감을 움직여볼 수 있다.

활동평가

- 교사가 읽어주는 동시를 들으며 말소리의 재미를 느끼는지 평가한다.
- 내가 좋아하는 놀잇감에 대해 말할 수 있는지 평가한다.

아이, 차가워

내용범주 말하기〉 자신이 원하는 것을 말하기〉 표정, 몸짓, 말소리로 의사표현을 한다.

대상연령 2세

활동목표

- 얼음을 탐색하고 얼음의 변화를 관찰한다.
- 얼음을 탐색한 느낌을 언어적으로 표현한다.

활동자료 여러 가지 모양틀로 얼린 모양 얼음(동그라미, 하트, 별 등)

활동방법

❶ 여러 가지 모양의 얼음을 다양한 방법으로 탐색해 본다.

- 하트 모양, 별 모양 얼음이 있네요.
- 얼음을 손으로 만져보니 어떤가요?
- 차갑군요. 미끌미끌하기도 하군요.
- 얼음을 한 번 먹어볼까요?
- ○○입에서 하얀 연기가 나네요.
- 어? 이게 무슨 소리지요?
- ○○가 얼음을 씹으니까 아삭하는 소리가 들리네요.

❷ 얼음을 손으로 만져보고, 얼음의 변화를 살펴보며 언어적으로 표현해 본다.

- 얼음을 손바닥 위에 놓고 한 번 기다려볼까요?
- 손바닥 느낌이 어떤가요?
- 아주 차갑군요.
- ○○ 손에서 물이 뚝뚝 떨어지네요.
- 얼음 크기가 점점 어떻게 되고 있나요?
- 점점 작아지고 있군요. 작은 하트가 되었네요.

확장활동

- 얼음 탐색을 통해 얼음이 녹는 모습을 관찰한 후, 얼음이 녹는 원리를 이용한 '얼음 그림 그리기' 활동으로 연계해 볼 수 있다.
- 식용색소를 넣은 물을 얼려 얼음으로 만든 후, 색얼음을 탐색하는 활동으로 진행해 볼 수 있다.

활동평가

- 얼음을 탐색하고 얼음의 변화를 알 수 있는지 평가한다.
- 얼음을 탐색한 느낌을 언어적으로 표현할 수 있는지 평가한다.

자연물(탐색) 그림책

내용범주 읽기〉 그림책과 환경 인쇄물에 흥미 가지기〉 그림책과 환경 인쇄물에 있는 그림과 내용에 관심을 가진다.

대상연령 2세

활동목표

- 자연물 그램책을 보며 이야기해 본다.

〈자연물 그림책 만들기〉

◘ 재료: 자연물 사진, 코팅지, EVA

1. 여러 가지 자연물의 실물 사진을 뽑아 코팅한 뒤, EVA에 부착한다.
2. 각 실물 사진에 해당하는 실제 자연물을 투명한 비닐(아세테이트지)에 넣어 사진 옆에 부착하여 준다.
3. 플라스틱 링(고리)을 이용하여 각 사진을 연결하여 책을 완성한다.

- 여러 가지 자연물을 만져보고 탐색해 본다.

활동자료 자연물 그림책(실물 사진, 실물 재료)

활동방법

1. 영아가 자연물(사진, 실물) 그림책에 관심을 보이면 함께 살펴본다.
   - ㅇㅇ야, 새로운 책이 있네요.
   - 어떤 책인지 우리 함께 볼까요?
2. 책에 나온 다양한 자연물의 모양, 색깔 등의 특징에 대해 살펴보며 이야기 나눈다.
   - ㅇㅇ야, 이 사진은 무슨 나뭇잎일까요?
   - 색이 연두색인 것도 있고 노란색인 것도 있네요.
   - 이 나뭇잎은 빨간색이네! 잎이 어떤 모양인 것 같나요?
   - 잎 모양이 뾰족뾰족하게 생겼군요.
3. 책 속에서 보았던 자연물의 식물을 직접 보고, 만져보며 느낌을 이야기해 본다.
   - ㅇㅇ야, 은행잎을 손으로 만져보니 느낌이 어떤가요?

- 까칠까칠한 느낌이군요. 그럼, 도토리 나뭇잎은 어떻게 생겼나요?
- 길쭉하고 끝에 가시 같은 게 있군요.

확장활동 그림책과 환경 인쇄물에 있는 그림과 내용에 대해 읽는 흉내를 확장할 수 있다.

활동평가

- 자연물 그림책을 보며 이야기할 수 있는지 평가한다.
- 여러 가지 자연물을 만져보고 탐색할 수 있는지 평가한다.

'모양' 책 보고 끼적여요

내용범주 쓰기〉 끼적이며 즐기기〉 의도적으로 끼적인다.

대상연령 2세

활동목표

- 여러 가지 모양과 질감을 탐색하고 차이를 안다.
- 쓰기 도구로 그리거나 끼적여본다.

활동자료 그림책 '모양', 모양이 있는 다양한 재질의 종이(골판지, 사포, 한지 등), 색연필, 사인펜, 크레파스 등의 쓰기 도구

활동방법

❶ '모양' 그림책을 읽는다.

- 무슨 책이죠?
- 그래, 공과 사탕이 있군요.
- 맞아, 동그라미 모양이네요.
- 뒷장에는 무슨 그림이 있을까요?
- 돛단배는 어떤 모양이죠?
- 네모로 된 물건이 또 무엇이 있을까요?

❷ 다양한 질감의 모양 자료를 탐색한다.

- 이 종이를 만져볼까요?
- 그렇군요. 동그라미 종이가 까칠까칠하네요.
- 세모 모양 종이는 어떤 느낌인가요?
- 부드러운 느낌의 이 종이는 무슨 모양이지요?

❸ 다양한 쓰기 도구로 자유롭게 끼적이기를 한다.

- 여기, 색연필이 있네요.
- ㅇㅇ는 크레파스로 동그라미 종이에 그림을 그리는군요.
- 세모 종이에는 그림이 잘 그려지나요?

❹ 모양 종이 위에 얇은 종이를 얹고 색연필로 색칠하는 프로타주 활동을 통해 모양이 새겨지는 것을 관찰한다.

- 색연필로 칠하니 모양이 보이네요?
- 그래, 동그라미네요.
- 울퉁불퉁 골판지 모양도 나오네요.

확장활동 책과 모양 자료의 모양을 보고 보육실에서 비슷한 모양을 찾아본다.

활동평가

- 여러 가지 모양과 질감을 탐색하고 차이를 알 수 있는지 평가한다.
- 다양한 쓰기 도구로 그리거나 끼적일 수 있는지 평가한다.

(4) 2세 표준보육과정에 의한 사회관계 영역 및 실제 예

사회관계 영역은 나를 알고 존중하기, 나와 다른 사람의 감정 알기, 더불어 생활하기의 세 가지 내용 범주로 구성된다.

사회관계 영역의 목표
1. 자기 존중감을 형성한다. 2. 자신의 감정을 알고 다른 사람의 감정에 반응을 보인다. 3. 가족을 사랑하고 또래, 교사와 즐겁게 지내며 간단한 규칙 등을 지킨다.

① 2세 표준보육과정 사회관계 영역의 세부 내용

<table>
<tr><th>내용 범주</th><th>내용</th><th>1수준</th><th>2수준</th></tr>
<tr><td rowspan="3">나를 알고 존중하기</td><td>나를 구별하기</td><td colspan="2">나와 다른 사람의 모습을 구별한다.</td></tr>
<tr><td rowspan="2">좋아하는 것 해보기</td><td colspan="2">내가 좋아하는 것을 찾아본다.</td></tr>
<tr><td>좋아하는 놀이나 놀잇감을 선택해 본다.</td><td>스스로 선택한 놀이나 놀잇감을 즐긴다.</td></tr>
<tr><td rowspan="2">나와 다른 사람의 감정 알기</td><td>나의 감정을 나타내기</td><td colspan="2">여러 가지 감정을 말과 행동으로 나타낸다.</td></tr>
<tr><td>다른 사람의 감정에 반응하기</td><td colspan="2">다른 사람이 나타내는 여러 가지 감정에 반응을 보인다.</td></tr>
<tr><td rowspan="8">더불어 생활하기</td><td>내 가족 알기</td><td>내 가족에게 애정을 표현한다.</td><td>내 가족에게 다른 사람과는 구별된 특별한 감정을 갖는다.</td></tr>
<tr><td rowspan="2">또래와 관계하기</td><td>또래에게 관심을 보인다.</td><td>또래의 모습과 행동을 모방한다.</td></tr>
<tr><td>또래의 이름을 안다.</td><td>또래가 있는 곳에서 놀이를 한다.</td></tr>
<tr><td>자신이 속한 집단 알기</td><td>자신이 속한 반과 교사를 안다.</td><td>자신이 속한 반의 활동에 즐겁게 참여한다.</td></tr>
<tr><td rowspan="4">사회적 가치를 알기</td><td>도움 받아 물건을 정리한다.</td><td>스스로 물건을 정리한다.</td></tr>
<tr><td>자기 순서를 안다.</td><td>순서를 기다린다.</td></tr>
<tr><td colspan="2">바른 태도로 인사한다.</td></tr>
<tr><td colspan="2">간단한 약속을 지킨다.</td></tr>
</table>

| 출처 | 보건복지부 · 육아정책연구소(2014). 제3차 어린이집 표준보육과정 해설서. 재구성.

② 2세 표준보육과정 사회관계 영역의 내용 체계

내용 범주	내용	실제
나를 알고 존중하기	나를 구별하기	나에 대해 말해요
	좋아하는 것 해보기	
나와 다른 사람의 감정 알기	나의 감정을 나타내기	모래로 집을 지어 보아요
	다른 사람의 감정에 반응하기	
더불어 생활하기	내 가족 알기	
	또래와 관계하기	가을 소풍놀이
	자신이 속한 집단 알기	
	사회적 가치를 알기	

| 출처 | 보건복지부 · 육아정책연구소(2014). 제3차 어린이집 표준보육과정 해설서. 재구성.

③ 활동의 실제

나에 대해 말해요

내용범주 나를 알고 존중하기〉 나를 구별하기〉 나와 다른 사람의 모습을 구별한다.

대상연령 2세

활동목표

- 자신을 인식하고 나의 생각을 표현한다.
- 다른 사람에게 나에 대해 말해본다.

활동자료 없음

활동방법

❶ 소집단 혹은 영아와 개별적으로 있을 때, 영아에게 관심을 보이며 영아에 대해 이야기 나눈다.

- ○○는 오늘 노란색 양말을 신고 있네요.
- ○○는 노란색으로 좋아해요?
- ○○는 무슨 색을 좋아하나요?
- ○○는 무슨 놀이할 때가 제일 재미있어요?
- ○○가족은 누구누구가 있어요?

❷ 영아가 자신에 대해 이야기하면, 교사가 다시 한 번 언어적으로 반응해 준다.

- 아~, ○○는 보라색으로 좋아하네요.
- ○○는 인형놀이할 때가 제일 재미있나봐요.
- △△야, ○○는 인형놀이할 때가 제일 재미있대요.
- ○○가족은 아빠, 엄마, 동생이 있군요.

확장활동 영아가 좋아하는 색, 동물, 놀잇감 등을 그려보거나 잘라서 붙여 '내가 좋아하는 것' 책을 만들어 나를 표현해 볼 수 있다.

활동평가

- 자신을 인식하고 나의 생각을 표현할 수 있는지 평가한다.
- 자신의 생각을 다른 사람에게 표현할 수 있는지 평가한다.

모래로 집을 지어보아요

내용범주 나와 다른 사람의 감정 알기〉 나의 감정을 나타내기〉 여러 가지 감정을 말과 행동으로 나타낸다.

대상연령 2세

활동목표

- 모래를 이용하여 집을 지어본다.
- 모래놀이를 하면서 감정을 조절하고 표현해 본다.

활동자료 모래, 모래놀이 도구

활동방법

❶ 모래를 탐색해 본다.

- 모래를 만져보니 어떤 느낌인가요?
- 까칠까칠하기도 하고 부드럽기도 하네요.
- 모래를 손에 꽉 쥐어보니 이런 느낌인가요?
- 모래를 체에 넣고 흔드니 모래가 어떻게 되나요?
- 이 모래는 축축하게 젖어 있군요.
- 이 모래는 다 말라 있네요.

❷ 모래로 영아가 만들고 싶은 모양의 집을 지어본다.

- 모래로 집을 지어볼까요? 어떤 모양의 집을 지어볼까요?
- ○○은 모래를 쌓아서 높은 집을 만들었군요.
- △△는 모래를 파서 움푹 들어간 집을 만들었군요.
- ㅁㅁ는 모래를 뭉쳐 길게 놓고 있군요!

확장활동 다른 친구에게 모래를 던지는 일을 하지 않도록 규칙을 정하는 활동을 할 수 있다.

활동평가

- 모래를 이용하여 집을 지어볼 수 있는지 평가한다.
- 모래놀이를 하면서 감정을 조절하고 표현할 수 있는지 평가한다.
- 모래를 만졌을 때 느낌을 표현할 수 있는지 평가한다.

가을 소풍놀이

내용범주 더불어 생활하기〉 또래와 관계하기〉 또래의 모습과 행동을 모방한다.

대상연령 2세

활동목표

- 가을 소풍을 다녀온 경험을 놀이로 표현해 본다.
- 또래친구들과 가을 나들이놀이를 즐긴다.

활동자료 역할 의상(옷, 모자, 신발, 가방 등), 음식 모형, 도시락통

활동방법

1. 영아들과 함께 소풍 가본 경험에 대해 이야기 나눈 후 자연스럽게 소풍놀이를 제안한다.
   - ○○는 엄마랑 아빠랑 나들이 가본 적 있나요? 어디에 갔었나요?
   - 우리도 같이 소풍가는 놀이해 볼까요? 어디로 가면 좋을까요?
2. 역할 영역에 준비된 의상 및 소품들을 살펴보며 소풍갈 때 필요한 물건들을 준비해 본다.
   - ○○는 카메라를 챙겼네요.
   - 가져가고 싶은 것들을 가방에 넣어볼까요?
   - 소풍갈 때는 어떤 것들이 필요할까요?
   - 그 물건이 왜 필요할 것 같나요?
3. 보육실 내 넓은 공간을 찾아보고 함께 둘러 앉아 나들이 온 것처럼 놀이해 본다. 영아는 준비해 온 음식들을 차리거나 사진을 찍으며 자유롭게 놀이한다.
   - 돗자리를 펼 만한 곳이 있는지 찾아볼까요?
   - ○○는 도시락에 어떤 것들을 싸왔을까요? 함께 먹으니 더 맛있어요.
   - 날씨가 어떤 것 같나요? 시원하고 기분 좋은 바람이 부네요.

확장활동 영아들의 나들이 사진을 활용하면 영아의 경험에 대해 좀 더 자연스럽게 이야기해 볼 수 있다.

활동평가

- 가을 소풍을 다녀온 경험을 놀이로 표현해 볼 수 있는지 평가한다.
- 또래친구들과 가을 나들이 놀이를 즐길 수 있는지 평가한다.

(5) 2세 표준보육과정에 의한 예술경험의 영역 및 실제 예

예술경험 영역은 아름다움 찾아보기, 예술적 표현하기, 예술 감상하기의 세 가지 내용 범주로 구성된다.

예술경험 영역의 목표
1. 주변 생활에서 예술적 요소를 발견하고 흥미롭게 탐색한다. 2. 간단한 리듬이나 노래, 움직임, 자발적인 미술활동을 자유롭게 시도하고 모방이나 상상놀이로 표현한다. 3. 주변의 환경과 자연 및 다양한 표현에서 예술적 요소를 관심 있게 보고 즐긴다.

① 2세 표준보육과정 예술경험 영역의 세부 내용

<table>
<tr><th>내용 범주</th><th>내용</th><th>1수준</th><th>2수준</th></tr>
<tr><td rowspan="2">아름다움 찾아보기</td><td rowspan="2">예술적 요소 탐색하기</td><td colspan="2">주변 환경에서 나는 다양한 소리와 움직임을 탐색한다.</td></tr>
<tr><td colspan="2">주변 환경에서 색, 모양을 탐색한다.</td></tr>
<tr><td rowspan="7">예술적 표현하기</td><td rowspan="2">리듬 있는 소리와 노래로 표현하기</td><td colspan="2">친근한 노래를 따라 부른다.</td></tr>
<tr><td colspan="2">신체, 사물, 리듬악기 등을 이용하여 간단한 리듬과 소리를 만든다.</td></tr>
<tr><td rowspan="2">움직임으로 표현하기</td><td colspan="2">노래나 리듬에 맞춰 몸으로 표현한다.</td></tr>
<tr><td colspan="2">간단한 도구를 활용하여 몸으로 표현한다.</td></tr>
<tr><td rowspan="2">자발적으로 미술활동하기</td><td colspan="2">자발적으로 그리기, 만들기를 한다.</td></tr>
<tr><td colspan="2">간단한 도구와 미술재료를 다룬다.</td></tr>
<tr><td>모방과 상상놀이하기</td><td>모방행동을 놀이처럼 즐긴다.</td><td>일상생활 경험을 상상놀이로 즐긴다.</td></tr>
<tr><td rowspan="3">예술 감상하기</td><td rowspan="3">아름다움 즐기기</td><td colspan="2">자연이나 생활의 소리나, 움직임, 친근한 음악과 춤을 관심 있게 듣거나 본다.</td></tr>
<tr><td colspan="2">일상생활에서 자연과 사물의 아름다움에 관심을 가지고 즐긴다.</td></tr>
<tr><td colspan="2">자신과 또래가 표현한 노래, 춤, 미술품 등에 관심을 가지고 즐긴다.</td></tr>
</table>

| 출처 | 보건복지부 · 육아정책연구소(2014). 제3차 어린이집 표준보육과정 해설서. 재구성.

② 2세 표준보육과정 예술경험 영역의 내용 체계

내용 범주	내용	실제
아름다움 찾아보기	예술적 요소 탐색하기	알록달록 세상
예술적 표현하기	리듬 있는 소리와 노래로 표현하기	
	움직임으로 표현하기	
	자발적으로 미술활동하기	
	모방과 상상놀이하기	빗방울 터널을 지나가요
예술 감상하기	아름다움 즐기기	가을 동산 만들기

| 출처 | 보건복지부 · 육아정책연구소(2014). 제3차 어린이집 표준보육과정 해설서. 재구성.

③ 활동의 실제

알록달록 세상

내용범주 아름다움 찾아보기〉 예술적 요소 탐색하기〉 주변 환경에서 색, 모양을 탐색한다.

대상연령 2세

활동목표

- 색깔 안경을 이용하여 안경의 특성에 관심을 가진다.
- 주변 환경의 색깔을 탐색한다.

활동자료 다양한 색깔의 안경

〈다양한 색깔의 안경 만들기〉

재료: 두꺼운 도화지, 여러 가지 색깔 셀로판지, 가위, 풀, 흰 고무줄, 칼, 펀치

1. 두꺼운 도화지를 안경 모양으로 자르고 가운데 안경알 부분을 칼로 판다.
2. 셀로판지를 안경알 부분에 풀로 붙인다.
3. 안경 옆쪽에 펀치로 구멍을 내어 고무줄을 연결하여 영아들이 쓸 수 있게 한다.

활동방법

1. 여러 가지 색깔의 셀로판지로 만든 안경을 탐색하며 이야기를 나눈다.
   - 선생님이 준비한 여러 가지 색깔의 안경을 함께 봅시다.
   - 이 안경의 알은 무슨 색인가요?
   - 이 안경을 쓰면 어떻게 보일까요?
2. 여러 가지 색깔 안경을 쓰고 주위 풍경을 둘러본다.
   - ○○는 빨간색 안경을 쓰고 △△를 보고 있군요.
   - 우리 어린이집 미끄럼틀은 빨간색인데, 파란색 안경을 쓰고 보니 어떻게 보이나요?

• 노란색 안경을 쓰고 하늘을 보면 어떤 색으로 보이나요?
• 이번에는 어떤 색깔의 안경을 써보고 싶은가요?

확장활동 색 안경을 쓰고 바라보는 것을 표현하는 확장활동을 할 수 있다.

활동평가

• 색깔 안경의 특성에 관심을 가질 수 있는지 평가한다.
• 주변 환경의 색깔을 탐색할 수 있는지 평가한다.

빗방울 터널을 지나가요

내용범주 예술적 표현하기〉 모방과 상상놀이하기〉 일상생활 경험을 상상놀이로 즐긴다.

대상연령 2세

활동목표

- 몸을 움직여 터널을 통과한다.
- 빗속을 지나가는 상상을 해본다.

활동자료 빗방울이 그려진 비닐 터널, 빗소리 음향

활동방법

❶ 빗소리 음향을 듣는다.
- 어? 무슨 소리가 들리나요?
- 똑똑똑! 빗방울 소리가 나네요. 비가 오나 봐요.

❷ 빗방울이 그려진 비닐 터널을 탐색하며 터널 안을 지나가본다.
- 우와~, 기다란 터널이네요. 터널 속에도 비가 오네요.
- 빗속을 어떻게 지나갈 수 있을까요?
- ㅇㅇ처럼 무릎을 굽히고 지나갈 수 있군요.
- ㅇㅇ는 거북처럼 기어서 지나가네요.

❸ 영아들이 터널을 지나갈 때 빗소리 음향을 들려주어, 실제 빗속을 지나가는 상상을 해볼 수 있도록 돕는다.
- 후두둑, 후두둑 비가 떨어지기 시작하네요. 머리 위로 빗방울이 하나둘 떨어져요.
- ㅇㅇ는 조금 빨리 지나가고 있어요. 비를 안 맞으려고 빨리 가나봐요.
- ㅇㅇ는 비가 좋은가봐요. 잠깐 멈춰서 손으로 비를 만져보고 있네요.

❹ 터널 안을 반복해서 지나가본다.

확장활동 비 소리에 대해 탐색하고 표현해 볼 수 있는 확장활동을 할 수 있다.

활동평가

- 몸을 움직여 터널을 통과할 수 있는지 평가할 수 있다.
- 빗속을 지나가는 상상할 수 있는지 평가할 수 있다.

가을 동산 만들기

내용범주 예술 감상하기〉 아름다움 즐기기〉 일상생활에서 자연과 사물의 아름다움에 관심을 가지고 즐긴다.

대상연령 2세

활동목표

- 벽돌 블록을 이용하여 가을 동산을 꾸며본다.
- 가을 동산의 모습을 떠올리며 자연환경에 관심을 갖는다.

활동자료 벽돌 블록, 가을 풍경(나무, 꽃) 사진, 투명 시트지, 색종이, 테이프

활동방법

❶ 가을 나들이 활동 사진을 보며 공원에 있던 꽃과 나무에 대해 이야기 나눈다.
- ○○야, 우리가 가을 나들이 다녀온 것 기억나나요?
- 어떤 색의 나뭇잎이 기억나나요?
- 공원에 피어 있는 하늘색, 분홍색 코스모스가 기억나는가 봐요.

❷ 가을 풍경 사진을 붙인 벽돌 블록과 색종이로 만든 꽃을 이용해 가을 동산을 만들어 본다.
- 우와, 벽돌 블록에 알록달록 가을 나무와 꽃 사진이 붙어 있네요.
- 이 블록으로 가을 나들이 갔을 때 놀이했던 가을 동산을 만들어보면 어떨까요?
- 색종이로 꽃을 접었어요. 이 가을 동산에 꽃을 심어볼까요?

❸ 벽돌 블록을 이용해 동산 모양을 만들고 다 만들어진 동산 안에서 자유롭게 놀이한다.
- ○○가 만든 가을 동산에 알록달록한 나무와 꽃이 있네요.
- ○○가 가을 동산으로 소풍을 왔구나? 꽃이랑 인사를 하고 있네요.
- 가을 동산에서 어떤 놀이가 하고 싶어요?
- 가을 동산으로 나들이를 갈까요?

확장활동 영아들이 구성한 가을 동산에 소풍을 가는 놀이로 확장해 본다.

활동평가

- 벽돌 블록을 이용하여 가을 동산을 꾸미기를 할 수 있는지 평가한다.
- 가을 동산의 모습을 떠올리며 자연환경에 관심을 갖는지 평가한다.

(6) 2세 표준보육과정에 의한 자연탐구 영역 및 실제 예

자연탐구 영역은 탐구하는 태도 기르기, 수학적 탐구하기, 과학적 탐구하기의 세 가지 내용 범주로 구성된다.

자연탐구 영역의 목표
1. 호기심을 가지고 주변 세계에 대해 다양하게 탐색한다. 2. 주변에서 경험하는 수학적 상황을 인식한다. 3. 다양한 탐색을 통하여 주변 사물과 자연 환경을 인식한다.

① 2세 표준보육과정 자연탐구 영역의 세부 내용

<table>
<tr><th>내용 범주</th><th>내용</th><th>1수준</th><th>2수준</th></tr>
<tr><td rowspan="2">탐구하는 태도 기르기</td><td>호기심 가지기</td><td colspan="2">주변 사물과 자연 세계에 호기심을 가진다.</td></tr>
<tr><td>반복적 탐색 즐기기</td><td colspan="2">관심 있는 사물을 반복하여 주도적으로 탐색하기를 즐긴다.</td></tr>
<tr><td rowspan="8">수학적 탐구하기</td><td rowspan="3">수량 인식하기</td><td colspan="2">많고 적음을 구별한다.</td></tr>
<tr><td>두 개 가량의 수 이름을 말해본다.</td><td>세 개 가량의 구체물을 말하며 세어본다.</td></tr>
<tr><td colspan="2">구체물을 일 대 일로 대응해본다.</td></tr>
<tr><td rowspan="2">공간과 도형에 관심 가지기</td><td colspan="2">나를 중심으로 익숙한 위치, 장소를 인식한다.</td></tr>
<tr><td colspan="2">주변 사물의 모양에 관심을 가진다.</td></tr>
<tr><td>차이에 관심 가지기</td><td colspan="2">주변 사물의 크기(속성의 차이)에 관심을 가진다.</td></tr>
<tr><td>단순한 규칙성에 관심 가지기</td><td colspan="2">주변에서 단순하게 반복되는 규칙성에 관심을 가진다.</td></tr>
<tr><td>구분하기</td><td colspan="2">주변 사물의 같고 다름에 따라 구분한다.</td></tr>
<tr><td rowspan="6">과학적 탐구하기</td><td>물체와 물질 탐색하기</td><td colspan="2">친숙한 물체와 물질을 능동적으로 탐색한다.</td></tr>
<tr><td>주변 동 · 식물에 관심 가지기</td><td colspan="2">주변 동 · 식물의 모양, 소리, 움직임에 관심을 가진다.</td></tr>
<tr><td rowspan="2">자연을 탐색하기</td><td colspan="2">돌, 물, 모래 등의 자연물을 탐색한다.</td></tr>
<tr><td colspan="2">날씨를 감각으로 느낀다.</td></tr>
<tr><td rowspan="2">생활도구 사용하기</td><td colspan="2">생활 속에서 간단한 도구에 관심을 가진다.</td></tr>
<tr><td colspan="2">간단한 도구를 사용한다.</td></tr>
</table>

| 출처 | 보건복지부 · 육아정책연구소(2014). 제3차 어린이집 표준보육과정 해설서. 재구성.

② 2세 표준보육과정 자연탐구 영역의 내용 체계

내용 범주	내용	실제
탐구하는 태도 기르기	호기심 가지기	
	반복적 탐색 즐기기	빙글빙글 스팽글
수학적 탐구하기	수량 인식하기	
	공간과 도형에 관심 가지기	
	차이에 관심 가지기	
	단순한 규칙성에 관심 가지기	깨끗하게 목욕시켜요
	구분하기	
과학적 탐구하기	물체와 물질 탐색하기	
	주변 동 · 식물에 관심 가지기	낙엽비가 내려요
	자연을 탐색하기	
	생활도구 사용하기	

| 출처 | 보건복지부 · 육아정책연구소(2014). 제3차 어린이집 표준보육과정 해설서. 재구성.

③ 활동의 실제

빙글빙글 스팽글

내용범주 탐구하는 태도 기르기〉 반복적 탐색 즐기기〉 관심 있는 사물을 반복하여 주도적으로 탐색하기를 즐긴다.

대상연령 2세

활동목표 페트병 속에서 움직이는 스팽글의 모습을 관찰한다.

활동자료 스팽글과 물이 들어 있는 작은 페트병

활동방법

❶ 스팽글이 들어있는 페트병을 탐색한다.

- 어떻게 생긴 병인지 한 번 봅시다.
- 반짝반짝하는 것이 병 속에 들어 있군요.

❷ 스팽글이 들어있는 페트병을 자유롭게 조작하며 스팽글을 움직여본다.

- ○○가 병을 흔드니 병 속에 들어있는 스팽글이 움직이네요.
- △△가 병을 옆으로 눕히니 스팽글이 옆으로 움직이는군요.
- 어떻게 하면 스팽글이 또 움직일까요?

확장활동 페트병 속에 스팽글뿐 아니라 차가운 구슬, 폼보드 조각 등 다양한 재료를 넣어 다양한 재질을 탐색해 볼 수 있다. 페트병에 들어가는 재료에 따라 물을 넣을지 아닐지 결정한다. 물에서 움직임이 잘 나타나는 재료에는 물을 넣지만, 그렇지 않은 경우에는 물은 넣지 않는다.

활동평가 움직이는 스팽글의 모습을 관찰할 수 있는지 평가한다.

깨끗하게 목욕시켜요

내용범주 수학적 탐구하기〉 단순한 규칙성에 관심 가지기〉 주변에서 단순하게 반복되는 규칙성에 관심을 가진다.

대상연령 2세

활동목표 목욕하는 과정을 떠올리며 놀이로 표현해 본다.

활동자료 옷을 벗길 수 있는 아기 인형, 스펀지, 수건, 대야

활동방법

❶ 가정에서 목욕했던 경험을 떠올려본다.

- ○○야, 집에서 목욕해본 적 있지요?
- ○○는 목욕할 때 어떻게 씻나요?
- 비누로 몸도 씻고, 얼굴도 씻고, 머리도 감나봐요.

❷ 아기 인형을 보여주며 아기 인형 목욕시켜주는 것을 제안해 본다.

- 날씨가 더워서 아기가 땀이 많이 났어요. ○○가 깨끗하게 목욕시켜줄 수 있나요?

❸ 목욕했던 경험을 떠올리며 아기 인형을 목욕시킨다.

- ○○는 목욕할 때 제일 먼저 무엇을 했나요?
- 옷을 벗었군요. 아기 인형 옷도 벗겨줄까요?
- ○○가 아기 몸에 물을 묻혀주고 있군요.
- 비누칠도 해주면 좋겠네요. 살살 문질러주니 아기가 좋아하네요.
- 아기 머리에서 냄새가 나네요. 어떻게 해주면 좋을까요?
- 아기 눈에 삼푸가 들어갔나 봐요. ○○가 도와줄 수 있겠어요?
- 아기 몸에 물이 많이 묻었네요. ○○는 목욕 다 한 다음에 어떻게 했었어요?
- 아! 수건으로 닦았네요. 로션도 발라주면 좋겠어요.
- 아이가 목욕하고 나니 기분이 아주 좋은가 봐요.

확장활동 '목욕시키기' 놀이가 충분히 이루어진 후에는 '아기 우유 먹이기', '아기 유모차 태워 산책하기' 등의 아기 돌보기놀이로 확장할 수 있다.

활동평가 즐겁게 목욕을 할 수 있는지 평가할 수 있다.

낙엽비가 내려요

내용범주 과학적 탐구하기〉 주변 동 · 식물에 관심가지기〉 주변 동 · 식물의 모양, 소리, 움직임에 관심을 가진다.

대상연령 2세

활동목표

- 걷거나 뛰기 등 낙엽비를 맞으며 신체활동을 해본다.
- 여러 가지 낙엽의 특성을 살펴본다.

활동자료 어린이집 주변 낮은 동산 산책하며 떨어진 낙엽 줍기, 다양한 환경 인쇄물(각종 전단지, 잡지 등)로 만든 낙엽

활동방법

❶ 영아와 함께 실외에 떨어진 낙엽을 살펴본다.

- (바닥에 떨어져 있는 낙엽을 주워 함께 보며) 이것은 무엇일까요?
- ○○야, 바닥에 낙엽이 많이 떨어져 있네요. 우리 함께 살펴볼까요?
- 어디에서 떨어졌을까요?

❷ 영아와 낙엽을 모아서 위로 던져보며 낙엽의 움직임을 살펴본다.

- (모은 낙엽을 위로 던져보며) 와~, 낙엽 비가 내립니다.
- 낙엽을 만져 보니 느낌이 어때요?
- 이제 낙엽을 위로 던져볼까요?
- 낙엽이 어떤 모습으로 떨어지고 있나요?

❸ 보육실에서 환경인쇄물로 만든 낙엽을 모아 위로 던져보며 움직임을 살펴본다. (낙엽의 움직임을 신체표현해 볼 수 있다.)

- 바람이 불어 낙엽비가 내리네요. 와! 낙엽이 많이 떨어져요.
- ○○가 낙엽 사이로 걸어가네요.
- 낙엽이 이리저리 날아다니는 것 같아요. △△도 낙엽처럼 움직여볼까요?

확장활동 산책에서 주워온 낙엽은 보육실에서 탐색 후 낙엽을 종이에 붙여보는 등 다양한 창의 영역 활동으로 연계하여 놀이해 볼 수 있다.

활동평가

- 낙엽비를 맞으며 걷고, 뛰면서 신체활동을 할 수 있는지 평가한다.
- 여러 가지 낙엽의 특성을 알 수 있는지 평가한다.

Chapter 07

보육실습 사후관리

01 보육실습 관련 자료 보관

보육교사 양성교육기관에서는 보육실습과 관련하여 실습기록대장은 영구보존하고, 아래에 제시한 자료는 연도별로 5년 동안 보관한다.

- 보육실습 동의서(부록 3, p. 278 참조)
- 보육실습확인서 사본(부록 6, p. 281 참조)*
- 보육실습 평가서(부록 7, p. 283 참조)
- 보육실습비 영수증(부록 16, p. 293 참조)
- 보육실습기관 방문 결과보고서(부록 18, p. 295 참조)
- 보육실습 지도교사 자격증 사본(유치원)*
- 보육실습기관 인가증 사본 또는 어린이집위탁계약증서 사본(보육실습 당시 계약일이 명시된 위탁계약증서)

*「어린이집지원 시스템」을 통하여 보육실습확인서를 제출한 경우 첨부서류(실습기관 인가증 사본, 지도교사 자격증 사본, 실습 지도교사 1인당 3명 이내의 보육실습생 지도확인서)는 제출하지 않아도 됨(단, 유치원은 제출해야 함)

02 보육실습 기록대장

보육교사 양성교육기관은 보육실습과 관련된 세부사항을 보육실습생 기록대장(부록 19, p. 296 참조)에 정확히 기록하여 영구 보존한다. 보육실습 기록대장에는 보육실습생의 개인 정보가 수록되므로 양성교육기관은 특별히 유의하여 보관해야 한다.

03 보육교사자격증 신청

보육교사자격증은 개인 및 단체(대학 또는 보육교사교육원에 한함)로 신청 가능하며 인터넷 신청을 원칙으로 하고, 방문을 통해서도 신청할 수 있다. 인터넷 신청 시 홈페이지의 개인정보 및 발급신청서의 내용 수정은 '나의 자격증 신청진행 현황'에서 인터넷 신청 완료 단계까지만 가능하다. 자격증 신청과 관련된 모든 구비서류는 한국보육진흥원 자격관리팀으로 등기 발송해야 하며(등기번호 보관 요망), 자격증 신청 후 반드시 '나의 자격증 신청진행 현황' 을 통해 진행상황을 확인한다.

- 보육인력 국가자격증 홈페이지(http://chrd.childcare.go.kr/)
- 한국보육진흥원 주소: 서울시 용산구 청파로 345 주연빌딩 5층 한국보육진흥원 자격관리팀(04303)

1) 국가자격제도 안내

(1) 국가자격제도 도입 배경

- 어린이집 원장과 보육교사 자격관리의 효율성 및 투명성을 제고하고, 보육서비스의 질적 수준을 향상하기 위하여 국가자격증 제도를 도입함
- 어린이집 원장과 보육교사로 근무하기 위해서는 보건복지부장관이 검정, 수여하는 국가자격증을 받은 자이어야 함
- 또한 장애영유아를 위한 보육교사의 자질 및 전문성을 향상시키고 장애영유아 보육서비스의 질적 수준을 향상하기 위해 2015년 7월 1일 장애영유아를 위한 보육교사 자격확인서 제도를 도입함

(2) 보육교직원 업무 처리

① 자격검정: 무시험 검정

- 어린이집 원장, 보육교사의 자격검정과 자격증 발급 · 재발급에 관한 업무는 한국보육진흥원에서 수행함
- 장애영유아를 위한 보육교사 자격확인서는 한국보육진흥원장 명의로 발급함

② 자격검정 및 자격증 교부기관: (재)한국보육진흥원

③ 관련근거: 「영유아보육법」 제51조의 2 및 같은 법 시행령 제26조의 2(업무의 위탁), 「장애영유아를 위한 보육교사 자격검정을 위한 업무 위탁기관 지정 및 자격검정절차 등에 관한 고시」(보건복지부 고시 제2015-121호. 2015. 7. 1.)

④ 보육시설종사자 자격검정위원회 운영

- 근거: 보건복지부 훈령 제4호
- 조직: 위원장을 포함하여 9인 이상 13인 이내의 위원으로 구성
- 기능: 개별 · 특수사례의 자격인정 여부, 유사교과목의 인정 여부, 보육실습 조건의 충족 여부, 기타 어린이집 원장, 보육교사 등의 자격검정을 위하여 위원회의 심의가 필요하다고 보건복지부장관이 인정하는 사항을 심의, 의결

(3) 자격증 발급

어린이집 원장 및 보육교사 자격 기준을 갖추고 자격검정에 합격한 사람에게는 「영유아보육법 시행규칙」 제18조 제3항 관련 별지 제12호의 2 서식에 따라 자격증 발급 장애영유아를 위한 보육교사의 자격 기준을 갖추고 자격검정에 합격한 사람에게는 「장애영유아를 위한 보육교사 자격검정을 위한 업무 위탁기관 지정 및 자격검정절차 등에 관한 고시」 별지 제3호 서식에 따른 자격확인서를 발급한다.

2) 자격증 신청방법

보육실습이 완료된 후 보육인력 국가자격증 홈페이지를 방문하여 단체(개인)로 자격증 신청을 하여야 한다.

(1) 신청

- 보육인력 국가자격증 홈페이지(www.chrd.childcare.go.kr)에서 인터넷 신청 (2010년 12월 신청방법 단일화로 인터넷 신청 필수)
- 신청 시 수수료 납부(10,000원)
- 인터넷 신청 후 자격 기준별 제출서류는 등기우편으로 발송
- 자격증 신청 후 진행 현황은 보육인력 국가자격증 홈페이지(http://chrd.childcare.go.kr/) 마이페이지에서 조회(제출서류 및 수수료는 '서류접수완료' 후 반환 불가)

(2) 자격증 발급 절차

◘ 발급 기간: 서류 접수 후 14일 이내

신청 절차	신청 절차	주체
회원가입	• 보육인력 국가자격증 홈페이지 (http://chrd.childcare.go.kr/)	신청인
발급신청서 작성	• 자격 종류(급수) 선택 • 학력 등 세부사항 입력 • 신청자 사진 파일 등록	신청인
수수료 결제	• 수수료 10,000원 • 신용카드, 실시간 계좌이체, 가상계좌 중 선택하여 납부	신청인
서류제출	• 발급신청서 출력 • 발급신청서 및 구비서류 등기우편으로 제출	신청인
자격검정	• 구비서류를 통한 자격검정	진흥원
자격증/ 자격확인서 발급	• 자격 인정 건의 자격증/ 자격확인서 제작 및 발송	진흥원

〈보육교사 자격증 단체 신청방법〉

구분	내용
정의	• 대학(교) 또는 보육교사교육원 등 교육기관에서 보육인력 국가자격증 홈페이지에서 단체 회원가입을 하고 보육교사 자격증을 신청
대상	• 대학(교) 또는 보육교사교육원 등 교육기관에서 신청 가능[단, 신청인원은 5인 이상(5인 미만 신청 불가)]
신청방법	• 보육인력 국가자격증 홈페이지에서 인터넷 신청
진행절차	① 인터넷 신청완료, ② 서류접수완료, ③ 자격심사 중, ④ 판정완료, ⑤ 발송대기 중, ⑥ 발송완료 ※ 홈페이지 로그인 후, '마이페이지'에서 접수번호 클릭 시, 자신의 자격증 신청 및 진행현황 조회 가능
유의사항	• 인터넷 단체접수절차 완료 후 공문과 단체신청자명단, 개인별 구비서류는 등기우편으로 제출해야 함 • 보육교사 자격증은 단체신청 기관으로 일괄발송 • 단체신청 관련 상담 안내 – (전화 상담) 한국보육진흥원 상담데스크(☎ 1661-56666) – (카카오톡 상담) 친구찾기 ➔ ID 검색 ➔ '보육교사자격' 친구 추가

3) 자격증 신청을 위한 구비서류

(1) 보육교사

1 보통 구비서류

- 보육교사자격증 발급신청서(인터넷 신청 후 출력)
- 사진(인터넷 신청 시 사진 파일 등록)
- 아래의 제출서류 외에 자격취득을 위한 서류보완이 필요할 경우 자격검정기관의 업무처리 규칙에 따라 추가 서류의 제출을 요청할 수 있다.

① 보육교사 1급

자격 기준	구비서류
1. 보육교사 2급 자격을 취득한 후 3년 이상의 보육 업무 경력과 보건복지부장관이 정하는 승급교육을 받은 사람	① 보육교사 2급 자격증 사본 ② 경력증명서 원본 ③ 1급 승급교육 수료증 원본 ④ 사진 파일(인터넷 신청 시 사진 등록) ⑤ 자격증 발급신청서(인터넷 신청 후 출력)
2. 보육교사 2급 자격을 취득한 후 보육 관련 대학원* 에서 석사학위 이상을 취득하고 1년 이상의 보육 업무 경력이 있는 사람으로서 보건복지부장관이 정하는 승급교육을 받은 사람	① 보육교사 2급 자격증 사본 ② 석사학위증명서 ③ 경력증명서 원본 ④ 1급 승급교육 수료증 원본 ⑤ 사진 파일(인터넷 신청 시 사진 등록) ⑥ 자격증 발급신청서(인터넷 신청 후 출력)

* 보육 관련 대학원
  가. 학과(전공) 및 학위명에 '보육, 영유아, 아동'의 단어가 포함된 대학원
  나. 가의 경우가 해당되지 않을 경우 보육 관련 교과목 이수 기준으로 인정(보육 관련 교과목 최소 15학점 이상 이수 여부를 확인하여 인정)

② 보육교사 2급

자격 기준	구비서류
1. 전문대학 또는 이와 동등 이상의 학교에서 보건복지부령이 정하는 보육 관련 교과목 및 학점을 이수하고 졸업한 사람	① 최종학교 졸업증명서 ② 최종학교 성적증명서 ③ 보육실습확인서 원본* ④ 사진 파일(인터넷 신청 시 사진 등록) ⑤ 자격증 발급신청서(인터넷 신청 후 출력)
2. 보육교사 3급 자격을 취득한 후 2년 이상의 보육 업무 경력이 있는 사람으로서 보건복지부 장관이 정하는 승급교육을 받은 사람	① 보육교사 3급 자격증 사본 ② 경력증명서 원본 ③ 2급 승급교육 수료증 원본 ④ 사진 파일(인터넷 신청 시 사진 등록) ⑤ 자격증 발급신청서(인터넷 신청 후 출력)

※ 학점은행제로 보육관련 교과목 및 학점(17과목 51학점-보육실습 포함)을 이수하여 학위를 취득하는 경우 반드시 학위취득 이후에 보육교사 자격증 신청 가능

※ 전문대학 또는 이와 같은 수준 이상의 학교에서 보육관련 교과목과 학점 중 일부를 이수하고 전문학사 학위 이상을 취득한 경우, 이후 대학(교) 또는 학점은행제에서 나머지 교과목과 학점을 이수하고 반드시 전문학사 학위 이상을 다시 취득해야 함

*2013년 3월부터 어린이집에서 보육실습을 이수하는 경우, 어린이집지원 시스템에 보육실습 내용을 등록, 제출하여야 함. 어린이집지원 시스템을 통해 보육실습 내용을 등록하지 않은 보육교사 자격증 신청자(교육과정과 방과후과정을 운영하는 유치원에서 실습을 한 경우 등의 경우 다음의 서류를 추가로 제출하여야 함)

- 보육실습확인서 원본, 실습기관 시설인가증 사본, 보육실습지도교사 자격증 사본

③ 보육교사 3급

자격 기준	구비서류
• 고등학교 또는 이와 동등 이상의 학교를 졸업한 사람으로서 보건복지가족부령이 정하는 교육훈련시설에서 정해진 교육과정을 수료한 사람	① 졸업증명서 원본(양성교육과정 수료 이전) ② 교육훈련시설 수료증 원본 ③ 교육훈련시설 성적증명서 원본 ④ 보육실습확인서 원본 ⑤ 사진 파일(인터넷 신청 시 사진 등록) ⑥ 자격증 발급신청서(인터넷 신청 후 출력)

※ 「어린이집지원 시스템」을 통하여 보육실습확인서를 출력한 경우 첨부서류(실습기관 인가증 사본, 지도교사 자격증 사본, 실습 지도교사 1인당 3명 이내의 보육실습생 지도확인서)는 제출하지 않아도 됨(단, 유치원 양성교육관에서 양식 제공)

④ 어린이집 원장 자격 기준

일반 어린이집 원장: 보육정원이 300인 이하

자격 기준	구비서류
1. 보육교사 1급 자격을 취득한 후 3년 이상의 보육 등 아동복지 업무에 경력이 있는 사람	① 보육교사 1급 자격증 사본 ② 경력증명서(보육교사 1급 자격을 취득한 후 3년 이상 보육 등 아동복지 업무에 종사한 경력) ③ 어린이집 원장 사전직무교육 수료증명서
2. 「유아교육법」에 의한 유치원 정교사 1급 자격을 취득한 후 3년 이상의 보육 등 아동복지 업무 경력이 있는 사람	① 유치원 1급 정교사 자격증 사본 ② 경력증명서(유치원 1급 정교사 자격증을 취득한 후 3년 이상 보육 등 아동복지 업무에 종사한 경력) ③ 어린이집 원장 사전직무교육 수료증명서
3. 유치원 원장의 자격을 가진 사람	① 유치원 원장 자격증 사본 ② 어린이집 원장 사전직무교육 수료증명서
4. 「초 · 중등교육법」에 따른 초등학교 정교사 자격을 취득한 후 5년 이상의 보육 등 아동복지 업무 경력이 있는 사람	① 초등학교 2급 정교사 자격증 사본 ② 경력증명서(초등학교 2급 정교사 자격증을 취득한 후 5년 이상 보육 등 아동복지 업무에 종사한 경력) ③ 어린이집 원장 사전직무교육 수료증명서
5. 「사회복지사업법」에 따른 사회복지사 1급 자격을 취득한 후 5년 이상의 보육 등 아동복지 업무 경력이 있는 사람	① 사회복지사 1급 자격증 사본 ② 경력증명서(사회복지사 1급 자격증을 취득한 후 5년 이상 보육 등 아동복지 업무에 종사한 경력) ③ 어린이집 원장 사전직무교육 수료증명서
6. 「의료법」에 따른 간호사 면허증을 취득한 후 7년 이상의 보육 등 아동복지 업무 경력이 있는 사람	① 간호사 면허증 사본 ② 경력증명서(간호사 면허증을 취득한 후 7년 이상 보육 등 아동복지 업무에 종사한 경력) ③ 어린이집 원장 사전직무교육 수료증명서
7. 국가 또는 지방자치단에서 7급 이상의 공무원으로 보육 등 아동복지 업무에 5년 이상 근무한 경력이 있는 사람	① 경력증명서 원본(공무원 7급 이상 이후 보육 등 아동복지 행정 업무에 5년 이상 근무한 경력-상세기술 요함) ② 어린이집 원장 사전직무교육 수료증명서

가정어린이집 원장: 상시 영유아 5인 이상 20인 이하

자격 기준	구비서류
1. 일반 기준에서 정한 자격을 갖춘 사람	• 상기 일반 기준에 의함
2. 보육교사 1급 이상의 자격을 취득한 후 1년 이상의 보육 업무 경력이 있는 사람	① 보육교사 1급 자격증 사본 ② 경력증명서(보육교사 1급 자격증을 취득한 후 1년 이상 보육 업무에 종사한 경력) ③ 어린이집 원장 사전직무교육 수료증명서

영아전담 어린이집 원장: 만 3세 미만의 영아만을 20인 이상

자격 기준	구비서류
1. 일반 기준에서 정한 자격을 갖춘 사람	• 상기 일반 기준에 의함
2. 간호사 면허증을 취득한 후 5년 이상의 아동 간호 업무 경력이 있는 사람(보건복지부)	① 간호사 면허증 사본 ② 경력증명서(간호사 면허증을 취득한 후 5년 이상 아동간호 업무에 종사한 경력-상세기술 요함) ③ 어린이집 원장 사전직무교육 수료증명서

장애아전문 어린이집 원장: 「장애아동복지지원법」 제32조에 따른 장애영유아 어린이집 중 12명 이상의 장애영유아

<table>
<tr><th colspan="2">자격 기준</th><th>구비서류</th></tr>
<tr><td rowspan="2">• 일반 기준에서 정한 자격을 갖춘 자로서 다음 각 호의 어느 하나에 해당하는 것</td><td>1. 대학(전문대학 포함)에서 장애인복지 및 재활 관련학과를 전공한 사람</td><td>① 일반어린이집 원장 자격증 사본 또는 자격증명 서류
② 장애인복지 및 재활 관련학과 졸업증명서
③ 어린이집 원장 사전직무교육 수료증명서</td></tr>
<tr><td>2. 장애영유아 어린이집에서 2년 이상의 보육 업무 경력이 있는 사람</td><td>① 일반어린이집 원장 자격증 사본 또는 자격증명 서류
② 경력증명서(장애영유아 어린이집에서 2년 종사한 경력)
③ 어린이집 인가증 사본 또는 지정서 사본
④ 어린이집 원장 사전직무교육 수료증명서</td></tr>
</table>

장애영유아를 위한 보육교사 자격확인서

자격 기준	구비서류
• 「장애아동복지지원법」 제22조 제3항에 따른 장애영유아를 위한 보육교사의 자격 기준은 다음 각 호의 자격을 모두 갖춘 사람으로 함 1. 「영유아보육법」 제21조 제3항에 따른 보육교사 2급 이상의 자격증을 소지한 사람 2. 보건복지부령으로 정하는 특수교육 또는 재활 관련 교과목 및 학점을 「고등교육법」 제2조에 따른 학교* 에서 이수하거나 「학점인정 등에 관한 법률」 제7조에 따라 인정받음 사람	① 보육교사 2급(1급) 자격증사본 ② 성적증명서 ③ 장애영유아를 위한 자격확인서 발급신청서(인터넷 신청 후 출력) ④ 사진(인터넷 신청 시 사진 파일 등록)

* 「고등교육법」 제2조에 따른 학교: 대학, 산업대학, 교육대학, 전문대학교, 방송대학, 통신대학, 방송통신대학 및 사이버대학, 기술대학, 각종 학교

참고문헌

교육부(2000). 유치원 교육활동 지도자료1. 총론. 서울: 대한교과서 주식회사.
김병선 · 이윤옥(1998). 아동연구방법. 서울: 양서원.
김재은 · 김태련(2009). 유아교육 보육용어사전. 서울: 교육과학사.
김현미 · 박선숙 · 윤혜경 · 최정아(2017). 표준보육실습. 경기: 공동체.
박낭자(2006). 보육실습의 이해. 서울: 창지사.
보건복지부(2013). 3-5세 연령별 누리과정 교사용 지도서.
보건복지부(2014). 3세 누리과정 교사용 지도서 ② 봄, 여름, 가을, 겨울.
보건복지부(2014). 3세 누리과정 교사용 지도서 ④ 우리 동네.
보건복지부(2014). 3세 누리과정 교사용 지도서 어린이집 프로그램.
보건복지부(2014). 3세 누리과정 교사용 지도서 어린이집 프로그램 ⑥.
보건복지부(2014). 3세 누리과정 교사용 지도서 유치원과 친구 ②.
보건복지부(2014). 3-5세 연령별 누리과정 교사용 지도서.
보건복지부(2014). 4세 누리과정 교사용 지도서 ② 봄, 여름, 가을, 겨울.
보건복지부(2014). 4세 누리과정 교사용 지도서 ③.
보건복지부(2014). 4세 누리과정 교사용 지도서 7 교통기관.
보건복지부(2014). 5세 누리과정에 기초한 어린이집 프로그램 ①.
보건복지부(2014). 5세 누리과정에 기초한 어린이집 프로그램 ④.
보건복지부(2014). 5세 누리과정 교사용 지도서 제11권 봄, 여름, 가을, 겨울.
보건복지부(2014). 어린이집 표준보육과정에 기초한 영아보육프로그램 0세 ①.
보육복지부(2014). 어린이집 표준보육과정에 기초한 영아보육프로그램 0세 ②.
보육복지부(2014). 어린이집 표준보육과정에 기초한 영아보육프로그램 1세.
보육복지부(2014). 어린이집 표준보육과정에 기초한 영아보육프로그램 1세 ①.
보육복지부(2014). 어린이집 표준보육과정에 기초한 영아보육프로그램 1세 ②.
보육복지부(2014). 어린이집 표준보육과정에 기초한 영아보육프로그램 2세.
보육복지부(2014). 어린이집 표준보육과정에 기초한 영아보육프로그램 2세 ①.
보육복지부(2014). 어린이집 표준보육과정에 기초한 영아보육프로그램 2세 ②.
보육복지부(2014). 어린이집 표준보육과정에 기초한 영아보육프로그램 2세 ③.
보건복지부(2018). 보육사업안내.
보건복지부 · 육아정책연구소(2014). 제3차 어린이집 표준보육과정 해설서.
보건복지부 · 한국보육진흥원(2017). 제3차 어린이집 평가인증안내(통합 지표).
사랑어린이집(2017). 실습지도사례.
사랑어린이집(2018). 교재교구 제작사례.
사랑어린이집(2018). 0세 일일보육일지사례.
사랑어린이집(2018). 만 5세 일일보육일지사례.

양옥승(2008). 유아 때부터 시작하는 자유선택교육. 서울: 학지사.

원계선 · 고지민 · 김현정 · 문혜경 · 양수경 · 임진형 · 현은선(2017). 아동관찰 및 행동연구-이론과 실제. 서울: 학지사.

위영희 · 한성희 · 박정원 · 석은선 · 문혁준 · 이희정(2008). 영유아교수방법. 서울: 창지사.

이정환 · 박은혜(1995). 유아관찰 워크북. 서울: 한국 어린이 육영회.

전남련 · 김인자 · 백향기 · 황연옥(2016). 아동관찰행동연구. 경기: 양서원.

조은주 · 박은혜(2001). 유아교육 실습지도교사 교육 프로그램 모형개발. 유아교육연구, 21(2), 273-298.

한국보육진흥원(2012). 양성교육기관에서의 보육실습지도.

한국보육진흥원(2013). 양성교육기관에서의 보육실습지도.

한국보육진흥원(2016). 양성교육기관에서의 보육실습지도.

한국보육진흥원(2017). 양성교육기관에서의 보육실습지도.

한국보육진흥원(2018). 양성교육기관에서의 보육실습지도.

행복어린이집(2018). 만 2세 활동계획 사례.

황성원 · 김경희 · 오승아 · 조현주 · 권정임(2014). 아동심리와 상담. 서울: 창지사.

허미애(2007). 유아교사교육을 위한 이야기나누기의 이론과 실제. 경기: 공동체.

Copas, E. M. (1984). Critical requirements for cooperation teachers. *Jounal of Teacher Education, 35*(6), 49-54.

「영유아보육법 시행규칙」(개정 2016. 1. 12., 시행 2016. 8. 1. 보건복지부령 제392호)

부 록

보육실습 신청서

<table>
<tr><th colspan="4">학생 정보</th></tr>
<tr><td>성명</td><td></td><td>학과/ 학번</td><td></td></tr>
<tr><td>보육실습 기간</td><td colspan="3">년 월 일 ~ 년 월 일(주 시간)</td></tr>
<tr><td>집주소</td><td colspan="3">우편번호)</td></tr>
<tr><td>핸드폰</td><td></td><td>집/ 직장</td><td>집:
직장:</td></tr>
<tr><td>e-mail 주소</td><td colspan="3"></td></tr>
</table>

<table>
<tr><th colspan="4">희망 보육실습기관 정보</th></tr>
<tr><td>보육 관련
이수 교과목
(이수 교과목을
모두 적으세요.)</td><td colspan="3">: 총 ( )개 과목 이수</td></tr>
<tr><td>실습 희망 지역</td><td colspan="3"></td></tr>
<tr><td>보육실습 희망 기관
유형</td><td colspan="3">① 국 · 공립어린이집 ( ) ② 법인어린이집 ( )
③ 직장어린이집 ( ) ④ 가정어린이집 (O)
⑤ 협동어린이집 ( ) ⑥ 민간어린이집 ( )
⑦ 종일제 유치원 ( )</td></tr>
<tr><td>기타 희망사항</td><td></td><td>지도교수
확인</td><td></td></tr>
</table>

○○대학교 ○○학과(○○보육교사교육원)

수신자 △△어린이집 원장(보육실습지도 담당자)
(경유)
제목 보육실습생 의뢰의 건

1. 귀 기관의 무궁한 발전을 기원합니다.
2. ○○대학교 ○○학과(○○보육교사교육원) 학생들이 귀 기관에서 보육실습을 희망하고 있습니다. 이에 보육실습생을 의뢰하오니 보육실습에 대한 협조를 부탁드립니다.
가. 보육실습 기간: 20○○년 ○월 ○일~20○○년 ○월 ○일까지(____________ 시간 이상)
나. 보육실습생: 보육실습생 명단 참조
3. 보육실습생 명단

4. 어린이집지원 시스템을 통한 보육실습생 등록 · 관리 안내 및 보육실습확인서 회신 참조
가. 보육정보종합 시스템 내 어린이집지원 시스템 보육실습생관리 메뉴에 보육실습 내용을 입력 후 출력해 주시기 부탁드립니다.
나. 보육실습확인서(직인 또는 서명)는 20 . . .(요일)까지 회신 부탁드립니다.

별첨: 보육실습 동의서 1부. 끝.

○○대학교 ○○학과장(○○보육교사교육원장) 직인생략 (삭제)

기안자 ○○○ **학과장** △△△(보육교사교육원장 □□□)
협조자
시 행 보육 - (20○○. ○○. ○○) **접 수** - (. .)
우 ○○○○○ ○○시 ○○구 ○○동 ○○번지 ○○대학교/www.○○○.ac
전 화 (○○) ○○○-○○○○ **전 송** (○○) ○○○-○○○○ @.○○.○○/ 공개

보육실습 동의서

학생 정보					
성명		학과		학번	
보육실습 기간	년 월 일 ~ 년 월 일(연속 6주, 240시간 이상)				
집주소	우편번호)				
개인연락처		이메일			

보육실습기관 정보			
보육실습 기관명	(정원: 명)	보육시설장	
기관주소	우편번호)		
전화번호		팩스	
평가인증 여부	① 예 ( ), ② 아니오 ( )		
보육실습 지도교사		보 육 교 사 1급 ( ) 유치원정교사 1급 ( ) ※ 해당 자격에 'O' 표 하세요.	

위 학생이 본 기관에서 보육실습하는 것에 동의합니다.

20 년 월 일

보육실습기관 원장 (사인 또는 인)

보육실습생 신상 카드

<table>
<tr><td rowspan="2">성명</td><td>한글</td><td>(남, 여)</td><td rowspan="4">(사진)</td></tr>
<tr><td>한자</td><td></td></tr>
<tr><td>주민등록번호</td><td colspan="2"></td></tr>
<tr><td>소속</td><td colspan="2"></td></tr>
<tr><td>집주소</td><td colspan="3"></td></tr>
<tr><td rowspan="3">학력</td><td colspan="3">. . ~ . . 고등학교 입학 및 졸업</td></tr>
<tr><td colspan="3">. . ~ . .</td></tr>
<tr><td colspan="3">. . ~ . .</td></tr>
<tr><td>보육 관련 이수 교과목 (이수 교과목 모두 적으세요)</td><td colspan="3">: 총 ( ) 개 교과목</td></tr>
<tr><td rowspan="3">비상연락처</td><td>집전화</td><td colspan="2"></td></tr>
<tr><td>본인 휴대폰</td><td colspan="2"></td></tr>
<tr><td>비상시 연락 휴대폰</td><td colspan="2">(관계:)</td></tr>
<tr><td>e-mail 주소</td><td colspan="3"></td></tr>
</table>

위의 사항이 틀림없음을 확인합니다.

20 년 월 일

본인 성명 (사인 또는 인)

○○○ 원장 귀하

개인정보 수집 · 이용 동의

보육실습생 관리를 위하여 「개인정보보호법」에 따라 개인정보 수집 · 이용에 대한 내용을 알려드리오니 동의하여 주시기 바랍니다.

[법률근거] 「개인정보보호법」 제15조 '개인정보의 수집 · 이용'에 관한 법률

[수집 · 이용 항목] 이름, 주민등록번호, 연락처(전화번호, 휴대폰번호), 이메일, 주소

[수집 · 이용 목적] 보육실습생 관리를 위한 목적으로 이용되며, 수집한 개인정보는 다른 목적으로 사용되지 않습니다.

[이용 및 보유기간] 보육실습이 종료되는 시점에 수집한 개인정보는 폐기됩니다.

[동의거부 및 불이익] 위의 개인정보 수집 · 이용에 관한 내용에 동의하지 않는 경우에는 보육실습이 불가합니다.

□ 동의함 □ 동의하지 않음

실습생: (사인 또는 인)

보육실습생 서약서

성명:

소속:

상기 본인은 귀 어린이집의 보육실습생으로서 보육실습의 목적과 중요성을
충분히 이해하고 어린이집의 제반 규정을 성실히 준수하여
보육능력 향상에 최선을 다할 것을 서약합니다.

20　　　　년　　　　월　　　　일

보육실습생　　　　　　　(사인 또는 인)

ㅇㅇ어린이집 원장 귀하

보육실습확인서

1. 실습이수자 기본사항

이름	주민등록번호	양성교육기관명

2. 실습기관

실습기관명		실습기관 보육정원	
기관 종류		최초인가일	
평가인증 유지 기간	년 월 일~ 년 월 일	연락처	
주소			

3. 실습 지도교사

이름	자격 종류	자격번호

4. 실습 기간

실습 기간	년 월 일 ~ 년 월 일(주간)
실습 시간	총 시간(매주 요일~ 요일까지, 오전 시~오후 시)

위 사람은 「영유아보육법 시행규칙」 제12조 제1항에 의한 보육실습 기준을 준수하여

보육실습을 충실히 이수하였음을 확인합니다.

20 년 월 일

어린이집 원장 (사인 또는 인)

학 과 장 (사인 또는 인)

※ 첨부서류

1. 실습기관 시설인가증 사본 1부
2. 보육실습 지도교사 자격증 사본 1부
3. 실습 지도교사 1인당 3명 이내의 보육실습생 지도확인서. 단, 2013년 3월 1일 이후 「어린이집지원 시스템」을 통하여 보육실습확인서를 출력한 경우 첨부서류는 제출하지 않아도 됨

〈보육실습확인서 작성방법〉

구분	내용
실습이수자 기본사항	• 보육실습 이수자의 기본정보를 빠짐없이 기재합니다. • 양성교육기관명에는 재학 중인 대학 또는 교육기관명을 빠짐없이 기재합니다.
실습기관	• 2017년 1월 1일 이후 보육실습 이수자는 모든 사항을 빠짐없이 기재합니다. (단, 2016년 12월 말까지 보육실습 이수자는 평가인증 기간을 제외한 사항을 기재합니다.) 가 실습기관명: 보육실습을 이수한 어린이집 또는 유치원명을 기재합니다. 나 실습기관 보육정원: 실습기관이 인가받은 정원을 기재합니다. 다 기관 종류: 어린이집 또는 교육과정과 방과후 과정을 운영하는 유치원을 기재합니다. 라 최초인가일: 실습기관의 최초인가 일자를 기재합니다. 라 평가인증 유지 기간: 보육실습을 신청하는 때(실습 시작 당시)에 법적으로 인가받은 정원 15명 이상으로 평가인증을 유지하는 어린이집의 평가인증 기간을 기재합니다. 마 주소: 실습기관의 주소지를 기재합니다. 바 연락처: 실습기관의 연락처를 기재합니다.
실습 지도교사	• 2007년 이후 보육실습 이수자부터는 실습 지도교사의 이름, 자격 종류(보육교사 1급 또는 유치원 정교사 1급 중 택 1), 자격번호를 기재합니다. (단, 2006년까지 보육실습 이수자는 지도교사 기재하지 않아도 됩니다.)
실습 기간	• 보육실습 이수년도를 기준으로 아래의 내용을 기재합니다. 가 2007년 이후 보육실습 이수자: 모든 사항을 빠짐없이 기재합니다. 나 2006년 보육실습 이수자: 년 월 일 ~ 년 월 일, 주간, 총 시간을 기재합니다. 다 2005년까지 보육실습 이수자: 주간, 총 시간을 기재합니다. ※ 총 시간은 1일 실습 시간에 실습 일수를 곱한 시간을 기재합니다. (예 8시간(1일 실습 시간) × 30일(실습 일수) = 240시간)
직인	• 어린이집 원장, 학과장 직인을 모두 동시에 날인해야 합니다. ※ 교육기관별(대학, 보육교사교육원, 평생교육원) 학과장 직인 날인 방법 – 대학: 보육실습 교과목이 개설된 학과의 학과장 직인 날인 – 보육교사교육원: 보육교사교육원장 직인 날인 – 평생교육원: 평생교육원장 직인 날인

보육실습 평가서

성 명				
생년월일				
보육실습기관명				
보육실습 기간	년 월 일 ~ 년 월 일			
평가 영역(배점)	평가 항목		배점	점수
근무태도와 자질 (20점)	근무사항	• 출석, 결석, 지각, 조퇴 등	5	
	태도	• 성실성, 근면성, 친절, 적극성, 복장 및 용모, 예절	5	
	자질	• 영유아 존중, 책임감, 인성, 열의	5	
	관계형성	• 실습 지도교사와의 관계 • 동료실습생과의 관계	5	
보육활동 계획과 실행 (30점)	보육활동 계획	• 영역별, 반일(일일)보육활동 계획의 적합성과 충실한 준비	15	
	보육활동 실행	• 영역별, 반일(일일)보육활동의 효과적이고 적절한 실행 정도	15	
예비보육 교사로서 역할수행(30점)	• 영유아 행동 및 놀이 관찰, 보육 환경 관찰		5	
	• 보육일과 진행 보조와 일상생활지도		10	
	• 영유아 상호작용과 놀이 참여		15	
보육실습일지 작성(10점)	• 구체적이고 충실한 보육실습일지 작성과 일일자기 평가 및 지도교사 평가 반영		10	
총평(10점)	• 실습 기간동안 예비보육교사로서 향상 정도		10	
총 점			100	

20 년 월 일

보육실습 지도교사 (사인 또는 인)

○○어린이집 원장 (사인 또는 인)

보육실습기관 현황

<table>
<tr><td>기관명</td><td colspan="2">어린이집</td><td colspan="2">유형</td><td colspan="3"></td><td colspan="2">운영체</td><td colspan="3"></td></tr>
<tr><td>주소</td><td colspan="12"></td></tr>
<tr><td>전화번호</td><td colspan="7"></td><td colspan="2">원장명</td><td colspan="3"></td></tr>
<tr><td>설립이념</td><td colspan="12"></td></tr>
<tr><td>개인연락처</td><td colspan="7"></td><td colspan="2">E-mail 주소</td><td colspan="3"></td></tr>
<tr><td rowspan="3">연혁</td><td colspan="12"></td></tr>
<tr><td colspan="12"></td></tr>
<tr><td colspan="12"></td></tr>
<tr><td>기관특성</td><td colspan="12">• 특수보육서비스(장애통합, 초등방과후, 야간, 연장, 휴일 보육 등)
• 기타 사항: 평가인증통과 년도(   )</td></tr>
<tr><td>연령별 반</td><td>0세</td><td>1세</td><td>2세</td><td>3세</td><td>4세</td><td>5세</td><td rowspan="3">기타 종사자</td><td>사무원</td><td>취사부</td><td>영양사</td><td>간호사</td><td>기타</td></tr>
<tr><td>원아 수</td><td></td><td></td><td></td><td></td><td></td><td></td><td rowspan="2"></td><td rowspan="2"></td><td rowspan="2"></td><td rowspan="2"></td><td rowspan="2"></td></tr>
<tr><td>교사 수</td><td></td><td></td><td></td><td></td><td></td><td></td></tr>
</table>

보육실습반 현황

반명	반(만 세)	보육실습 지도교사명	
영유아 수	총 명(남아 명/ 여아 명)	보육교사 수	명

부록 9

단위활동 보육계획안

<table>
<tr><td rowspan="2">제출일</td><td rowspan="2">년 월 일 요일</td><td rowspan="2">결재</td><td>보육실습생</td><td>지도교사</td><td>원장</td></tr>
<tr><td>(사인 또는 ㊞)</td><td>(사인 또는 ㊞)</td><td>(사인 또는 ㊞)</td></tr>
<tr><td>실습생</td><td></td><td>지도교사</td><td colspan="3"></td></tr>
<tr><td>반명</td><td></td><td>일시</td><td colspan="3"></td></tr>
<tr><td>주제</td><td></td><td>소주제</td><td colspan="3"></td></tr>
<tr><td>활동명</td><td></td><td>흥미 영역/
활동 유형</td><td colspan="3"></td></tr>
<tr><td>활동목표</td><td colspan="5">※ 각 목표의 표준보육과정의 영역〉 내용 범주〉 내용〉 세부 내용과 관련성을 제시</td></tr>
</table>

<table>
<tr><td>구분</td><td>활동계획 및 방법</td><td>준비물 및
유의점</td><td>실행</td></tr>
<tr><td>도입</td><td></td><td></td><td></td></tr>
<tr><td>전개</td><td></td><td></td><td></td></tr>
<tr><td>마무리</td><td></td><td></td><td></td></tr>
<tr><td>확장활동</td><td colspan="3"></td></tr>
<tr><td>유의사항</td><td colspan="3"></td></tr>
<tr><td>계획안에 대한
지도교사의 조언</td><td colspan="3"></td></tr>
<tr><td>실행 후
실습생 평가</td><td colspan="3"></td></tr>
</table>

반일(일일)활동 보육계획안

<table>
<tr><td rowspan="2">제출일</td><td rowspan="2">년 월 일 요일</td><td rowspan="2">결재</td><td>보육실습생</td><td>지도교사</td><td>원장</td></tr>
<tr><td>(사인 또는 ㊞)</td><td>(사인 또는 ㊞)</td><td>(사인 또는 ㊞)</td></tr>
<tr><td>반명</td><td></td><td>일시</td><td colspan="3"></td></tr>
<tr><td>날씨</td><td></td><td>결석 영유아</td><td colspan="3"></td></tr>
<tr><td>주제</td><td></td><td>소주제</td><td colspan="3"></td></tr>
<tr><td>구분</td><td colspan="3">활동계획 및 내용</td><td colspan="2">준비물 및 유의점</td></tr>
<tr><td>~
등원 및
맞이하기</td><td colspan="3"></td><td colspan="2"></td></tr>
<tr><td>~
오전 실내
자유놀이</td><td colspan="3"></td><td colspan="2"></td></tr>
<tr><td>~
귀가 및
가정과의 연계</td><td colspan="3"></td><td colspan="2"></td></tr>
<tr><td>유의사항</td><td colspan="3"></td><td colspan="2"></td></tr>
<tr><td>계획안에 대한
지도교사의 조언</td><td colspan="3"></td><td colspan="2"></td></tr>
<tr><td>실행 후
실습생 평가</td><td colspan="3"></td><td colspan="2"></td></tr>
</table>

부록 11

영유아 행동 관찰기록(일화기록)

영유아 이름	(만 세)	성별		관찰일	20 . .
관찰자		관찰 시간			
표준보육과정 영역					
관찰 장면					
기록					
해석 및 평가					
지도교사의 조언					

영유아-교사 상호작용 관찰기록(일화기록)

영유아 이름	(만 세)	성별		관찰일	20 . .
관찰자		관찰 시간			
표준보육과정 영역					
관찰 장면					
기록					
해석 및 평가					
지도교사의 조언					

부록 13

보육실습일지

<table>
<tr><td>반명</td><td></td><td rowspan="3">결재</td><td>보육실습생</td><td>지도교사</td><td>원장</td></tr>
<tr><td>날짜</td><td>년 월 일 요일</td><td rowspan="2">(사인 또는 ㊞)</td><td rowspan="2">(사인 또는 ㊞)</td><td rowspan="2">(사인 또는 ㊞)</td></tr>
<tr><td>날씨</td><td></td></tr>
<tr><td>결석 유아</td><td colspan="5"></td></tr>
<tr><td>주제</td><td></td><td>소주제</td><td colspan="3"></td></tr>
</table>

<table>
<tr><td>구분</td><td>활동계획 및 내용</td><td>준비물</td><td>실행 및 평가</td></tr>
<tr><td>7:30~9:00
등원 및
맞이하기</td><td></td><td></td><td></td></tr>
<tr><td rowspan="6">9:00~10:00
오전
자유선택활동</td><td></td><td></td><td></td></tr>
<tr><td></td><td></td><td></td></tr>
<tr><td></td><td></td><td></td></tr>
<tr><td></td><td></td><td></td></tr>
<tr><td></td><td></td><td></td></tr>
<tr><td></td><td></td><td></td></tr>
<tr><td>10:00~10:30
화장실 다녀오기 및
오전 간식</td><td></td><td></td><td></td></tr>
<tr><td>10:30~10:40
인사나누기 및
일과계획</td><td></td><td></td><td></td></tr>
</table>

구분	활동계획 및 내용	준비물	실행 및 평가
10:40~11:00 대 · 소집단활동 (이야기나누기)			
11:00~12:00 실외활동			
12:00~13:00 점심 및 이 닦기			
13:00~13:30 안전교육			
13:30~14:30 낮잠 및 휴식			
14:30~15:00 도서활동			
15:00~15:30 오후 간식			
15:30~16:00 하루일과 평가 및 1차 귀가지도			
16:00~18:00 오후 자유놀이활동			
보육실습생 평가			
보육실습 지도교사 조언			

출근부

학교명		학번		이름	
학과명					
보육실습 기관		세　　반		보육실습 지도교사	
보육실습 기간	20　.　.　.~20　.　.　.				

구분	월	화	수	목	금
보육실습생	(사인 또는 ㊞)	(사인 또는 ㊞)	(사인 또는 ㊞)	(사인 또는 ㊞)	(사인 또는 ㊞)
보육실습 지도교사	(사인 또는 ㊞)	(사인 또는 ㊞)	(사인 또는 ㊞)	(사인 또는 ㊞)	(사인 또는 ㊞)
날짜	월 일 시 분부터 시 분까지	월 일 시 분부터 시 분까지	월 일 시 분부터 시 분까지	월 일 시 분부터 시 분까지	월 일 시 분부터 시 분까지
보육실습생	(사인 또는 ㊞)	(사인 또는 ㊞)	(사인 또는 ㊞)	(사인 또는 ㊞)	(사인 또는 ㊞)
보육실습 지도교사	(사인 또는 ㊞)	(사인 또는 ㊞)	(사인 또는 ㊞)	(사인 또는 ㊞)	(사인 또는 ㊞)
날짜	월 일 시 분부터 시 분까지	월 일 시 분부터 시 분까지	월 일 시 분부터 시 분까지	월 일 시 분부터 시 분까지	월 일 시 분부터 시 분까지
보육실습생	(사인 또는 ㊞)	(사인 또는 ㊞)	(사인 또는 ㊞)	(사인 또는 ㊞)	(사인 또는 ㊞)
보육실습 지도교사	(사인 또는 ㊞)	(사인 또는 ㊞)	(사인 또는 ㊞)	(사인 또는 ㊞)	(사인 또는 ㊞)
날짜	월 일 시 분부터 시 분까지	월 일 시 분부터 시 분까지	월 일 시 분부터 시 분까지	월 일 시 분부터 시 분까지	월 일 시 분부터 시 분까지
보육실습생	(사인 또는 ㊞)	(사인 또는 ㊞)	(사인 또는 ㊞)	(사인 또는 ㊞)	(사인 또는 ㊞)
보육실습 지도교사	(사인 또는 ㊞)	(사인 또는 ㊞)	(사인 또는 ㊞)	(사인 또는 ㊞)	(사인 또는 ㊞)
날짜	월 일 시 분부터 시 분까지	월 일 시 분부터 시 분까지	월 일 시 분부터 시 분까지	월 일 시 분부터 시 분까지	월 일 시 분부터 시 분까지
보육실습생	(사인 또는 ㊞)	(사인 또는 ㊞)	(사인 또는 ㊞)	(사인 또는 ㊞)	(사인 또는 ㊞)
보육실습 지도교사	(사인 또는 ㊞)	(사인 또는 ㊞)	(사인 또는 ㊞)	(사인 또는 ㊞)	(사인 또는 ㊞)
날짜	월 일 시 분부터 시 분까지	월 일 시 분부터 시 분까지	월 일 시 분부터 시 분까지	월 일 시 분부터 시 분까지	월 일 시 분부터 시 분까지
보육실습생	(사인 또는 ㊞)	(사인 또는 ㊞)	(사인 또는 ㊞)	(사인 또는 ㊞)	(사인 또는 ㊞)
보육실습 지도교사	(사인 또는 ㊞)	(사인 또는 ㊞)	(사인 또는 ㊞)	(사인 또는 ㊞)	(사인 또는 ㊞)
날짜	월 일 시 분부터 시 분까지	월 일 시 분부터 시 분까지	월 일 시 분부터 시 분까지	월 일 시 분부터 시 분까지	월 일 시 분부터 시 분까지

※ 결석 · 지각 · 조퇴는 불가하며, 불가피할 경우 위의 기재된 보육실습 기간 중 법적 이수 시간(240시간)을 채운다.

부록 15

실습생의 보육실습 소감

보육실습을 통하여 크게 배운 점과 개선을 위한 건설적인 제안이나 건의사항을 적어주세요.

부록 16

영 수 증

보육실습비: 일금 ㅇㅇ만 원(₩) 정

성명:

소속:

위 금액을 위 실습생의 보육실습비로 정히 영수함.

20 년 월 일

ㅇㅇ어린이집 원장 직인

부록 17

보육실습생의 자기 평가표

보육실습생:

번호	평가 항목	못함				잘함
		1	2	3	4	5
1	• 보육목표를 달성할 수 있는 보육 내용을 영유아의 흥미, 수준에 근거하여 적합하게 선정하였는가?					
2	• 영유아의 흥미와 능력, 사전경험을 잘 관찰하여 영유아 지도계획에 활용하였는가?					
3	• 보육활동계획안이 적절하게 계획되고 성실하게 준비되어 실행에 무리가 없었는가?					
4	• 보육활동계획에 따라 자료를 충실히 준비하였는가?					
5	• 영유아의 행동을 민감하게 파악하며 상호작용에 최선을 다했는가?					
6	• 다양한 흥미 영역에 고루 참여하여 영유아의 놀이가 지속되고, 확장되도록 놀이를 촉진하였는가?					
7	• 영유아의 기본생활습관이 형성되도록 동기를 잘 유발하였는가?					
8	• 대 · 소집단활동 시 보육교사로서 다양한 교수법을 활용하여 효과적으로 활동을 이끌었는가?					
9	• 영유아의 부정적 정서나 갈등적 상황을 잘 파악하여 긍정적으로 수용하고 적절하게 해결되도록 지도하였는가?					
10	• 영유아의 개별적 특성, 개인차를 고려하여 지도하였는가?					
11	• 영유아를 존중하는 언어를 사용하고, 영유아가 잘 알아들을 수 있도록 어휘, 발음, 음성의 고저, 빠르기 등에 노력을 기울였는가?					
12	• 보육실습일지의 내용과 평가 등을 성실히 기록하였는가?					
13	• 영유아의 안전, 위생, 건강에 각별히 신경을 썼는가?					
14	• 영유아의 낮잠, 간식, 점심, 배변활동, 이 닦기, 손 닦기, 옷입기 등 일상생활이 영유아 스스로 즐겁게 할 수 있도록 지도하였는가?					
15	• 보육실의 통풍, 채광, 정리 · 정돈 등 청결한 환경을 위해 노력하였는가?					
16	• 보육실습기관의 지도 방침에 적극 협력하였는가?					
17	• 보육실습 지도교사와의 관계를 원만히 유지하며 성실히 임했는가?					
18	• 보육실습 동료들과 잘 협력하였는가?					
19	• 영유아의 수준과 흥미에 적합한 활동을 계획하고 다양한 행동을 적절히 지도하고자 관련 문헌이나 전문 서적을 찾아보고자 노력하였는가?					
20	• 실습 기간을 통해 보육교사로서의 전문성이 스스로 향상되었다고 여겨지는가?					
합계						

※ 1-아주 못함 2-못함 3-보통 4-잘함 5-아주 잘함

부록 18

보육실습기관 방문 결과보고서

1. 보육실습기관 현황

기관명		반수/ 교사수	
전화번호		주 소	

2. 방문일자: 20　　년　　월　　일(오전, 오후)

3. 보육실습자명:　　　　(학번):　　　　요일:　　　　교시:

4. 방문 내용:

20　　년　　월　　일

방문 지도교수 성명　　　　(사인 또는 인)

양성기관 보관용 보육실습생 기록대장

<table>
<tr><th rowspan="2">번호</th><th rowspan="2">보육실습생
성명
학번</th><th rowspan="2">보육실습
기간</th><th>보육실습
양성기관명</th><th>양성기관
연락처</th><th rowspan="2">보육실습
지도교사명
(소지자격증)</th><th>학년</th><th>보육실습생
생년월일</th><th>보육실습생
연락처</th><th rowspan="2">보육실습
점수</th><th rowspan="2">비고</th></tr>
<tr><th colspan="2">양성기관
주소</th><th colspan="3">보육실습생 집주소</th></tr>
<tr><td rowspan="2">1</td><td rowspan="2">홍길동
(20100000)</td><td rowspan="2"></td><td>○○대학교</td><td>○○-○○
○-○○○</td><td rowspan="2">김○○
(○9-1-
○○○)</td><td>4</td><td>○○○○○○</td><td>○○-○○
○-○○○</td><td rowspan="2">80/100</td><td rowspan="2"></td></tr>
<tr><td colspan="2">주소: 서울시 ○○구 ○○동</td><td colspan="3">주소: 서울시 △△구 △△동</td></tr>
<tr><td rowspan="2">2</td><td rowspan="2"></td><td rowspan="2"></td><td></td><td></td><td rowspan="2"></td><td></td><td></td><td></td><td rowspan="2"></td><td rowspan="2"></td></tr>
<tr><td colspan="2">주소:</td><td colspan="3">주소:</td></tr>
<tr><td rowspan="2">3</td><td rowspan="2"></td><td rowspan="2"></td><td></td><td></td><td rowspan="2"></td><td></td><td></td><td></td><td rowspan="2"></td><td rowspan="2"></td></tr>
<tr><td colspan="2">주소:</td><td colspan="3">주소:</td></tr>
<tr><td rowspan="2">4</td><td rowspan="2"></td><td rowspan="2"></td><td></td><td></td><td rowspan="2"></td><td></td><td></td><td></td><td rowspan="2"></td><td rowspan="2"></td></tr>
<tr><td colspan="2">주소:</td><td colspan="3">주소:</td></tr>
<tr><td rowspan="2">5</td><td rowspan="2"></td><td rowspan="2"></td><td></td><td></td><td rowspan="2"></td><td></td><td></td><td></td><td rowspan="2"></td><td rowspan="2"></td></tr>
<tr><td colspan="2">주소:</td><td colspan="3">주소:</td></tr>
</table>

부록 20

보육교사자격증 발급신청서 양식

▣ 「영유아보육법 시행규칙」 [별지 제11호 서식]

[　　] 어린이집의 원장 자격증　　　　[　　] 발급 신청서

[　　] 보육교사자격증　　　　　　　　[　　] 재발급 신청서

접수번호	접수일			처리 기간 14일	
신청인	성명		주민등록번호		사진 (3×4cm)
	주소				
	전화번호(휴대전화)				
	전자우편				
자격 종류	어린이집 원장 [　] 일반　[　] 40명 미만　[　] 가정　[　] 영아전담　[　] 장애아전문				
	보육교사　[　] 1급　[　] 2급　[　] 3급				

※ 학력, 근무경력 및 보수교육 란은 발급 신청 시에만 작성한다.

	부터	까지	최종학교명 (교육 훈련 시설명)	전공 또는 부전공 학과목	학위등록번호 (수료증번호)
자격 종류	.　.　.	.　.　.			
	.　.　.	.　.　.			
근무 경력	부터	까지	근무 어린이집 명칭	자격 구분(등급)	발령자
	.　.　.	.　.　.			
	.　.　.	.　.　.			
	.　.　.	.　.　.			
보수 교육	부터	까지	교육훈련기관	교육훈련 내용(직무교육, 승급교육)	
	.　.　.	.　.　.			
	.　.　.	.　.　.			

재발급 신청사유(재발급 신청 시에만 작성합니다.)

「영유아보육법」 제22조 및 같은 법 시행규칙 제18조에 따라 위와 같이 ([　　]어린이집의 원장, [　　]보육교사) 자격증 (재)발급을 신청합니다.

신청인　　　　　년　　월　　일

귀하　　　(서명 또는 인)

구분	첨부서류	수수료
발급 신청 시 첨부서류	1. 공통: 사진(6개월 이내에 촬영한 탈모 정면 상반신 반명함판) 1장 2. 어린이집의 원장 자격증 발급신청자: 자격증 사본, 경력증명서, 졸업증명서, 성적증명서, 사전직무 교육 수료증 등 자격을 증명할 수 있는 서류 3. 보육교사자격증 발급신청자: 대학 또는 이와 같은 수준 이상의 학교의 졸업증명서, 성적증명서 및 교육훈련시설 수료증(해당자만 첨부합니다.), 보수교육 수료증(승급자만 해당합니다.), 경력증명서 등 자격을 증명할 수 있는 서류	수수료 10,000원
재발급 신청 시 첨부서류	1. 자격증(훼손된 경우만 해당합니다.) 2. 사진(6개월 이내에 촬영한 탈모 정면 상반신 반명함판) 1장	

부록 21-1

만 2세 연간보육계획안

월	주제	소주제	기본생활	월	주제	소주제	기본생활
3	어린이집이 좋아요	• ○○반이 되었어요 • 우리 반 선생님, 친구예요 • 재미있는 놀잇감이 있어요 • 내가 좋아하는 놀잇감으로 놀이해요 • 놀잇감으로 안전하게 놀이해요	〈예절〉 엄마와 함께 손 흔들며 인사해요 〈자조〉 내 서랍장을 찾아요 〈청결〉 손을 깨끗이 씻어요 〈절제〉 부모님을 기다려요 〈인성/ 존중〉 다른 사람의 말에 대답해요	9	나는 가족이 있어요 Ⅱ	• 엄마, 아빠가 좋아요 • 다른 가족도 있어요 • 우리 가족을 흉내 내요 • 풍성한 추석이에요	〈절제〉 음식을 골고루 먹어요 〈인성/ 존중〉 친구가 떨어뜨린 물건을 주워줘요 〈예절〉 입에 있는 음식을 씹고 이야기해요 〈예절〉 "잘 먹겠습니다.", "잘 먹었습니다." 인사해요
4	봄나들이 가요 Ⅰ	• 바깥에서 놀이하는 것을 즐겨요 • 안전하게 바깥 놀이해요 • 따뜻한 봄이 왔어요 • 꽃이 피었어요	〈청결〉 깨끗하게 세수해요 〈인성/ 협력〉 놀잇감을 제자리에 정리해요 〈절제〉 꽃은 눈으로만 봐요 〈예절〉 작은 목소리로 말해요	10	알록달록 가을 이에요 Ⅰ	• 행복한 우리 가족을 소개해요 • 알록달록 가을이에요 • 가을 나들이를 가요 • 단풍놀이해요	〈자조〉 신발을 제자리에 정리해요 〈인성/ 나눔〉 친구에게 양보해요 〈절제〉 놀잇감을 던지지 않아요 〈자조〉 도움 받아 양말을 벗어봐요
5	봄나들이 가요 Ⅱ/ 나는요 Ⅰ	• 여러 가지 곤충이 있어요 • 봄 나들이는 재미있어요 • 나는 ○○○이에요 • 내 몸을 탐색해요 • 몸을 움직이며 느껴요	〈인성/ 존중〉 이야기하는 사람을 바라봐요 〈자조〉 선생님과 함께 옷을 입어요 〈예절〉 바르게 앉아서 먹어요 〈청결〉 놀잇감을 입에 넣지 않아요 〈절제〉 놀이 후에 휴식을 취해요	11	알록달록 가을 이에요 Ⅱ/ 동물놀이 해요 Ⅰ	• 가을 열매로 놀이해요 • 알록달록 색깔 놀이해요 • 그리기놀이해요 • 여러 가지 동물이 있어요 • 엄마 동물 아기 동물	〈예절〉 어른께 고개 숙여 인사해요 〈자조〉 도움 받아 외투를 입고 벗어요 〈질서〉 계단을 천천히 오르내려요 〈인성/ 배려〉 친구를 도와줘요 〈절제〉 내 감정을 바르게 표현해요
6	나는요 Ⅱ/ 우리 동네를 알아봐요	• 내가 좋아하는 것을 표현해요 • 혼자서도 할 수 있어요 • 우리 동네가 궁금해요 • 무엇을 하는 곳인지 알아봐요	〈청결〉 깨끗이 씻고 수건에 물기를 닦아요 〈절제〉 손으로 음식을 먹지 않아요 〈인성/ 배려〉 놀잇감을 소중히 다뤄요 〈질서〉 친구의 놀잇감을 뺏지 않아요	12	동물놀이 해요 Ⅱ/ 겨울과 모양을 즐겨요 Ⅰ	• 동물처럼 소리 내며 움직여요 • 내가 좋아하는 동물을 소개해요 • 즐거운 성탄절이에요 • 하얀 세상이에요	〈예절〉 입을 가리고 기침해요 〈청결〉 콧물이 나오면 휴지로 닦아요 〈절제〉 휴지는 필요한 만큼만 사용해요 〈인성/ 배려〉 친구를 기다려줘요

월	주제	소주제	기본생활	월	주제	소주제	기본생활
7	재미있는 여름이에요 I	• 더운 여름이에요 • 몸을 깨끗이 해요 • 비가 많이 내려요 • 시원한 물놀이가 좋아요	〈청결〉 도움 받아 이를 닦아요 〈절제〉 친구를 밀지 않아요 〈자조〉 음식 먹을 때 포크, 숟가락을 사용해요 〈인성/ 존중〉 감사하는 마음으로 맛있게 먹어요	1	겨울과 모양을 즐겨요 Ⅱ/ 나는 친구가 있어요 I	• 겨울을 따뜻하게 보내요 • 다양한 겨울놀이가 있어요 • 여러 가지 모양을 알아봐요 • 다양한 모양놀이해요 • 내 친구가 좋아요	〈자조〉 벗은 외투를 정리해요 〈질서〉 내 차례를 기다려 놀이해요 〈인성/ 존중〉 친구에게 "고마워."라고 말해요 〈청결〉 흘린 음식물을 닦아요 〈절제〉 친구를 때리지 않아요
8	재미있는 여름이에요 Ⅱ/ 나는 가족이 있어요 I	• 재미있는 물놀이 1 • 재미있는 물놀이 2 • 여행을 떠나요 • 엄마, 아빠가 좋아요 • 엄마, 아빠 흉내내요	〈절제〉 차가운 음식은 조금만 먹어요 〈자조〉 음식 먹고 그릇을 정리해요 〈청결〉 휴지는 휴지통에 버려요 〈인성/ 협력〉 친구와 사이좋게 놀아요 〈질서〉 화장실에서 걸어 다녀요	2	나는 친구가 있어요 Ⅱ	• 설날이에요 • 친구와 함께 놀이했어요 • 즐거웠던 우리 반이에요 • 새로운 선생님, 친구를 만나요	〈질서〉 천천히 걸어 다녀요 〈인성/ 존중〉 친구에게 "미안해."라고 말해요 〈예절〉 두 손으로 받아요 〈청결〉 음식 먹고 난 후 입을 닦아요

※ 위 연간계획은 학급상황에 따라 변경될 수 있습니다.

| 출처 | 행복어린이집(2018). 만 2세 활동계획 사례.

부록 21-2

만 2세 월간보육계획안

주제	재미있는 여름이에요 Ⅱ/ 나는 가족이 있어요 Ⅰ
기간	20○○년 7월 30일~9월 1일
담임교사	사랑반 박○○

목표	주	수준	내용
목표	1주	Ⅰ수준	여름이 되어 날씨가 더워졌음을 안다.
		Ⅱ수준	여름철을 시원하게 보내는 방법에 관심을 갖는다.
	2주	Ⅰ수준	물놀이를 통해 물의 특성을 탐색한다.
		Ⅱ수준	다양한 물놀이를 통해 몸 움직임을 즐긴다.
	3주	Ⅰ수준	몸을 움직이며 다양한 물놀이를 경험한다.
		Ⅱ수준	물놀이를 하며 물의 특성을 경험한다.
	4주	Ⅰ수준	물건이 사라지고 나타나는 것을 경험한다.
		Ⅱ수준	놀이를 통해 있고 없음을 경험하고 이에 관심 갖고 탐색한다.
	5주	Ⅰ수준	까꿍놀이를 하며 놀이의 즐거움을 경험한다.
		Ⅱ수준	까꿍놀이를 하며 다른 사람의 모습에 관심을 갖는다.

주제별 활동 안내

주		1주	2주	3주	4주	5주
소주제		재미있는 물놀이 1	재미있는 물놀이 2	여행을 떠나요	엄마, 아빠가 좋아요	엄마, 아빠 흉내내요
등원 · 맞이하기 (사회관계증진)		땀이 난 이마를 닦으며 인사해요	시원한 옷차림에 대해 이야기하며 인사해요	여행 다녀온 경험 이야기하며 인사해요	엄마, 아빠를 안아 주며 헤어져요	엄마, 아빠 흉내 내며 인사해요
일상생활	기본생활 습관	〈절제〉 차가운 음식은 조금만 먹어요	〈자조〉 음식 먹고 그릇을 정리해요	〈청결〉 휴지는 휴지통에 버려요	〈인성/ 협력〉 친구와 사이좋게 놀아요	〈질서〉 화장실에서 걸어 다녀요
	안전 교육	〈교통안전〉 비 올 때의 안전한 보행법	〈실종 · 유괴〉 혼자 밖에 나가면 안돼요	〈성폭력 및 아동학대〉 아동학대예방-나는 소중해요	〈소방안전〉 코와 입을 막아요 〈소방대피훈련〉 공동놀이실 선풍기에서 불이 일어났을 때	〈생활안전〉 놀이터에서 안전하게 놀이해요
	점심 · 간식	몸이 튼튼해지는 음식을 알고 먹어요	허리를 펴고 앉아서 바르게 먹어요	시원한 음식 이야기하며 먹어요	엄마, 아빠와 먹어 본 음식 이야기해요	식사를 하고 자리 정리를 해요
	낮잠 · 휴식	낮잠 시간에는 작은 목소리로 이야기해요 〈감상곡〉 김영일의 '자장가'	얇은 이불을 덮고 잠들어요 〈감상곡〉 바흐의 '프랑스 모음곡 5번'	선생님 도움받아 이불을 개어 봐요 〈감상곡〉 쇼팽의 '빗방울 전주곡'	엄마, 아빠 이야기 하며 잠들어요 〈감상곡〉 바흐의 '사랑의 잠(Sleep on, beloved)'	낮잠 자고 일어나 기분을 이야기해요 〈감상곡〉 드보르작의 '유모레스크'
	배변활동	노래 부르며 화장실 다녀와요				

주		1주	2주	3주	4주	5주
소주제		재미있는 물놀이 1	재미있는 물놀이 2	여행을 떠나요	엄마, 아빠가 좋아요	엄마, 아빠 흉내내요
실내자유놀이	신체	〈대근육〉 첨벙첨벙 헤엄쳐요	〈대근육〉 비치볼 주고받기	〈대근육〉 여행길을 따라 움직여요	〈대근육〉 가족 사진 볼링놀이를 해요	〈대근육〉 엄마, 아빠 구두를 신고 걸어요
		〈소근육〉 자석 낚시놀이를 해요	〈소근육〉 컵으로 물을 옮겨요	〈소근육〉 김밥을 말아요	〈소근육〉 빨래를 개켜요	〈소근육〉 폰폰이를 옮겨요
	언어	〈듣기/ 말하기/ 읽기/ 쓰기〉 동화 '물놀이 하자'	〈듣기/ 말하기/ 읽기/ 쓰기〉 동화 '물놀이 하자'	〈듣기/ 말하기/ 읽기/ 쓰기〉 동화 '종이비행기를 타고'	〈듣기/ 말하기/ 읽기/ 쓰기〉 동화 '우리 엄마, 아빠가 제일 좋아요!'	〈듣기/ 말하기/ 읽기/ 쓰기〉 동화 '우리 가족 흉내놀이'
	감각 · 탐색	〈탐색〉 퍼즐통을 맞춰요	〈탐색〉 색 밀가루 풀놀이	〈탐색〉 그림자를 보고 가방 속 물건을 찾아요	〈탐색〉 엄마, 아빠 사진 퍼즐을 맞춰요	〈탐색〉 엄마, 아빠 옷을 입혀줘요
	쌓기 · 역할	〈쌓기〉 바닷속을 꾸며요	〈쌓기〉 블록으로 아이스크림 가게 만들기	〈쌓기〉 레고 블록으로 교통기관을 만들어요	〈쌓기〉 우리 집 가는 길을 만들어요	〈쌓기〉 우리 집을 만들어요
		〈역할〉 물고기가 되어요 I, II	〈역할〉 알록달록 색깔 아이스크림	〈역할〉 텐트놀이를 해요	〈역할〉 엄마, 아빠에게 전화해요	〈역할〉 엄마, 아빠 물건으로 놀이해요
	미술	나만의 수영복을 디자인해요	연못 꾸미기	여행을 갈 때 가져가요	엄마, 아빠 얼굴을 꾸며요	가족 액자를 꾸며요
	음률	〈음률/ 동작〉 새 노래 '물놀이'	〈음률/ 동작〉 새 노래 '여름 냇가'	〈음률/ 동작〉 새 노래 '기차놀이'	〈음률/ 동작〉 북소리에 맞춰 움직여요	〈음률/ 동작〉 스카프로 음악에 맞춰 까꿍놀이해요
실외활동 및 대체활동 (일상생활)		〈실외활동〉 바깥에서 물풍선으로 놀이해요 〈대체활동〉 모기장을 지나가요	〈실외활동〉 친구와 물놀이해요 〈대체활동〉 그늘에서 동화책을 봐요	〈실외활동〉 가방을 메고 여행을 가요 〈일상생활관련활동〉 매미 소리 들으며 산책해요 〈대체활동〉 여행가방을 끌어요	〈실외활동〉 엄마, 아빠처럼 걸어봐요 〈대체활동〉 엄마, 아빠 물건을 가져와요	〈실외활동〉 엄마, 아빠처럼 자동차를 운전해요 〈대체활동〉 고리를 던져요
귀가 · 가정과의 연계		〈현장학습〉 물놀이 가요	〈신체〉 물놀이 용품으로 놀아요	〈언어〉 가족과 함께 여행을 다녀왔어요	〈탐색〉 엄마, 아빠 물건을 찾아봐요	〈역할〉 엄마, 아빠를 도와드려요

| 출처 | 행복어린이집(2018). 만 2세 활동계획 사례.

부록 21-3

만 2세 주간보육계획안

<table>
<tr><td colspan="2">생활 주제</td><td colspan="2">재미있는 여름이에요 Ⅱ</td><td colspan="2">주제</td><td colspan="2">재미있는 물놀이 2</td></tr>
<tr><td colspan="2">실시기간</td><td colspan="6">20○○년 8월 6일~8월 11일</td></tr>
<tr><td colspan="2" rowspan="2">목표</td><td>Ⅰ수준</td><td colspan="5">물놀이를 통해 물의 특성을 탐색한다.</td></tr>
<tr><td>Ⅱ수준</td><td colspan="5">다양한 물놀이를 통해 몸 움직임을 즐긴다.</td></tr>
<tr><td colspan="2">구분</td><td>8월 6일(월)</td><td>8월 7일(화)</td><td>8월 8일(수)</td><td>8월 9일(목)</td><td>8월 10일(금)</td><td>8월 11일(토)</td></tr>
<tr><td colspan="2">등원·맞이하기
사회관계증진</td><td colspan="5">시원한 옷차림에 대해 이야기하며 인사해요</td><td rowspan="17">통합보육</td></tr>
<tr><td rowspan="5">일상생활</td><td>기본생활습관</td><td colspan="5">〈자조〉 음식 먹고 그릇을 정리해요</td></tr>
<tr><td>안전교육</td><td colspan="5">〈실종 · 유괴〉 혼자 밖에 나가면 안 돼요</td></tr>
<tr><td>점심 및 간식</td><td colspan="5">허리를 펴고 앉아서 바르게 먹어요</td></tr>
<tr><td>낮잠 · 휴식</td><td colspan="5">낮잠 시간에는 작은 목소리로 이야기해요
〈감상곡〉 바흐의 '프랑스 모음곡 5번'</td></tr>
<tr><td>배변활동</td><td colspan="5">노래 부르며 화장실 다녀와요</td></tr>
<tr><td rowspan="9">실내자유놀이</td><td rowspan="2">신체</td><td colspan="5">〈대근육〉 비치볼 주고받기</td></tr>
<tr><td colspan="5">〈소근육〉 컵으로 물을 옮겨요</td></tr>
<tr><td>언어</td><td colspan="5">〈듣기/ 말하기/ 읽기/ 쓰기〉 동화 '물놀이 하자'</td></tr>
<tr><td>감각 · 탐색</td><td colspan="5">〈탐색〉 색 밀가루 풀놀이</td></tr>
<tr><td rowspan="2">역할 · 쌓기</td><td colspan="5">〈쌓기〉 블록으로 아이스크림 가게 만들기</td></tr>
<tr><td colspan="5">〈역할〉 알록달록 색깔 아이스크림</td></tr>
<tr><td>미술</td><td colspan="5">〈미술〉 연못 꾸미기</td></tr>
<tr><td>음률</td><td colspan="5">〈음률/ 동작〉 새 노래 '여름 냇가'</td></tr>
<tr><td colspan="2">실외활동 및
대체활동(일상생활)</td><td colspan="5">〈실외활동〉 친구와 물놀이해요
〈대체활동〉 그늘에서 동화책을 봐요</td></tr>
<tr><td colspan="2">귀가 · 가정과의 연계</td><td colspan="5">〈신체〉 물놀이 용품으로 놀아요</td></tr>
</table>

| 출처 | 행복어린이집(2018). 만 2세 활동계획 사례.

만 2세 일일활동 보육계획안

<table>
<tr><td>제출일</td><td>20○○년 8월 3일 금요일</td><td rowspan="3">결재</td><td>보육실습생</td><td>지도교사</td><td>원장</td></tr>
<tr><td>반명</td><td>○○반</td><td rowspan="2">(사인 또는 ㊞)</td><td rowspan="2">(사인 또는 ㊞)</td><td rowspan="2">(사인 또는 ㊞)</td></tr>
<tr><td>일시</td><td>20○○년 8월 6일 월요일</td></tr>
<tr><td>날씨</td><td>맑음</td><td>결석 영유아</td><td colspan="3">없음</td></tr>
<tr><td>주제</td><td>재미있는 여름이에요 Ⅱ</td><td>소주제</td><td colspan="3">재미있는 물놀이 2</td></tr>
</table>

<table>
<tr><td rowspan="2">구분</td><td colspan="3">활동계획 및 방법</td><td rowspan="2">준비물</td><td rowspan="2">실행 및 평가</td></tr>
<tr><td colspan="2">1수준</td><td>2수준</td></tr>
<tr><td rowspan="2">7:30~9:30
등원 및 자유놀이
(통합교육)</td><td colspan="3">〈사회관계증진〉 시원한 옷차림에 대해 이야기하며 인사해요
• 시원한 옷차림에 대해 이야기하며 교사와 인사를 나눈다.
• 영아의 특이사항(투약 여부, 건강 상태, 배변 여부 등)을 확인한다.
• 체온계를 사용하여 영아의 체온을 확인한다.
〈통합자유놀이〉 통합 보육실에서 편안하게 놀이한다.</td><td>출석카드, 투약의뢰 점검, 물병과 물컵, 걸레, CD, CD플레이어, 체온계, 영역별 놀잇감</td><td>〈사회관계증진〉 여름이 되어 달라진 얇은 옷차림에 대해 이야기 나누었고 계절과 날씨에 따라 적절한 옷을 입어야 건강하고 안전한 생활을 할 수 있음을 이야기해 주었다.</td></tr>
<tr><td>기본생활습관</td><td colspan="2">〈자조〉 음식을 먹고 그릇 정리를 해요
• 활동목표: 음식을 먹고 그릇 정리를 시도한다.
• 활동방법 (Ⅰ, Ⅱ수준)
① 영아와 함께 그림 자료를 살펴본다.
- ○○야, 이건 어떤 그림인지 선생님과 함께 볼까요?
- 냠냠냠, 맛있게 음식을 먹고 있네요. 어떤 음식을 먹고 있을까?
② 교사가 음식 먹는 흉내를 내며 그릇을 제자리에 정리하는 모습을 보여준다.
- 선생님도 냠냠~, ○○이도 냠냠, 맛있는 음식을 먹어볼까? 냠냠냠~, 냠냠냠!
- 다 먹은 그릇은 어떻게 해야 할까요?
③ 영아가 쟁반 위에 그릇을 놓아 정리해 볼 수 있도록 격려한다.
- 이제 그릇을 제자리에 정리해 볼까요?
- 우리 간식이랑 점심 냠냠 맛있게 먹고 선생님과 함께 그릇을 정리하기로 해요.</td><td>'음식 먹고 그릇을 정리해요' PPT, 쟁반, 그릇, 숟가락</td><td>〈자조〉 음식 먹고 그릇을 정리해요
기본생활습관이 형성될 수 있도록 간식, 점심을 먹고 영아 스스로 그릇을 정리해 볼 수 있도록 격려하였다.</td></tr>
</table>

구분	활동계획 및 방법		준비물	실행 및 평가
	1수준	2수준		
7:30~9:30 등원 및 자유놀이 (통합교육)	안전교육	〈실종 · 유괴〉 혼자 밖에 나가면 안 돼요 • 활동목표: 낯선 사람을 만났을 때 대처하는 방법에 대해 역할극놀이해 본다. (기본생활〉 안전하게 생활하기〉 안전하게 지내기) • 활동방법 (I, II수준) ① 교사가 막대 인형을 제시하면서 혼자 나갔을 때 위험한 상황에 대해 극화해 본다. – 엄마, 아빠와 함께 나들이를 가본 적이 있나요? – 언제, 어디를 가보았나요? – 나들이를 가서 무엇을 했나요? – (낯선 사람 막대 인형을 들고) 꼬마야~, 여기서 혼자 뭐 하고 있니? 아줌마가 맛있는 것을 사줄게. 같이 갈까? – (아이 막대 인형을 들고) 싫어요! 안 가요! 도와주세요! ② 안전교육 자료를 보며 외출할 때 주의사항에 대해 이야기 나눈다. –낯선 사람이 다가와 같이 가자고 할 때는 어떻게 해야 할까요? – "싫어요!, 안돼요!, 도와주세요!"라고 해야 해요. – 밖에 나갈 때는 어떻게 해야 할까요? ③ 길을 잃어버렸을 때, 부모님을 잃어버렸을 때 대처방법을 알아본다. – 이렇게 혼자 밖에 나가는 것은 위험한 일이에요. – 밖에 나가고 싶을 때는 누구와 함께 가야 하나요? – 낯선 사람이 같이 가자고 하면 어떻게 해야 하나요? – 낯선 사람을 만나게 되었을 때는 꼭 주변 어른에게 큰 소리로 도움을 요청해야 해요. ④ 낯선 사람을 만났을 때 대처하는 방법에 대해 역할극놀이를 해본다.	막대 인형, 안전교육 자료, 안전자료 활동지, 색칠 자료	〈실종 · 유괴〉 혼자 밖에 나가면 안 돼요 (I, II수준) 안전교육 자료를 통해 낯선 사람을 만났을 때 대처하는 방법을 인지할 수 있었다. 교사가 도입한 모습을 회상하면서 친구들과 자유롭게 대처방법을 생각하면서 역할극놀이가 이루어졌다. 안전교육 자료를 언어영역에 제공해 주었더니 자연스럽게 역할극을 하면서 외출 시 주의사항에 대해 인지할 수 있었고 관련 안전자료 활동지를 살펴보면서 색칠도 하였다.
9:30~10:00 배변활동 및 화장실 가기/ 손 씻기 및 오전 간식	〈노래 부르며 화장실 다녀와요〉 • 배변의사를 표현하고 화장실에 간다. • 배변 후 물을 내린다. • 손을 깨끗이 씻는다. 〈오전 간식〉 허리를 펴고 앉아서 바르게 먹어요. • 간식 먹기 전, 손을 깨끗이 씻는다. • 간식 소개 후 허리를 펴고 바른 자세로 앉아서 간식을 먹는다. • 다 먹고 난 그릇을 스스로 정리한다.		물비누, 개인수건, 손 소독제, 간식그릇 세트, 행주 (오전 간식)	영아가 배변의사를 표현하여 교사와 함께 화장실로 이동하여 배변활동을 도왔다. 배변 후 손을 깨끗이 씻을 수 있도록 올바른 손 씻기 방법에 대해 이야기해 주며 상호작용하였다.

<table>
<tr><th rowspan="2">구분</th><th colspan="3">활동계획 및 방법</th><th rowspan="2">준비물</th><th rowspan="2">실행 및 평가</th></tr>
<tr><th colspan="2">1수준</th><th>2수준</th></tr>
<tr><td rowspan="13">10:00~11:00
오전
실내 자유놀이</td><td colspan="5">• 새로운 영역활동 개별적으로 소개하기
• 긍정적 상호작용 나누기
• 관심 있는 영역에서 자유롭게 활동하도록 돕기
• 교사의 도움이 필요한 놀이에 적절히 참여하기</td></tr>
<tr><td>영역</td><td colspan="3">활동명</td><td>실행 여부</td></tr>
<tr><td rowspan="2">신체</td><td colspan="3">〈대근육〉 비치볼 주고받기</td><td>○</td></tr>
<tr><td colspan="3">〈소근육〉 컵으로 물을 옮겨요</td><td>○</td></tr>
<tr><td>언어</td><td colspan="3">〈듣기/ 말하기/ 읽기/ 쓰기〉 동화 '물놀이 하자'</td><td>○</td></tr>
<tr><td rowspan="2">쌓기 · 역할</td><td colspan="3">〈쌓기〉 블록으로 아이스크림 가게 만들기</td><td>○</td></tr>
<tr><td colspan="3">〈역할〉 알록달록 색깔 아이스크림</td><td>○</td></tr>
<tr><td>미술</td><td colspan="3">〈미술〉 비눗방울 그림</td><td>○</td></tr>
<tr><td>음률 · 동작</td><td colspan="3">〈음률 · 동작〉 새 노래 '여름 냇가'</td><td>○</td></tr>
<tr><td>탐색</td><td colspan="3">〈탐색〉 색 밀가루 풀놀이</td><td>○</td></tr>
<tr><td>신체</td><td colspan="2">〈대근육〉 비치볼 주고받기
• 활동목표: 비치볼을 주고받으면서 몸을 움직인다. (신체운동〉 신체조절과 기본 운동하기〉 대근육 조절하기)
• 활동방법 (I, II수준)
① 비치볼을 탐색한다.
- 이건 무슨 공일까요?
- 물놀이를 할 때 사용하는 비치볼이 있네요.
- 가족들과 물놀이하면서 비치볼놀이해 본 경험이 있나요?
- 비치볼은 어떤 색깔인가요?
- 비치볼을 만져볼까요?
② 두 손으로 비치볼을 굴려보고 쫓아가 다시 잡는다.
- ○○가 비치볼을 두 손으로 잡고 굴려볼까요?
- ○○가 던진 비치볼이 어디로 굴러가고 있나요?
- ○○가 던진 공을 쫓아가서 다시 잡아볼까요?
- 이번에는 비치볼을 세게 굴려볼까요?
- 이번에는 비치볼을 약하게 굴려볼까요?
③ 친구와 함께 비치볼을 굴려 주고받으며 놀이한다.
- 친구와 함께 비치볼을 굴려서 주고 받아볼까요?
- ○○가 △△에게 비치볼을 굴려볼까요?
- △△가 두 손으로 친구가 굴린 비치볼을 받아볼까요?
- 이번에는 △△가 받은 비치볼을 ○○에게 다시 굴려볼까요?
- 잘 던지고 잘 받았어요.
- 이번에는 서로 바꾸어서 놀이해 볼까요? 함께 비치볼을 굴려 주고받으며 놀이한다.
- 친구와 함께 비치볼을 굴려서 주고 받아볼까요?
- ○○가 △△에게 비치볼을 굴려볼까요?
- △△가 두 손으로 친구가 굴린 비치볼을 받아볼까요?
- 이번에는 △△가 받은 비치볼을 ○○에게 다시 굴려볼까요?
- 잘 던지고 잘 받았어요.
- 이번에는 서로 바꾸어서 놀이해 볼까요?</td><td>비치 볼</td><td>〈신체〉 대근육
(I, II수준)
교사가 비치볼놀이 시범을 보이자 영아도 관심을 보이면서 직접 비치볼을 조작하고 탐색하며 공이 굴러가는 움직임을 쫓았다. 공의 세기에 따라 움직임의 차이를 인지할 수 있도록 '세게', '약하게', '빠르게', '느리게' 등의 용어를 사용하면서 공의 움직임을 비교하며 살펴볼 수 있었고 교사의 말을 모방하면서 "세게 차 봐!", "약하게 차 봐!" 등의 언어를 따라하면서 공이 굴러가는 특징을 살펴볼 수 있었다.</td></tr>
</table>

구분	활동계획 및 방법		준비물	실행 및 평가
	1수준	2수준		
10:00~11:00 오전 실내 자유놀이 (계속)	신체 (계속)	〈소근육〉 컵으로 물을 옮겨요 • 활동목표: 소근육을 조절하여 컵에 물을 따른다. (신체운동〉 신체조절과 기본 운동하기〉 소근육 조절하기) • 활동방법 (I수준) ① 컵과 물을 살펴보며 탐색한다. – 여기 물이 담긴 그릇이 있어요. – 컵과 물을 이용해 물을 옮겨 보는 놀이를 소개할게요. ② 교사가 직접 컵으로 물을 옮기는 모습을 보여준다. – 컵으로 물을 떠서 그릇으로 옮겨볼까요? – 물이 담긴 컵을 기울이니 물이 나오네요. ③ 영아 스스로 컵으로 물을 옮겨본다. – ○○도 컵으로 물을 옮겨볼까요? – 물이 바닥에 흐르지 않도록 조심히 옮겨볼까요? (II수준) ① 주전자에 물을 따라볼 수 있도록 도와준다. – (주전자를 제시하며) 이게 무얼까요? – 주전자는 어떻게 사용할까요? – 주전자로 무엇을 할 수 있나요? ② 주전자에 담긴 물을 컵에 따른다. – 주전자에 담겨 있는 물을 컵에 따라볼까요? – 주전자 입구를 컵에 대고 물을 따라보아요.	컵, 작은 주전자, 물, 넓은 그릇 2개, 수건	〈신체〉 소근육 (I수준) 영아의 수준과 개인차를 고려하여 컵으로 물을 옮겨보거나 주전자에 물을 따라보는 활동을 하였다. 처음에는 긴장되는지 물을 흘리거나 손을 떨기도 하였는데 옮긴 후에 갖는 성취감으로 관심을 갖고 반복적으로 놀이가 이루어졌다. 영아들이 성취감을 갖도록 주전자에 담긴 물의 양을 조절해 주었다. (II수준) 놀이 후 컵에 옮긴 물을 다시 주전자에 스스로 따라보았다.
	언어	〈말하기/ 듣기/ 읽기/ 쓰기〉 동화 '물놀이 하자' • 활동목표 – 동화의 내용을 듣는다. (의사소통〉 듣기〉 경험과 관련된 말 듣고 알기)/ (의사소통〉 말하기〉 발성과 발음으로 소리내기) – 동화장면 그림 자료에 쓰기 자료로 끼적이기해 본다. (의사소통〉 읽기〉 그림책과 환경 인쇄물에 관심 가지기)/ (의사소통〉 쓰기〉 끼적이기) • 활동방법 (I수준) ① 교사가 읽어주는 동화를 감상한다. – ○○야! 선생님이 동화 읽어줄까요? – 동화 표지에 어떤 그림이 있나요? – 어떤 동화인지 선생님과 함께 짜~잔 살펴보아요. ② 동화를 감상하며 내용에 대해 이야기 나눈다. – 동물 친구들이 왜 땀을 많이 흘리고 있네요. – 더워서 무엇을 했나요? – 물놀이하는 데 왜 물이 모두 사라졌나요? – ○○이는 물이 사라지면 어떻게 될 것 같아요? ③ 물놀이를 해본 경험에 대해 이야기하며 자유롭게 끼적이기를 한다. – ○○도 물놀이를 해본 적이 있나요? – 어디에서 물놀이 해보았나요? – 물놀이할 때 무엇이 필요한가요? – 물놀이하면 떠오르는 것을 자유롭게 그려볼까요? (II수준) ① 물놀이와 관련된 것을 그림으로 표현한다.	동화 『물놀이 하자』 그림동화, 쓰기 도구, 다양한 크기의 종이류	〈언어〉 말하기, 듣기, 읽기, 쓰기 가정이나 원에서 물놀이 했던 경험에 대해 이야기 나누면서 영아들의 흥미를 촉진하였다. 교사가 읽어 주는 동화를 감상하고 자신의 물놀이 경험을 회상하며 자유롭게 색칠하거나 교사가 제시한 물놀이 관련 그림을 색칠하기도 하였다.

<table>
<tr><th rowspan="2">구분</th><th colspan="2">활동계획 및 방법</th><th rowspan="2">준비물</th><th rowspan="2">실행 및 평가</th></tr>
<tr><th>1수준</th><th>2수준</th></tr>
<tr><td rowspan="2">10:00~11:00
오전
실내 자유놀이
(계속)</td><td>쌓기</td><td>〈쌓기/ 사회관계증진〉 블록으로 아이스크림 가게 만들기
• 활동목표: 우레탄 블록으로 아이스크림 가게를 구성한다. (예술경험〉 예술적 표현하기〉 모방과 상상놀이하기)
• 활동방법 (I, II수준)
① 아이스크림 가게에 가본 경험과 먹어본 경험에 대하여 이야기 나눈다.
– 아이스크림 가게에 가본 적이 있나요?
– 아이스크림 가게에서 무엇을 보았어요?
– 어떤 맛의 아이스크림을 먹어 보았나요?
– 우리가 아이스크림 가게를 만들어 볼까요?
② 영아들과 함께 아이스크림 가게를 구성해 본다.
– 아이스크림 가게 그림 자료를 함께 살펴볼까요?
– 아이스크림을 먹을 수 있는 테이블도 있고 앉아서 먹을 수 있는 의자도 있네요.
– 아이스크림 계산하는 곳은 어디에다 만들까요?
③ 손님과 가게주인의 역할을 정하여 놀이하고 놀이 후에는 역할을 바꾸어 진행한다.
– 누가 주인이 되어 볼까요?
안녕하세요? 어서 오세요. 무슨 맛 아이스크림을 줄까요? 초코 맛, 메론 맛, 바나나 맛, 여기 다양한 아이스크림이 있습니다. 먹고 싶은 맛으로 골라 보세요.
포장하실 건가요? 여기서 드시고 가실건가요?
네, 감사합니다.</td><td>우레탄 블록,
아이스크림
만들기
소품,
아이스크림
가게
사진자료</td><td>〈감각 · 탐색〉 쌓기/ 사회관계증진
아이스크림을 먹어본 경험에 대하여 이야기 나누면서 영아들의 흥미를 자극시킬 수 있었다. 아이스크림을 판매하는 가게에 가본 경험에 대해 이야기 나누고 가게의 다양한 그림 자료를 보면서 여러 가지 소품을 활용하게 가게를 구성해 보았다.
서로 가게 주인이 되고 싶다고 하여 역할을 바꾸어 놀이할 수 있도록 격려하였고 아이스크림 소품이 조금 부족하여 내일은 더 준비하여 놀이가 활성화되도록 계획해야겠다.</td></tr>
<tr><td>역할</td><td>〈역할〉 알록달록 색깔 아이스크림
• 활동목표: 다양한 색과 모양의 색깔 반죽을 탐색해 본다. (예술경험〉 아름다움 찾아보기〉 예술적 요소 탐색하기)
• 활동방법
(I수준)
① 영아와 함께 색깔 반죽을 다양한 방법으로 탐색해 본다.
– 알록달록 색깔 반죽이 있네요. 색깔 반죽을 만져 볼까요?
– 와! ○○이는 반죽을 길게 만들었어요. ○○는 동그랗게 만들었어요.
② 색깔 반죽의 다양한 색깔에 대하여 이야기 나누고 아이스크림을 만들어 보는 활동을 소개한다.
– 더위를 식혀 줄 아이스크림을 만들어 먹을까요?
– 어떤 아이스크림을 만들어 볼까요?
– 맛에 따라 다른 토핑을 얹어 볼까요?
③ 색깔 반죽으로 만든 아이스크림으로 먹는 흉내를 내본다.
– 우리 친구들이 만든 달콤한 아이스크림을 먹어 볼까요?
(II수준)
① 색깔 반죽 아이스크림을 가지고 아이스크림 가게놀이를 한다.
– 딸기 맛 아이스크림 한 개 주세요.
– 집에 가서 식구들이랑 먹을 것이니 드라이아이스 넣어서 포장해 주세요.</td><td>색깔 반죽,
아이스크림콘
모형,
아이스크림 컵,
숟가락</td><td>〈감각 · 탐색〉 역할
다양한 색깔의 반죽을 '주물럭주물럭' 만져보며 촉감에 대해 이야기 나누고 색깔에 대해서도 나누면서 인지해 보았다. 색깔 반죽으로 만든 아이스크림으로 냠냠 먹는 흉내도 내보고 쌓기 영역 친구들과 연합하여 아이스크림 가게를 구성 후 가게 놀이극 놀이도 병행해 보았다.</td></tr>
</table>

<table>
<tr><th rowspan="2">구분</th><th colspan="3">활동계획 및 방법</th><th rowspan="2">준비물</th><th rowspan="2">실행 및 평가</th></tr>
<tr><th colspan="2">1수준</th><th>2수준</th></tr>
<tr><td>10:00~11:00
오전
실내 자유놀이
(계속)</td><td>음률 · 동작</td><td colspan="2">〈음률 · 동작〉 새 노래 '여름 냇가'
• 활동목표: 악기와 신체 움직임으로 즐거움을 표현한다.
(예술경험〉 예술적 표현하기〉 리듬 있는 소리로 반응하기)
• 활동방법 (I, II수준)
① 냇가에 가본 경험에 대해 이야기 나눈다.
- OO는 냇가에 가본 적이 있나요?
- 냇가에서 무엇을 했나요?
- OO는 냇가에서 물고기를 보았군요.
② 노래를 듣고 불러본다.
- '여름 냇가' 노래를 들어볼까요?
- 노래를 들어보니 무엇이 생각났나요?
- 노래를 따라 불러볼까요?
③ 노래를 부르며 몸을 움직여보고 함께 연주하고 싶은 악기를 선택하여 연주해 본다.
- 노래에 맞춰 몸을 움직여볼까요?
- 물고기가 냇가에서 헤엄치는 모습은 어떻게 표현할까요?
- OO물고기는 엄청 빠르게 헤엄을 치네요.</td><td>'여름 냇가' 악보와 동요, 가사판 그림 자료, 다양한 악기</td><td>〈감각 · 탐색〉 음률 · 동작
노래를 먼저 들려주었을 때보다 교사의 목소리로 직접 불러주니 더욱 흥미를 가질 수 있었다.
가사판의 그림을 살펴보며 산과 돌, 물이 있는 곳이 계곡, 냇가임을 이야기하자 가족들과 함께 놀러갔던 경험에 대해 너도 나도 이야기를 하였다. 냇가에 대한 단어를 이야기했을 때 생소해 하였는데 영아의 수준을 고려하여 그림 자료로 이해하니 쉽게 이해를 돕는 효과가 되었다.
새노래에 맞춰 자유롭게 몸을 움직이며 노래와 어울리는 악기를 자유롭게 선택하여 연주하였다.</td></tr>
</table>

<table>
<tr><th rowspan="2">구분</th><th colspan="3">활동계획 및 방법</th><th rowspan="2">준비물</th><th rowspan="2">실행 및 평가</th></tr>
<tr><th colspan="2">1수준</th><th>2수준</th></tr>
<tr><td>10:00~11:00
오전
실내 자유놀이
(계속)</td><td>미
술</td><td colspan="2">〈미술〉 연못 꾸미기
• 활동목표: 점토로 연못의 모습을 꾸며본다. (예술경험〉 예술적 표현하기〉 자발적으로 미술활동하기)
• 활동방법 (I, II 수준)
① 교실의 어항을 보며 관심을 유도한다.
- 어항 안에 무엇이 있나요?
- 물고기들이 헤엄을 치며 살고 있어요.
② 점토를 이용해 물고기 모습을 만든다.
- 점토를 이용해 물고기를 만들어 보려 해요.
- 점토의 느낌이 어때요?
- 어떤 모양으로 물고기를 만들까요?
- 물고기 만들고 눈알과 다른 재료를 이용해 더 꾸며 보아요.
③ 연못을 다양하게 꾸며준다.
- 연못에는 무엇이 있나요?
- 어떤 모양의 연못을 만들고 싶나요?
④ 완성된 연못을 감상하며 마무리한다.
- ○○는 동그란 연못을 만들고 있군요.
- ○○와 △△는 둘이 합쳐서 커다란 연못을 만들었네요.
- 친구와 협동해서 놀이하여 더 재미나겠구나.</td><td>투명
플라스틱 컵,
점토,
파란색
포장 충전재,
눈알,
다양한 블록</td><td>〈감각 · 탐색〉 미술
점토를 이용해 부드러운 촉감을 느껴보며 자신의 느낌을 '부드럽다, 말랑말랑하다' 등의 언어로 표현하였다. 점토를 두 손으로 비벼 긴 모양을 만들어 '뱀'이라고 이야기하거나 동그라미 형태로 만들어 '사탕'이라고 말하면서 점토 모양에 따라 영아의 생각을 붙여 추상적인 표현을 하였다. 물고기는 대체로 동그라미 형태로 만들어 표현하는 친구들이 많았고 완성 후 서로 다른 물고기의 모습에 관심을 가지며 감상해 보는 시간도 가졌다.
교사와 함께 연못을 구성 후 우리가 만든 물고기를 넣어 연못에서 물고기가 헤엄치는 모습도 표현해 보았고, ○○이가 바다 속에 물고기가 살게 하고 싶다고 말하여 영아의 의견을 수립하여 내일은 연못에 이어 바다를 함께 구성하기로 계획하였다.</td></tr>
</table>

<table>
<tr><th rowspan="2">구분</th><th colspan="3">활동계획 및 방법</th><th rowspan="2">준비물</th><th rowspan="2">실행 및 평가</th></tr>
<tr><th colspan="2">1수준</th><th>2수준</th></tr>
<tr><td>10:00~11:00
오전
실내 자유놀이
(계속)</td><td>탐색</td><td colspan="2">〈탐색〉 색 밀가루 풀놀이
– 색 밀가루 풀의 특성에 관심을 갖고 탐색해 본다. (자연탐구〉 탐구하는 태도 기르기〉 반복적 탐색 즐기기)
• 활동방법 (I, II수준)
① 그릇에 담긴 색 밀가루 풀을 탐색해 본다.
– 이게 뭘까요?
– 만져볼까요? 느낌이 어때요?
– 우리 친구들이 만진 것을 색 밀가루 풀이에요.
– 말랑말랑하기도 하고 끈적끈적하기도 하지요.
– 냄새도 한 번 맡아볼까요? 무슨 냄새가 나요?
② 지퍼 백에 색 밀가루 풀을 담아 자유롭게 만져 본다.
– 색 밀가루 풀을 우리 얼굴이 붙여진 지퍼 백 속에 담아볼까요?
– 손으로 만져볼까요?
– 물컹물컹한 느낌이군요.
– 손도장을 찍어 볼까요?/ 손 모양이 그대로 찍혔어요.
– 지퍼 백을 거꾸로 들어볼까요?
– 미끄럼틀을 탄 것처럼 색 밀가루 풀이 천천히 내려오네요.</td><td>색 밀가루 풀,
지퍼 백</td><td>〈감각 · 탐색〉 탐색
○○이가 "선생님 말랑말랑하기도 끈적끈적하기도 해요. 미술 영역에 있는 점토랑 비슷하기도 하고 다르기도 한 것 같아요."라고 말하면서 색 밀가루 풀의 특성에 대해 언어적 표현을 하였다. 다른 친구들도 직접 만져보며 느낌에 대해 말하였고 자신의 얼굴이 붙여 있는 지퍼 백에 색 밀가루 풀을 담아 자유롭게 만져보며 탐색하였다.</td></tr>
<tr><td rowspan="4">11:00 ~11:20
정리 · 정돈/
배변활동 및
화장실 가기</td><td colspan="3">〈정리 · 정돈〉 노래 부르며 화장실 다녀와요
• 놀잇감의 제자리를 찾아 정리한다.
• 배변의사를 표현하고 교사와 함께 화장실에 간다.
• 배변 후 물을 내린다.
• 손을 깨끗이 씻는다.</td><td>물비누,
개인수건,
손 소독제,
개인 도시락,
휴지,
물티슈, 행주</td><td>교사와 함께 놀잇감의 사진을 보며 제자리에 정리하였다.</td></tr>
<tr><td>영역</td><td colspan="3">활동명</td><td>실행 여부</td></tr>
<tr><td>실외</td><td colspan="3">친구와 물놀이해요</td><td>○</td></tr>
<tr><td>대체</td><td colspan="3">그늘에서 동화책을 봐요</td><td>×</td></tr>
<tr><td>11:20~12:00
실외놀이 및
손 씻기</td><td colspan="3">〈실외활동〉 친구와 물놀이해요
• 활동목표: 물놀이를 하며 물을 탐색한다. (자연탐구〉 탐구하는 태도 기르기〉 반복적 탐색 즐기기)
• 활동방법
① 자신의 수영복을 살펴보며 수영복을 갈아입는다.
– 선생님이 수영복과 수영모자 착용해 줄게요.
– 우와! ○○이는 아기 상어가 되었네.
– ○○이는 아기 꿀벌 같은데, 윙윙~.
– (다른 영아의 탈의 모습을 보고도 상호작용해 준다.)
– 우리 모두 수영복을 입고 물놀이를 해볼까요?</td><td></td><td></td></tr>
</table>

<table>
<tr><th rowspan="2">구분</th><th colspan="2">활동계획 및 방법</th><th rowspan="2">준비물</th><th rowspan="2">실행 및 평가</th></tr>
<tr><th>1수준</th><th>2수준</th></tr>
<tr><td>11:20~12:00
실외놀이 및
손 씻기
(계속)</td><td colspan="2">② 준비된 영아용 풀장으로 이동하여 준비운동을 한다.
– 우와~, 풀장 안에 물이 담겨져 있네요.
– 물에 들어가기 전 무얼 해야 할까요?
– 맞아요. 우리의 안전과 건강을 위해 준비운동을 해야 해요.
– 준비운동을 해보니 어떤가요?
– 풀장 안에 담긴 물을 만져볼까요?
– 팔과 다리, 얼굴, 가슴 순으로 물을 묻혀볼까요?
③ 영아용 풀장 안에서 친구들과 안전하게 물놀이를 한다.
– 물놀이 용품이 많네요.
– 비치볼, 볼풀 공, 물에 사는 동물들이 물에 떠 있어요.
– 물놀이 용품으로 친구들과 함께 물놀이해 보아요.
〈대체활동〉 그늘에서 동화책을 봐요
• 활동목표: 그늘에 앉아 동화책을 본다. 〈기본생활〉 건강하게 생활하기〉 건강한 일상생활하기〉
• 활동방법
① 더워진 여름 날씨를 느끼며 산책을 한다.
– 날씨가 더울 때 할 수 있는 놀이에는 어떤 것들이 있을까요?
– 더운 날씨를 느끼며 산책을 해볼까요?
– 날씨가 더워 땀이 나네요.
② 그늘에 돗자리를 깔고 앉는다.
– 날씨가 더워 땀이 흐르니 그늘을 찾아서 쉬어볼까요?
– 나무 밑에 그늘이 있네요. 돗자리를 펴고 앉아볼까요?
– 그늘에 앉아 불어오는 바람에 땀을 식혀볼까요?
– 살랑살랑 바람이 불어오네요. 우리 땀이 점점 식고 있어요.
– 바람아~, 고마워.
③ 그늘에 앉아 가지고 나온 동화책을 교사와 함께 본다.
– 돗자리에 앉아 가지고 온 동화책을 읽어볼까요?
– 동화책을 보니 기분이 어때요?
– 다 읽고 친구들과 바꾸어 읽어 보아요.</td><td>영아용 풀장,
수영복,
아쿠아 슈즈,
수영모자,
수건 · 물놀이 용품,
갈아입을 여벌옷,
비상약품,
물,
물티슈.
동화책</td><td>영아의 수영복을 탈의 후 교사가 사전에 준비한 영아용 풀장으로 이동하였다. 물놀이 전 건강과 안전을 위해 간단한 준비운동을 하였고 준비운동의 필요성에 대해서도 알려주었다. 수영장의 물은 영아의 신장을 고려하여 낮게 준비하여 안전하고 즐겁게 물놀이 하며 더위를 날 수 있었다.</td></tr>
<tr><td>12:00~12:50
손 씻기 및 점심/
이 닦기</td><td colspan="2">〈허리를 펴고 앉아서 바르게 먹어요〉
• 점심 먹기 전, 손을 깨끗이 씻는다.
• 점심 메뉴 소개 후 허리를 펴고 바른 자세로 앉아서 먹는다.
• 다 먹고 난 그릇을 스스로 정리한다.
• 영아의 이 닦기 일상생활습관이 자연스럽게 이루어지도록 한다.</td><td>행주, 식판,
숟가락,
포크, 치약,
칫솔,
양치 컵,
개인 수건</td><td>영아의 수준에 맞춰 건강한 식습관에 대해 상호작용하며 골고루 먹을 수 있도록 격려하였으며 허리를 펴고 바른 자세로 먹을 수 있도록 격려하였다.</td></tr>
</table>

구분	활동계획 및 방법		준비물	실행 및 평가
	1수준	2수준		
12:50~15:00 낮잠지도 및 자유놀이	〈얇은 이불을 덮고 잠들어요〉 감상곡-바흐의 '프랑스 모음곡 5번' • 낮잠 자기 전, 영아의 기저귀를 갈아준다. • 얇은 이불을 덮고 바흐의 '프랑스 모음곡 5번'을 들으며 편안하게 잠에 든다. • 휴식을 취하거나 잠을 자며 안정을 찾고 체력을 회복한다.		자장가 음원, 개인 매트, 베개, 이불	얇은 이불로 배를 덮고 자는 것이 건강에 좋음에 대해 이야기해 주고 얇은 이불을 덮고 낮잠을 잘 수 있도록 지도하였다. 교사가 영아에게 "잘 자!"라고 말해주자 씨~익 웃으며 편안한 휴식을 취하며 낮잠을 청하였다.
15:00~15:30 배변활동 및 화장실 가기/ 손 씻기 및 오후 간식	〈노래 부르며 화장실 다녀와요〉 • 배변의사를 표현하고 화장실에 간다. • 배변 후 물을 내린다. • 손을 깨끗이 씻는다. 〈오후 간식〉 허리를 펴고 앉아서 바르게 먹어요 • 간식 먹기 전, 손을 깨끗이 씻는다. • 간식 소개 후 허리를 펴고 바른 자세로 앉아서 먹는다. • 다 먹고 난 그릇을 스스로 정리한다.		물비누, 개인 수건, 손 소독제, 간식그릇 세트, 행주	영아가 배변의사를 표현하여 교사와 함께 화장실로 이동하여 배변활동을 도왔다. 배변 후 손을 깨끗이 씻을 수 있도록 올바른 손 씻기 방법에 대해 이야기해 주며 상호작용하였다.
15:30~17:00 오후 실내 자유놀이	〈오후 실내 자유놀이와 연계하여 자유롭게 놀이〉 • 개별적 혹은 소집단으로 원하는 영역에서 놀잇감을 가지고 놀이한다.		영역별 놀잇감	오전과 연계하여 영아들이 좋아하는 놀잇감을 자유롭게 놀이할 수 있도록 도왔다.
17:00~19:30 통합보육 및 개별귀가	〈가정연계활동, 신체 · 물놀이 용품으로 놀아요〉 • 영아의 발달 상황 및 요구를 고려하여 통합 놀이한다. • 영아의 용모를 단정히 하여 귀가준비를 하고 보호자가 오면 귀가지도를 한다. • 영아와 함께 가정에서 물놀이 용품을 가지고 놀이하는 시간을 가져 보도록 활동을 소개한다. • 오늘 진행한 활동과 영아의 특이사항을 보호자에게 전달한다.		머리빗, 로션, 수건, 개인소지품, 가방	영아의 용모를 단정히 하여 귀가 준비를 하였다. 영아의 일과에 대해 간단하게 이야기 나누고 특이사항이 있을 시 보호자에게 전달하였다. 가정에 있는 다양한 물놀이 용품을 살펴보며 물놀이 용품을 활용하여 놀이할 수 있는 방법을 소개하여 영아와 함께 활동해 볼 수 있도록 안내하였다.

<table>
<tr><th rowspan="2">구분</th><th colspan="2">활동계획 및 방법</th><th rowspan="2">준비물</th><th rowspan="2">실행 및 평가</th></tr>
<tr><th>1수준</th><th>2수준</th></tr>
<tr><td>유의사항</td><td colspan="4">• 폭염이나 미세먼지 수치가 높을 경우에는 실내에서 대체활동 진행하기
• 영아의 컨디션에 따라 일정 조절하며 놀이 진행하기</td></tr>
<tr><td>계획안에 대한 지도교사의 조언</td><td colspan="4">체계적으로 계획을 잘 세우셨어요. 선생님께서 세우신 계획대로 잘 이루어지지 않더라도 당황해 하지 마시고 영아들이 흥미 있어 하는 방향으로 전환하시는 것도 순발력입니다.
영아들이 즉각적으로 놀이를 제안하기도 하니, 이를 긍정적으로 반영하여 실행해 준다면 영아들이 갖는 성취감이 클 것입니다.</td></tr>
<tr><td>실행 후 실습생 평가</td><td colspan="4">오전부터 하루일과에 따라 영아들과 함께 해보았는데 선생님들의 노고가 느껴졌다.
아이들에게 한순간도 눈을 떼지 않고 아이들의 안전에 신경 쓰고 놀이 시간에도 세심하고 긍정적인 상호작용하며 이끌어 가는 우리 선생님들, 정말 감사함이 느껴졌으며 비록 오늘 잦은 실수는 있었어도 열심히 준비해서 아이들과 함께 할 수 있어서 매우 보람된 하루였다.</td></tr>
</table>

| 출처 | 행복어린이집(2018). 만 2세 활동계획 사례.

부록 22-1

만 5세 연간보육계획안

<table>
<tr><th>월</th><th>주제</th><th>소주제</th><th>현장학습</th><th>월</th><th>주제</th><th>소주제</th><th>현장학습</th></tr>
<tr><td>3</td><td>유치원과 친구</td><td>유치원의 하루
유치원에서의 환경
유치원에서의 친구
친구 간의 예의 지키기</td><td>용산 가족공원</td><td>9</td><td>떡</td><td>우리나라의 떡
풍성한 추석
떡의 종류
떡을 만드는 과정</td><td>농장 체험</td></tr>
<tr><td>4</td><td>흙</td><td>우리 주변의 흙의 쓰임
흙의 종류
흙 속 식물과 동물
흙의 오염과 환경보호</td><td>관악산</td><td>10</td><td>전통춤</td><td>전통음악과 춤
다양한 종류의 전통춤
전통춤의 의상과 소품
마당놀이</td><td>국악 박물관</td></tr>
<tr><td>5</td><td>줄</td><td>우리 주변의 줄
여러 가지 줄
보이지 않는 줄
줄과 놀이
줄놀이터를 만들어요</td><td>인형극</td><td>11</td><td>세계는 하나</td><td>지구촌 사람들의 생활
세계의 문화유산
세계 여러 나라와의 교류
세계의 자연과 사회현상</td><td>다문화 박물관</td></tr>
<tr><td>6</td><td>생활도구</td><td>다양한 생활도구
생활도구를 움직이는 힘
생활도구로서의 미디어
미래의 생활도구</td><td>별난 물건 박물관</td><td>12</td><td>겨울</td><td>겨울 풍경 및 날씨 알기
겨울철 나기
즐거운 겨울방학</td><td>공연 관람</td></tr>
<tr><td>7</td><td rowspan="2">소금</td><td rowspan="2">소금에 대한 경험
소금의 이용
소금의 성질과 종류
〈여름방학〉
바다와 소금
소금을 얻을 수 있는 방법
소금의 보관 방법</td><td rowspan="2">과천 과학관</td><td>1</td><td rowspan="2">초등학교</td><td rowspan="2">음력 1월 1일은 설날
궁금한 초등학교
일학년이 되면
졸업과 감사</td><td rowspan="2">초등학교</td></tr>
<tr><td>8</td><td>2</td></tr>
</table>

부록 22-2

만 5세 월간보육계획안

결재	담당	원감	원장

<table>
<tr><td colspan="2">생활 주제</td><td colspan="5">줄</td></tr>
<tr><td colspan="2">기간</td><td colspan="5">20○○년 4월 30일 월요일~6월 1일 금요일</td></tr>
<tr><td colspan="2">활동목표</td><td colspan="5">• 우리 주변에 줄이 있는 다양한 물건을 소개하고 각각의 특징에 대해 알아본다.
• 다양한 종류의 줄이 있음을 알고 쓰임새를 안다.
• 줄이 사용되는 용도에 대해 알아보고 용도에 따라 유목화해 본다.
• 줄을 이용한 다양한 놀잇감을 상상하여 만들어본다.
• 줄을 이용한 다양한 놀이를 계획하고 줄놀이터를 만들어본다.
• 동생들을 초대하여 줄놀이터 지킴이 역할에 참여해 본다.</td></tr>
<tr><td colspan="2" rowspan="2">주 / 활동</td><td>1주
(4월 30일~5월 4일)</td><td>2주
(5월 7일~5월 11일)</td><td>3주
(5월 14일~5월 18일)</td><td>4주
(5월 21일~5월 25일)</td><td>5주
(5월 28일~6월 1일)</td></tr>
<tr><td>우리 주변의 줄</td><td>여러 가지 줄</td><td>보이지 않는 줄</td><td>줄과 놀이</td><td>줄놀이터를 만들어요</td></tr>
<tr><td rowspan="4">일상생활</td><td>기본생활습관</td><td colspan="2">• 내 물건은 내가 챙겨요</td><td colspan="2">• 물건을 제자리에 정리해요</td><td>• 물건을 아껴서 사용해요</td></tr>
<tr><td>점심 및 간식</td><td colspan="2">• 새로운 반찬도 먹어보아요</td><td colspan="2">• 먹을 만큼 덜어 먹어요</td><td>• 스스로 식판을 정리해요</td></tr>
<tr><td>휴식</td><td colspan="5">• 편안하게 휴식을 취해요</td></tr>
<tr><td>화장실 다녀오기</td><td colspan="2">• 화장실에서 조심조심 걸어요</td><td colspan="2">• 용변처리를 스스로 해보아요</td><td>• 용변 후 물을 내려요</td></tr>
<tr><td rowspan="6">대·소집단활동</td><td>이야기 나누기</td><td>• 주말 지낸 이야기
• 어린이집 속 줄 찾기
• 줄이 있는 물건을 소개해요</td><td>• 주말 지낸 이야기
• 동물과 식물에도 줄이 있어요
• 몸 속 줄 찾기</td><td>• 주말 지낸 이야기
• 몸 속에 숨겨진 줄
• 보이지 않는 줄 (관계, 흐름)</td><td>• 주말 지낸 이야기
• 줄로 하는 놀이
• 여러 가지 줄 놀잇감</td><td>• 주말 지낸 이야기
• 줄놀이터를 계획해요
• 줄 놀잇감을 만들어요</td></tr>
<tr><td>동화</td><td>• 빨간 끈으로 머리를 묶은 사자</td><td>• 해와 달이 된 오누이</td><td>• 다시 재볼까?</td><td>• 커다란 순무</td><td>• 피노키오</td></tr>
<tr><td>동시</td><td>–</td><td>• 줄줄 무슨 줄</td><td>–</td><td>• 고마운 줄</td><td>–</td></tr>
<tr><td>게임·신체</td><td>• 나처럼 해봐라</td><td>• 과자 따먹기</td><td>• 푸른하늘반 사랑의 줄</td><td>• 줄 따라 걷기</td><td>• 림보 게임</td></tr>
<tr><td>새 노래</td><td colspan="2">• 이게 웬 긴 꼬리냐?</td><td colspan="2">• 친구가 되는 멋진 방법</td><td>• 줄넘기</td></tr>
<tr><td>요리</td><td>–</td><td>–</td><td>–</td><td>• 국수 샐러드 만들기</td><td>–</td></tr>
<tr><td rowspan="3">자유선택활동</td><td>쌓기</td><td>• 가게 구성하기</td><td>• 국수 가게 구성하기</td><td>• 배수로 구성하기</td><td colspan="2">• 줄 키즈카페 구성하기</td></tr>
<tr><td>역할</td><td>• 줄 팔아요(줄이 있는 물건)</td><td>• 국수 가게놀이</td><td>• 배수로를 고쳐요</td><td colspan="2">• 줄 키즈카페놀이</td></tr>
<tr><td>언어</td><td>〈쓰기, 듣기〉 줄 생각 모으기
〈읽기, 말하기〉 빨간 끈으로 무엇을 할까?</td><td>〈읽기, 쓰기〉 줄, 줄, 무슨 줄?
〈말하기, 듣기〉 우리 몸 속의 줄</td><td>〈쓰기, 듣기〉 만약 줄에서 소리가 난다면?
〈읽기, 말하기〉 가계도 소개하기</td><td>〈쓰기, 읽기〉 줄놀이 이름 쓰기
〈말하기, 듣기〉 잡지 속 줄이 있는 물건</td><td>〈말하기, 듣기〉 줄 인형극 영상 보기
〈쓰기, 읽기〉 줄놀이터 초대장 쓰기</td></tr>
</table>

활동 \ 주		1주 (4월 30일~5월 4일) 우리 주변의 줄	2주 (5월 7일~5월 11일) 여러 가지 줄	3주 (5월 14일~5월 18일) 보이지 않는 줄	4주 (5월 21일~5월 25일) 줄과 놀이	5주 (5월 28일~6월 1일) 줄놀이터를 만들어요
자유선택활동(계속)	수·조작	• 어디로 가야 할까요?	• 비봇 방향 패턴 만들기	• 장애물 피하기 • 줄 꼬아보기	• 실뜨기놀이	• 어느 길이 가까울까?
	과학	• 줄로 잰 나의 손바닥	• 엘리베이터가 움직여요	• 가계도 구성하기	• 줄로 만든 도형	• 낚싯줄로 낚시해요
	미술	• 색 철사 공예 • 어버이날 카드 만들기	• 이중섭의 '다섯 아이와 끈' 재구성하기	• 우리 몸 속의 줄 구성하기	• 실 연상그림 그리기	• 줄 놀잇감 만들기
	음률	• 줄이 있는 악기 연주하기	• 줄 체조하기	• 줄을 넘어요	• 고무줄 제기	• 줄 인형이 되어요
실외활동(대체활동)		• 산책하며 찾은 줄(줄 기차놀이)	• 줄넘기 돌리기/ 줄 체조(줄 체조)	• 줄 없는 줄넘기/ 텃밭에서 찾은 줄(줄 밟고 이동하기)	• 꼬마야 꼬마야(꼬마야 꼬마야)	• 림보놀이(림보놀이)
대·소집단활동(특별활동)		• 오르프(오카리나 운지하기) • 영어(Quick as a Cricket) • 체육(스펀지 블록)	• 오르프(오카리나 운지하기) • 영어(Quick as a Cricket) • 체육(컨드롤 스텝)	• 오르프(오카리나 운지하기) • 영어(Quick as a Cricket) • 체육(지그재그 뛰기)	• 오르프(오카리나 운지하기) • 영어(Quick as a Cricket)	• 오르프(오카리나 운지하기) • 영어(Quick as a Cricket) • 체육(팀별 스트레칭)
안전교육		〈교통안전〉 교통안전표지판을 알아요	〈성폭력예방〉 소중한 우리 몸	〈실종유괴예방〉 아무 차나 타지 않아요	〈재난 대비〉 황사 바람이 불어요	〈소방안전〉 소화기로 불을 꺼요
사회관계증진활동		〈역할〉 줄 팔아요 〈이야기나누기〉 줄이 있는 물건을 소개해요	〈쌓기〉 국수 가게 구성하기 〈언어〉 우리 몸 속의 줄	〈신체〉 푸른하늘반 사랑의 줄 〈언어〉 가계도 소개하기	〈수·조작〉 실뜨기 놀이 〈요리〉 국수 샐러드 만들기	〈게임〉 림보 게임 〈언어〉 줄인형극 대본 쓰기
지역사회연계활동		• 유아생태교실/ 찾아가는 안전교육(실종유괴)/ 아트				
일상생활활동		• 텃밭 가꾸기				
행사		• 어린이날				

부록 22-3

만 5세 주간보육계획안

<table>
<tr><td rowspan="2">결재</td><td>담당</td><td>원감</td><td>원장</td></tr>
<tr><td></td><td></td><td></td></tr>
</table>

<table>
<tr><td colspan="2">생활 주제</td><td colspan="2">줄</td><td>소주제</td><td colspan="2">줄놀이터를 만들어요</td></tr>
<tr><td colspan="2">실시 기간</td><td colspan="5">20○○년 5월 28일 월요일~6월 1일 금요일</td></tr>
<tr><td colspan="2">활동목표</td><td colspan="5">• 줄놀이터를 계획하고 필요한 역할들을 생각해보고 정해본다.
• 줄을 이용한 다양한 놀잇감을 상상하고 만들어본다.</td></tr>
<tr><td colspan="2">요일
활동</td><td>5월 28일
(월)</td><td>5월 29일
(화)</td><td>5월 30일
(수)</td><td>5월 31일
(목)</td><td>6월 1일
(금)</td></tr>
<tr><td rowspan="4">일상생활</td><td>기본생활습관</td><td colspan="5">• 물건을 아껴서 사용해요</td></tr>
<tr><td>점심 및 간식</td><td colspan="5">• 스스로 식판을 정리해요</td></tr>
<tr><td>휴식</td><td colspan="5">• 편안하게 휴식을 취해요</td></tr>
<tr><td>화장실 다녀오기</td><td colspan="5">• 용변 후 물을 내려요</td></tr>
<tr><td rowspan="4">대·소집단활동</td><td>이야기 나누기</td><td>• 주말 지낸 이야기</td><td>• 줄놀이터를 계획해요</td><td>• 줄 놀잇감을 만들어요</td><td></td><td></td></tr>
<tr><td>동화</td><td colspan="5">• 피노키오</td></tr>
<tr><td>요리</td><td colspan="5">• 국수 샐러드</td></tr>
<tr><td>게임·신체</td><td colspan="5">• 림보 게임</td></tr>
<tr><td rowspan="7">자유선택활동</td><td>쌓기</td><td colspan="5">• 줄 키즈카페 구성하기</td></tr>
<tr><td>역할</td><td colspan="5">• 줄 키즈카페놀이</td></tr>
<tr><td>언어</td><td colspan="5">• 줄 인형극 영상보기 • 줄놀이터 초대장 쓰기</td></tr>
<tr><td>수·조작</td><td colspan="5">• 어느 길이 가까울까?</td></tr>
<tr><td>과학</td><td colspan="5">• 낚싯줄로 낚시해요</td></tr>
<tr><td>미술</td><td colspan="5">• 줄 놀잇감 만들기</td></tr>
<tr><td>음률</td><td colspan="5">• 줄 인형이 되어요</td></tr>
<tr><td colspan="2">실외활동(대체활동)</td><td colspan="5">• 림보놀이/ 텃밭 가꾸기(림보놀이)</td></tr>
<tr><td colspan="2">사회관계 증진활동</td><td colspan="5">〈이야기나누기〉 줄놀이터를 계획해요 〈게임〉 림보 게임</td></tr>
<tr><td colspan="2">대·소집단활동
(특별활동)</td><td>• 영어(원어민) (Quick as a Cricket)</td><td>• 체육〈팀별 스트레칭〉</td><td>• 영어(Quick as a Cricket)</td><td>• 오르프(오카리나 운지하기)</td><td>• 영어(Quick as a Cricket)</td></tr>
<tr><td colspan="2">안전교육</td><td colspan="5">〈소방안전〉 소화기로 불을 꺼요</td></tr>
<tr><td colspan="2">지역사회연계</td><td colspan="5">북아트</td></tr>
</table>

부록 22-4

만 5세 일일활동 보육계획안

<table>
<tr><td rowspan="2">결재</td><td>담당</td><td>원감</td><td>원장</td></tr>
<tr><td></td><td></td><td></td></tr>
</table>

<table>
<tr><td>실습일</td><td>5월 30일 수요일 날씨: 맑음</td><td>반명</td><td colspan="2">○○반</td></tr>
<tr><td>생활 주제</td><td>줄</td><td>지도교사</td><td colspan="2">박○○</td></tr>
<tr><td>주제</td><td>줄놀이터를 만들어요</td><td>소주제</td><td colspan="2">길쭉길쭉 줄, 국수</td></tr>
<tr><td>일일목표</td><td colspan="4">• 직접 수확한 상추로 요리활동에 참여해 본다.
• 완성된 요리를 친구, 선생님과 함께 나누어 먹어본다.</td></tr>
<tr><td>구분</td><td colspan="2">활동계획 및 방법</td><td>준비물</td><td>실행 및 평가</td></tr>
<tr><td>7:30~ 8:30
통합보육</td><td colspan="2">• 통합교실에서 자유선택놀이를 한다.
• 선생님, 친구와 인사를 나눈다.
• 가방과 옷, 양말을 정해진 방법에 따라 정리한다.</td><td>등원 맞이,
노래 CD</td><td>통합교실에서 이동 및 전달사항을 인계받은 후 교실로 이동한다.
유아의 건강상태 및 기분을 파악한다.</td></tr>
<tr><td rowspan="2">8:30~9:30
등원 및
자유선택활동/
아침 체조</td><td colspan="2">〈자유선택활동〉
• 등원하여 자신의 소지품을 자리에 정리한 후 자유롭게 놀이를 진행한다.
〈정리 · 정돈〉
• 정리 노래를 들으며 하던 놀이를 마무리한다.
• 놀이를 하던 놀잇감을 제자리에 정리한다.</td><td>'모두 제자리'
음원</td><td rowspan="2">등원하며 바른 자세로 인사를 하고 자유롭게 교실의 놀잇감을 탐색한다.
개인위생을 위해 손을 씻고 소독할 수 있도록 안내한다.</td></tr>
<tr><td colspan="2">〈아침 체조〉
• 신나는 방으로 안전하게 이동한다.
• 노래에 맞추어 교사와 친구들과 함께 스트레칭 및 아침 체조를 하며 즐겨본다.</td><td>아침 체조,
음원</td></tr>
<tr><td rowspan="2">9:30~09:50
화장실 다녀오기
및 손 씻기/
오전 간식</td><td colspan="2">〈화장실 다녀오기〉 용변 후 물을 내려요
• 화장실에서 대 · 소변을 보고 난 후 손을 깨끗이 씻는다.</td><td>물비누,
휴지</td><td rowspan="2">교실의 창문을 열어 환기시킨다.</td></tr>
<tr><td colspan="2">〈오전 간식〉 스스로 식판을 정리해요
• 오늘의 간식메뉴를 알아보고, 감사 인사 후 간식을 맛있게 먹는다.
• 식사를 끝마친 뒤 휴지를 이용하여 자기 자리를 정돈한다.</td><td>간식,
개인접시</td></tr>
<tr><td>09:50~10:10
대 · 소집단
활동</td><td colspan="2">〈인사 노래 부르기〉 날짜 · 요일 소개하기, 하루일과 소개하기
〈이야기나누기〉
• 활동명: 줄 놀잇감을 만들어요
• 활동목표: 줄을 이용한 줄 놀잇감을 만들어 본다.
• 활동방법
① 계획한 줄 놀잇감의 종류를 이야기 나누어 본다.
② 나눈 역할에 맞게 줄 놀잇감을 구성해 본다.</td><td>칠판,
보드마카</td><td>유아들이 줄놀이터를 계획하며 자신들이 가지고 놀이했던 줄놀잇감에 대해서 이야기를 해보았음. 교사가 약간의 도움을 주어 5가지 놀잇감이 선정되었음. 앞으로 3일간 만들기 활동을 집중적으로 진행할 계획임</td></tr>
</table>

<table>
<tr><th>구분</th><th colspan="2">활동계획 및 방법</th><th>준비물</th><th>실행 및 평가</th></tr>
<tr><td rowspan="5">10:10~11:20
자유선택활동</td><td colspan="2">〈오전 자유선택활동〉
• 자유롭게 자유선택활동을 진행한다.
〈기본생활습관〉 물건을 아껴서 사용해요</td><td></td><td></td></tr>
<tr><td>쌓기</td><td>• 활동명: 줄 키즈카페 구성하기
• 활동목표
– 줄 키즈카페를 계획하여 협동적으로 줄놀이에 참여한다.
– 줄 키즈카페를 통해 줄을 이용한 놀이에 관심을 갖는다.
• 활동방법
① 줄을 이용한 놀이는 무엇이 있는지 이야기를 나눈다.
② 줄 키즈카페에 필요한 놀잇감들에 대해 이야기 나눈다.
③ 줄 키즈카페를 놀이하는 데 필요한 역할을 의논하여 결정한다.
④ 친구들과 협동하여 줄 키즈카페놀이를 한다.</td><td rowspan="2">줄로 된 물건,
줄로 된
소품들,
줄 키즈카페
간판</td><td rowspan="4">〈미술〉
유아들과 줄 놀잇감을 만들기로 하였으며 유아들이 이전에 경험하거나 만들어 보았던 놀잇감들로 선정하였음. 유아들 스스로 종류를 정하기에 어려움이 있어 교사가 개입하여 유도를 하여 선정하였음. 공미끄럼틀, 낚시놀이, 풍선배드민턴, 상가지차놀이, 줄 제기놀이로 총 5가지를 선정하여 재활용품 등을 이용하여 만들기 시작하였음.

〈요리〉
유아들이 직접 수확한 상추를 이용하여 요리활동에 사용하자 유아들이 더욱 친근감을 느끼며 거부감 없이 상추를 먹는 듯 하였음. 하지만 이번에 주문한 유기농 발사믹 소스가 시큼한 향이 강하여 유아들이 먹기를 힘들어하여 유기농설탕을 조금 첨가하여 먹을 수 있도록 도와주었음</td></tr>
<tr><td>역할</td><td>• 활동명: 줄 키즈카페놀이
• 활동목표: 줄 키즈카페의 이용 가격을 정하고 줄 키즈카페의 주인과 손님이 되어 줄놀이에 참여한다.
• 활동방법
① 줄 키즈카페 직원들의 역할에 대해 이야기를 나눈다.
② 줄 키즈카페 이용가격과 줄놀이 종류를 정한다.
③ 직원들의 역할과 손님을 정하여 줄 키즈카페놀이를 한다.</td></tr>
<tr><td>음률</td><td>• 활동명: 고무줄 제기
• 활동목표: 제기차기놀이 경험을 해본다.
• 활동방법
① 제기를 탐색해 본다.
② 고무줄이 달린 고무줄 제기를 해본다.
③ 고무줄이 달린 제기에 익숙해지면 일반 제기를 사용해본다.</td><td>고무줄
제기 판,
제기</td></tr>
<tr><td>미술</td><td>• 활동명: 줄 놀잇감 만들기
• 활동목표: 다양한 재료를 이용하여 계획한 줄 놀잇감을 구성해 본다.
• 활동방법
① 계획한 줄 놀잇감을 어떤 방법으로 구성할지 이야기 나누어 본다.
② 필요한 재료를 선택해 본다.
③ 협동하여 줄 놀잇감을 만들어 본다.</td><td>재활용품,
가위,
풀,
쓰기 도구,
색지들</td></tr>
</table>

구분		활동계획 및 방법	준비물	실행 및 평가
10:10~11:20 자유선택활동 (계속)	수·조작	• 활동명: 줄로 만든 도형 • 활동목표: 도형의 특징을 알고 고무줄을 사용하여 모양을 구성해 본다. • 활동방법 ① 고무줄을 탐색해 본다. ② 고무줄로 만들 수 있는 도형을 생각해 본다. ③ 고무줄을 사용하여 다양한 모양을 만들어 본다.	고무줄, 판	
	요리	• 활동명: 국수 샐러드 • 활동목표 – 직접 수확한 상추로 요리활동에 참여해 본다. – 완성된 요리를 친구, 선생님과 함께 나누어 먹어 본다. • 활동방법 ① 삶지 않은 국수와 삶은 국수를 탐색해 본다. ② 국수 샐러드를 만드는 방법을 알아본다. ③ 국수 샐러드를 만들어 먹어본다.	국수, 유아들이 수확한 상추, 소스, 빵칼, 접시, 포크	
	과학	• 활동명: 국수 샐러드 • 활동목표: 국수와 채소를 이용한 샐러드를 만들어보고 골고루 먹어보는 경험을 해본다. • 활동방법 ① 삶아진 소면을 탐색해 본다. ② 삶은 소면과 채소를 섞어 소스에 버무린다. ③ 선생님, 친구와 함께 나누어 먹어보고 소감을 이야기 나누어 본다.	삶은 소면, 당근, 상추, 소스, 그릇	
	언어	• 활동명: 줄 인형극 영상 보기 • 활동목표 – 줄 인형(마리오네트)의 원리에 대해 안다. – 기계를 다루는 올바른 방법에 대해 알고 실천해 본다. • 활동방법 ① 줄 인형극을 보았던 경험에 대해 이야기를 나누어 본다. ② 컴퓨터를 사용하는 올바른 방법에 대해 알아본다. ③ 줄 인형극 영상을 시청해 본다.	컴퓨터, 마리오네트, 영상	
		• 활동명: 줄놀이터 초대장 쓰기 • 활동목표: 계획한 줄놀이터에 초대하는 초대장을 만들어본다. • 활동방법 ① 줄놀이터 계획에 대해 이야기를 나누어 본다. ② 초대하고 싶은 동생들을 이야기 나누어 본다. ③ 줄놀이터에 초대하는 글을 적어본다.	색지, 쓰기 도구	

구분	활동계획 및 방법	준비물	실행 및 평가
10:10~11:20 자유선택활동 (계속)	〈정리 · 정돈 및 화장실 다녀오기〉 용변처리를 스스로 해보아요 • 정리 노래를 들으며 하던 놀이를 마무리한다. • 놀이를 하던 놀잇감을 제자리에 정리한다. • 화장실에서 대 · 소변을 보고난 후 손을 깨끗이 씻는다.	음원 '모두 제자리'	
11:20~12:20 바깥놀이	• 활동명: 림보놀이 • 활동목표: 다양한 방법으로 몸을 움직여 본다. • 활동방법 ① 줄을 가지고 할 수 있는 신체활동을 상상해 본다. ② 림보놀이 방법을 알아본다. ③ 역할을 정하여 림보놀이에 참여해 본다. ③ 줄의 높낮이를 바꿔가며 놀이해 본다. 〈대체활동〉 림보놀이 〈화장실 다녀오기 및 손 씻기〉 용변처리를 스스로 해보아요 • 질서를 지켜 화장실로 이동하여 대 · 소변을 보고 손을 깨끗이 씻는다.	카메라, 비상약품, 휴지, 쓰레기 버릴 수 있는 비닐, 휴대용 손소독제, 줄	
12:20~13:30 점심식사 및 양치질 후 화장실 다녀오기	〈점심식사〉 스스로 식판을 정리해요 • 오늘의 식단을 알아보고 바르게 앉아 즐거운 분위기 속에서 식사한다. • 식사가 끝나면 정해진 곳에 수저, 식판을 정리한다. • 식사를 마친 자리는 스스로 정리해 본다.	유아용 젓가락	유아들과 토마토는 과일과 채소 두 가지의 특징을 모두 가졌다고 이야기를 하자 유아들끼리도 이야기를 나누며 흥미로워 하였음. 또한 비타민이 풍부하여 면역력을 높여준다고 이야기를 하자, 이전에 비하여 토마토에 흥미를 갖는 모습을 보이며 먹는 모습을 보였음
	〈양치질 및 화장실 다녀오기〉 용변처리를 스스로 해보아요 • 식사 후 화장실로 이동하여 칫솔과 양치컵을 찾아 스스로 적당량의 치약을 짜본다. • 거울 앞에서 바른 칫솔질 방법을 따라 깨끗이 양치한다. • 대 · 소변 후 물을 내리고 비누로 손을 깨끗이 씻는다.	칫솔, 치약, 양치컵	
13:30~15:00 낮잠 및 휴식	〈낮잠 및 휴식〉 편안하게 휴식을 취해요 • 편안한 자세로 낮잠 및 휴식을 한다. • 낮잠 자지 않는 유아는 정적인 활동을 하며 개별적 휴식을 한다. 〈화장실 다녀오기 및 손 씻기〉 용변 후 물을 내려요 • 질서를 지켜 화장실로 이동하여 대 · 소변을 보고 손을 깨끗이 씻는다.	이불과 매트, 낮잠음악	
15:00~15:30 대 · 소집단 활동	〈특별활동〉 영어(Quick as a Cricket) • 선생님과 인사를 나누어본다. • 다양한 활동에 참여해 본다. 〈대체활동〉 미술-줄 놀잇감 만들기 • 특별활동에 참여하지 않는 유아는 대체활동을 한다.		
15:30~15:50 오후 간식	〈오후 간식〉 스스로 식판을 정리해요 • 손을 깨끗이 씻은 후 모둠자리에 앉는다. • 바른 자세로 앉아 간식을 맛있게 먹는다. • 간식을 다 먹은 후 정해진 자리에 그릇을 정리한다.	간식, 개인 접시 등	

구분	활동계획 및 방법	준비물	실행 및 평가
15:50~18:30 자유선택활동	〈자유선택활동〉 • 오전활동을 심화 확장하여 자유롭게 놀이한다. 〈순차하원 및 귀가지도〉 • 자유놀이를 하며 순차적으로 하원한다.	오전과 동일	
출석원아	○○명	결석원아	○○명
실습생 평가	오늘 주제인 '줄'과 연관하여 국수 요리를 진행하였다. 유아들이 국수를 상추, 양념장과 비비며 줄의 형태에 대하여 이야기를 하는 모습을 보였다. 줄이라는 물건을 탐색한 뒤에 이루어진 활동이다보니 줄의 특성을 이해하고 비슷한 특징이 있는 사물을 보았을 경우 '줄 같다'라는 표현을 하는 유아들의 표현을 들을 수 있었다. 또한 줄을 활용하여 다양한 도형을 구성하여 볼 수도 있고, 교사가 생각하지 못했던 장난감을 만들어내는 등 유아들의 창의력이 대단하다는 것을 느낄 수 있었다.		
지도교사 조언	주제와 요리활동을 연계하여 활동을 준비하시느라 애쓰셨습니다. 줄을 이용하여 단순히 줄에 대한 탐색이 아닌 줄을 활용하여 요리도 가능하며 도형을 만들거나 색다른 장난감을 만들어 보는 등 유아들이 줄을 통해 새로운 것을 창작하고 변형해보는 경험을 해봄으로써 창의력과 함께 공간에 대한 개념을 확장시키고, 사고의 확산을 가져올 수 있다는 것을 느끼셨으면 합니다. 유아들이 다양하고 새로운 사고를 할 수 있는 기회를 제공해 주는 교사가 되시길 바랍니다.		

부록 23-1

만 2세 발달 영역별 체크리스트(1학기)

작성일: ________년 ________월 ________일 ________반 이름 ____________

영역	문항	내용	매우 그렇다	그렇다	모르겠다	아니다	매우 아니다
대·소근육	1	찍찍이를 떼고 붙이거나 지퍼를 스스로 내릴 수 있다.					
	2	3cm 정도의 블록을 다른 블록 위에 안정감 있게 올려놓는다.					
	3	달리다 멈추기, 빨리 걷기를 할 수 있다.					
	4	얇은 책장을 한 장씩 넘긴다.					
	5	공과 같은 물건을 목표물을 향해 던지거나 굴린다.					
자조기술	6	스스로 신발을 벗는다.					
	7	자신의 겉옷을 혼자 입는다.					
	8	규칙적으로 변기에 앉아 대 · 소변을 본다.					
	9	흘리지 않고 컵을 잡고 음료를 마실 수 있다.					
	10	수저를 사용하려 스스로 먹으려 노력한다.					
의사소통	11	보여주는 물체에 5초 이상 주의를 기울인다.					
	12	책을 읽어주면 책의 그림을 손가락으로 가리키며 관심을 표현한다.					
	13	기본적인 지시문장을 듣고 행동할 수 있다.					
	14	의문문으로 질문할 수 있다.					
	15	나, 너와 같은 대명사를 사용한다.					
사회정서	16	서운하면 삐지는 정서를 나타낸다.					
	17	동화의 내용이 재미있을 때 즐거운 표정이나 약간의 흥분된 행동을 한다.					
	18	놀이할 때 한두 명의 또래 옆에서 놀이한다.					
	19	또래가 원하면 놀잇감을 양보하거나 주기도 한다.					
	20	또래의 성별을 구별할 수 있다.					
인지	21	자신의 교실을 알고 찾아갈 수 있다.					
	22	자신의 사물함 위치를 안다.					
	23	물체영속성을 이해하고 있다.					
	24	교사가 제시하는 놀이 행동과 소리를 따라한다.					
	25	상대적인 크기 비교를 이해한다.					

부록 23-2

만 2세 발달 영역별 체크리스트(2학기)

작성일: ______년 ______월 ______일 ______반 이름 ______

영역	문항	내용	매우 그렇다	그렇다	모르겠다	아니다	매우 아니다
대·소근육	1	옷의 큰 단추를 빼고 끼울 수 있다.					
	2	구멍의 지름이 0.05cm 정도인 구슬을 끼운다.					
	3	다섯 조각 이상의 퍼즐 맞추기를 한다.					
	4	두 발을 모아 제자리에서 뛰어 오른다.					
	5	한 발로 제자리에서 선다.					
자조기술	6	스스로 신발을 벗고 신발장에 정리할 수 있다.					
	7	흘리지 않고 컵을 잡고 음료를 마실 수 있다.					
	8	스스로 수저를 사용하여 식사한다.					
	9	혼자서 휴지를 사용하여 코를 푼다.					
	10	식사 후 스스로 양치질을 한다.					
의사소통	11	신체의 부분 명칭을 알고 짚을 수 있다.					
	12	묘사적 단어를 5개 이상 말한다.					
	13	삼어문 이상의 일반문장, 의문문, 부정문을 말할 수 있다.					
	14	색깔 이름을 4가지 이상 알고 말한다.					
	15	자신의 불편함을 떼를 쓰거나 울지 않고 적절한 말로 항의한다.					
사회정서	16	자신이 필요한 것을 주었을 때 고마움을 표현한다.					
	17	또래가 울면 다가가서 위로한다.					
	18	잠이 안 올 때 또래가 잘 수 있도록 조용히 한다.					
	19	차례대로 번갈아가며 게임에 참여할 수 있다.					
	20	또래가 하고 있는 놀이를 도와준다.					
인지	21	또래와 함께 역할놀이를 한다.					
	22	실물이 없는 상황에서 상황을 상상하여 놀이한다.					
	23	일상적인 문제에 직면했을 때 여러 전략을 시도한다.					
	24	크기, 모양, 색에 따라 물체를 분류할 수 있다.					
	25	구체물을 사용하여 다섯까지 정확하게 셀 수 있다.					

부록 23-3

만 3세 발달 영역별 체크리스트(1학기)

작성일: ________년 ________월 ________일 ________반 이름 ____________

영역	문항	내용	매우 그렇다	그렇다	모르겠다	아니다	매우 아니다
대·소근육	1	신체의 명칭의 이름을 알고 짚을 수 있다.					
	2	속도를 조절하여 걷기, 달리기를 한다.					
	3	손과 이를 깨끗이 하는 방법을 알고 실천한다.					
	4	규칙적으로 잠을 자고 적당한 휴식을 취한다.					
	5	바른 자세로 앉아 골고루 먹는다.					
자조기술	6	낱말의 발음에 관심을 가지고 듣는다.					
	7	일상생활과 관련된 낱말과 문장을 듣고 뜻을 이해한다.					
	8	동요, 동시, 동화를 다양한 방법으로 듣고 즐긴다.					
	9	책 보는 것을 즐긴다.					
	10	바르고 고운 말을 사용한다.					
의사소통	11	나에 대해 관심을 갖고 나를 소중하게 여긴다.					
	12	자신의 감정을 조절할 수 있다.					
	13	친구와 함께 놀이한다.					
	14	약속과 규칙을 지켜야 함을 알고 실천한다.					
	15	우리 동네 사람들에 관심을 갖는다.					
사회정서	16	다양한 소리, 악기로 셈여림, 빠르기, 리듬 등에 관심이 있다.					
	17	자연과 사물에서 색, 모양, 질감에 관심이 있다.					
	18	간단한 노래를 듣고 따라 부른다.					
	19	미술활동에 필요한 재료와 도구에 관심을 갖고 사용한다.					
	20	우리나라의 전통예술에 관심을 갖는다.					
인지	21	주변 사물과 주변세계에 호기심을 보인다.					
	22	생활 속에서 볼 수 있는 수에 관심이 있다.					
	23	생활 주변에서 반복되는 규칙성에 관심이 있다.					
	24	같은 것끼리 짝을 지을 수 있다.					
	25	주변의 동 · 식물에 관심이 있다.					

부록 23-4

만 3세 발달 영역별 체크리스트(2학기)

작성일: _______년 _______월 _______일 _______반 이름 ___________

영역	문항	내용	매우 그렇다	그렇다	모르겠다	아니다	매우 아니다
대·소근육	1	상황에 적절하게 신체를 인식하고 움직인다.					
	2	제자리에서 두 발 모아 뛰기, 한 발 뛰기를 한다.					
	3	수저를 바르게 사용하며 바른 자세로 앉아 골고루 먹는다.					
	4	재난과 같은 비상 시 적절하게 대처하는 방법을 안다.					
	5	놀이기구의 이용법을 알고 놀이터에서 안전하게 놀이한다.					
자조기술	6	다른 사람의 이야기를 관심 있게 듣는다.					
	7	친숙한 낱말을 발음한다.					
	8	자신의 느낌, 생각, 경험을 말한다.					
	9	상대방을 바라보며 차례를 지켜 말한다.					
	10	이름글자에 관심을 가진다.					
의사소통	11	나와 다른 사람의 차이에 관심을 갖는다.					
	12	내가 할 수 있는 일을 알아보고 선택한다.					
	13	나와 친구의 의견에 차이가 있음을 안다.					
	14	우리나라의 전통놀이와 풍습에 관심을 갖는다.					
	15	가족 구성원을 알고 가족의 소중함을 안다.					
사회정서	16	간단한 리듬과 노래를 즉흥적으로 만들어본다.					
	17	도구를 활용하여 다양한 움직임으로 표현한다.					
	18	예술활동에 참여하여 표현하는 과정을 즐긴다.					
	19	일상생활의 경험을 극놀이로 표현한다.					
	20	나와 다른 사람의 예술 표현을 소중히 여긴다.					
인지	21	탐구하는 과정에 흥미가 있다.					
	22	다섯 개 가량의 구체물을 세어볼 수 있다.					
	23	자와 같은 도구를 사용하여 두 물체의 길이, 크기를 비교한다.					
	24	간단한 도구와 기계에 관심이 있다.					
	25	날씨에 관심을 갖는다.					

만 4세 발달 영역별 체크리스트(1학기)

작성일: ________년 ________월 ________일 ________반 이름 ____________

영역	문항	내용	매우그렇다	그렇다	모르겠다	아니다	매우아니다
대·소근육	1	신체 명칭을 알고 그 특성을 이해한다.					
	2	제자리에서 몸을 다양하게 움직인다.					
	3	놀이기구의 이용법을 알고 놀이터에서 안전하게 놀이한다.					
	4	손과 이를 깨끗이 하는 방법을 알고 실천한다.					
	5	교통안전규칙을 안다.					
자조기술	6	낱말의 발음에 관심을 가지고 듣는다.					
	7	일상생활과 관련된 낱말과 문장을 듣고 뜻을 이해한다.					
	8	친숙한 낱말을 정확하게 발음한다.					
	9	차례를 지켜 말한다.					
	10	쓰기 도구에 관심을 가지고 사용한다.					
의사소통	11	나와 다른 사람의 차이점을 안다.					
	12	자신의 감정을 조절한다.					
	13	친구와 협동하여 놀이한다.					
	14	친구와 어른께 예의바르게 행동한다.					
	15	우리나라의 전통놀이와 풍습에 관심이 있다.					
사회정서	16	다양한 소리, 악기로 셈여림, 빠르기, 리듬 등에 관심이 있다.					
	17	자연과 사물에서 색, 모양, 질감에 관심이 있다.					
	18	다양한 도구를 활용하여 다양한 움직임으로 표현한다.					
	19	경험이나 간단한 이야기를 극놀이로 표현한다.					
	20	예술활동에 참여하여 표현하는 과정을 즐긴다.					
인지	21	주변 사물과 주변세계에 지속적으로 호기심을 보인다.					
	22	탐구하는 과정에 흥미를 보이며 참여한다.					
	23	길이, 크기, 무게 등을 비교할 수 있다.					
	24	한 가지 기준으로 자료를 분류할 수 있다.					
	25	생명체가 살기 좋은 환경에 대해 관심이 있다.					

부록 23-6

만 4세 발달 영역별 체크리스트(2학기)

작성일: ________년 ________월 ________일 ________반 이름 ____________

영역	문항	내용	매우그렇다	그렇다	모르겠다	아니다	매우아니다
대·소근육	1	신체를 활용하여 움직일 수 있다.					
	2	신체 각 부분을 협응하여 움직임을 조절한다.					
	3	식사예절을 지키고 음식을 소중히 여긴다.					
	4	날씨와 상황에 알맞게 옷을 입는다.					
	5	재난과 같은 비상 시 적절하게 대처하는 방법을 알고 행동한다.					
자조기술	6	다른 사람의 이야기를 듣고 이해한다.					
	7	전래동요, 동시, 동화를 듣고 우리말의 재미를 느낀다.					
	8	자신의 느낌, 생각, 경험을 구체적으로 말한다.					
	9	궁금한 것을 책에서 찾아본다.					
	10	자신의 이름을 쓴다.					
의사소통	11	하고 싶은 일을 계획하고 실천한다.					
	12	친구와의 갈등을 긍정적인 방법으로 해결한다.					
	13	다른 사람의 생각, 행동을 존중한다.					
	14	우리 동네 사람들이 하는 일에 관심이 있다.					
	15	다양한 인종과 문화에 관심이 있다.					
사회정서	16	노래로 자신의 생각과 느낌을 표현한다.					
	17	간단한 리듬과 노래를 즉흥적으로 만들어본다.					
	18	협동적인 미술활동에 참여한다.					
	19	나와 다른 사람의 예술 표현을 소중히 여긴다.					
	20	우리나라의 전통예술에 관심을 갖고 있다.					
인지	21	생활 속에서 볼 수 있는 수의 여러 가지 의미를 안다.					
	22	열 개 가량의 구체물을 세어볼 수 있다.					
	23	위치와 방향을 여러 가지 방법으로 나타내 본다.					
	24	생활 속에서 간단한 도구와 기계를 활용할 수 있다.					
	25	날씨와 기후변화에 관심이 있다.					

만 5세 발달 영역별 체크리스트(1학기)

작성일: ________년 ________월 ________일 ________반 이름 ____________

영역	문항	내용	매우 그렇다	그렇다	모르겠다	아니다	매우 아니다
대·소근육	1	감각으로 대상이나 사물의 특성과 차이를 구분한다.					
	2	상황에 적절하게 신체를 인식하고 움직인다.					
	3	자신과 다른 사람의 운동능력의 차이를 이해한다.					
	4	놀이기구의 이용법을 알고 놀이터에서 안전하게 놀이한다.					
	5	날씨와 상황에 알맞게 옷을 입는다.					
자조기술	6	다양한 낱말과 문장을 듣고 뜻을 이해한다.					
	7	책 보는 것을 즐기고 소중하게 다룬다.					
	8	주변에서 친숙한 글자를 찾아 읽는다.					
	9	자신의 경험을 자신감 있는 태도로 말한다.					
	10	쓰기 도구의 바른 사용법을 알고 사용한다.					
의사소통	11	나에 대해 긍정적으로 생각하고 나를 소중하게 여긴다.					
	12	자신의 감정을 상황에 맞게 조절한다.					
	13	친구와 협동하여 놀이한다.					
	14	친구와 어른께 예의바르게 행동한다.					
	15	다양한 직업에 관심이 있다.					
사회정서	16	다양한 소리, 악기로 셈여림, 빠르기, 리듬 등을 탐색한다.					
	17	자연과 사물에서 색, 모양, 질감, 공간 등을 탐색한다.					
	18	협동적인 미술활동에 참여한다.					
	19	창의적으로 표현하는 과정을 즐긴다.					
	20	노래로 자신의 생각과 느낌을 표현한다.					
인지	21	주변 사물과 주변세계에 지속적으로 호기심을 보인다.					
	22	생활 속에서 볼 수 있는 수의 여러 가지 의미를 안다.					
	23	스무 개 가량의 구체물을 세어볼 수 있다.					
	24	길이, 크기, 무게 등을 비교하고 순서를 지어볼 수 있다.					
	25	생활 속에서 간단한 도구와 기계를 활용할 수 있다.					

부록 23-8

만 5세 발달 영역별 체크리스트(2학기)

작성일: ________년 ________월 ________일 ________반 이름 ____________

영역	문항	내용	매우그렇다	그렇다	모르겠다	아니다	매우아니다
대·소근육	1	다양한 자세와 움직임에서 신체균형을 유지한다.					
	2	도구를 활용하여 여러 가지 조작운동을 한다.					
	3	식사예절을 지키고 음식을 소중히 여긴다.					
	4	몸에 좋은 음식을 선택할 수 있다.					
	5	재난과 같은 비상 시 적절하게 대처하는 방법을 알고 행동한다.					
자조기술	6	이야기를 듣고 궁금한 것에 대해 질문한다.					
	7	주제를 정하여 함께 이야기한다.					
	8	자신의 경험을 자신감 있는 태도로 구체적으로 말한다.					
	9	자신의 이름과 주변의 친숙한 글자를 써본다.					
	10	자신의 느낌, 생각, 경험을 글자로 표현한다.					
의사소통	11	하고 싶은 일을 계획하고 실천한다.					
	12	다양한 가족구조가 있음을 안다.					
	13	친구와의 갈등을 긍정적인 방법으로 해결한다.					
	14	다른 사람을 배려하여 행동한다.					
	15	다양한 인종과 문화를 알아보고 존중한다.					
사회정서	16	리듬과 노래를 즉흥적으로 만들어본다.					
	17	다양한 도구를 활용하여 창의적으로 움직인다.					
	18	나와 다른 사람의 예술 표현을 소중히 여긴다.					
	19	경험이나 이야기를 극놀이로 표현한다.					
	20	우리나라의 전통예술에 관심을 갖고 친숙하게 여긴다.					
인지	21	탐구과정에서 서로 다른 생각에 관심을 갖는다.					
	22	위치와 방향을 여러 가지 방법으로 나타내 본다.					
	23	생활 주변에서 반복되는 규칙성을 알고 다음에 올 것을 예측한다.					
	24	한 가지 기준으로 자료를 분류하고 다른 기준으로 재분류할 수 있다.					
	25	날씨와 기후변화 등 자연현상에 관심이 있다.					

자유선택활동 계획 · 평가표

기간: ________년 ________월 ________일

영역 / 요일	쌓기		역할		언어		수 · 조작		과학		미술		음률	
	계획	평가	계획	평가	계획	평가	계획	평가	계획	평가	계획	평가	계획	평가
월														
화														
수														
목														
금														
주간 누계														

김 연 옥

숭실대학교 교육대학원 교육학 석사(유아교육 전공)
상명대학교 정치경영대학원 사회복지학과 석사(상담심리학 전공)
백석대학교 기독교 전문대학원 사회복지학과 박사(사회복지 전공)
예지유치원 원장, 고구려대학교 보건복지과 겸임교수 역임
현) 서울사회복지대학원대학교 교수(보육실습 주임교수)

이 은 임

숭실대학교 교육대학원 교육학 석사(유아교육 전공)
남서울대학교 대학원 박사과정
현) 아이클어린이집 원장, 현대사이버평생교육원 운영 교 · 강사

이 성 희

덕성여자대학교 교육대학원 교육학 석사(유아교육 전공)
조은어린이집원장, 명성유치원 원장, 바다유치원 원장 역임
현) 사랑어린이집 원장

정 혜 선

서울사회복지대학원대학교 사회복지과 석사(아동청소년복지과 전공)
호서대학대일반대학원 사회복지과 박사과정
현) 사회복지대학원대학교 (부설)평생교육원 보육실습지도교수, 숭실대학교 평생교육원 전문과정 강사

보육실습의 이해

초판 1쇄 인쇄 2018년 9월 21일
초판 1쇄 발행 2018년 9월 28일

지은이_ 김연옥 · 이은임 · 이성희 · 정혜선
펴낸이_ 황호철
펴낸곳_ 도서출판 파란마음

주소_ 04315 서울시 용산구 백범로90라길 47 | 전화_ (02) 3275-2110~1 | 팩스_ (02) 3275-2199
홈페이지_ http://paranmaum.co.kr/

등 록_ 2006년 4월 24일 · 제302-2006-00024호

ISBN 978-89-97982-66-0 93370
값 20,000원